高等院校传媒类"十四五"系列教材

# 新闻节目与播音主持

XINWEN JIEMU YU BOYIN ZHUCHI

主　编◎李延召
副主编◎刘　慧　王登勇　马宏燕　王丽娜
参　编◎王　磊　陈　晨　姚亚非　陈黎黎
　　　　赵　轲　韩　凝　何怡妮　朱　丽
　　　　郑　艳　李　姗　耿　悦　马晶晶

华中科技大学出版社
http://www.hustp.com
中国·武汉

## 内 容 简 介

本书共八章,分别讲解新闻节目概况、新闻播报、新闻评述、新闻读报、新闻连线与演播室对话、《主播说联播》文稿训练、《主持人大赛》文稿训练、新闻节目主持人的体态语和形象塑造。通过理论提要的讲解,结合新闻的时效性和时下热点节目,用大量全真播出稿件,在传统新闻播报基础上,总结"课程思政"实践中的案例,重点在实践训练中潜移默化地影响和引导学生,在广度、深度、温度上把握新闻节目和播音主持的内涵,培养能够讲好中国故事、传播中国声音,有深厚情怀和担当意识的优秀新闻传播后备人才。

**图书在版编目(CIP)数据**

新闻节目与播音主持/李延召主编. —武汉:华中科技大学出版社,2022.3(2025.1重印)
ISBN 978-7-5680-8074-3

Ⅰ.①新… Ⅱ.①李… Ⅲ.①新闻-播音-语言艺术 ②主持人-语言艺术 Ⅳ.①G222.2

中国版本图书馆 CIP 数据核字(2022)第 038561 号

**新闻节目与播音主持**                李延召  主编
Xinwen Jiemu yu Boyin Zhuchi

| | |
|---|---|
| 策划编辑:彭中军 | |
| 责任编辑:张 娜 | |
| 封面设计:孢 子 | |
| 责任监印:朱 玢 | |
| 出版发行:华中科技大学出版社(中国•武汉) | 电话:(027)81321913 |
|     武汉市东湖新技术开发区华工科技园 | 邮编:430223 |
| 录 排:武汉创易图文工作室 | |
| 印 刷:武汉科源印刷设计有限公司 | |
| 开 本:880 mm×1230 mm 1/16 | |
| 印 张:10 | |
| 字 数:324千字 | |
| 版 次:2025年1月第1版第3次印刷 | |
| 定 价:39.00元 | |

本书若有印装质量问题,请向出版社营销中心调换
全国免费服务热线:400-6679-118  竭诚为您服务
版权所有  侵权必究

# 前言
# Preface

  新闻节目是党和政府与人民联系的重要纽带，更是人民获得事件消息的重要渠道，与人民的生活息息相关。新闻节目事件播报需要依靠播音员和主持人来完成，新闻传播过程中事实的准确性极为重要，这对播音员和主持人的能力有较高的要求。随着新媒体技术的迅速发展，我们对待新闻节目播音主持工作的创新发展要有强烈的紧迫感，不断克服自身的浮躁心理，通过不断的学习、分析、研究，在专业化新闻播报理论知识以及丰富的实践经验的基础上，提高新时代新闻节目播音主持工作的质量和水平。

  培养能够讲好中国故事、传播中国声音，有深厚情怀和担当意识的优秀新闻传播后备人才离不开言传身教，带动学生树立正确的价值观，在这个过程中，"课程思政"对播音与主持艺术专业人才的培养就显得尤为重要。2019年10月，《教育部关于深化本科教育教学改革全面提高人才培养质量的意见》指出，把课程思政建设作为落实立德树人根本任务的关键环节，坚持知识传授与价值引领相统一、显性教育与隐性教育相统一，充分发掘各类课程和教学方式中蕴含的思想政治教育资源，引领带动全员全过程全方位育人。这就要求我们在课程思政的实施中充分把握好课堂这个渠道，推动教师言传身教，带动学生树立正确的价值观。

  新闻节目与播音主持融政治性、思想性、艺术性于一体，坚持正确的政治导向，注重新闻职业道德教育，理论与实践相结合，将实践过程中的经验教训转化为专业学习的内在动力，将温度和情怀融入教学。充分把握好课堂这个渠道，在实践过程中发现真善美，提高学生的思想道德修养、政治素养、职业素养。为新闻节目播音主持行业培养政治坚定、专业过硬、有党和人民情怀的优秀人才。

  本书共八章，分别讲解新闻节目概况、新闻播报、新闻评述、新闻读报、新闻连线与演播室对话、《主播说联播》文稿训练、《主持人大赛》文稿训练、新闻节目主持人的体态语和形象塑造。

  本书是主编李延召工作15年来，在媒体与高校从事实践与理论工作的同时，总结前辈与同行智慧的结晶。本书由李延召任主编，刘慧、王登勇、马宏燕、王丽娜任副主编，王磊、陈晨、姚亚非、陈黎黎、赵轲、韩凝、何怡妮、朱丽、郑艳、李姗、耿悦、马晶晶参编。本书在编写过程中，参考了大量的书籍、报刊文献和网络资料，特别是央视网《新闻联播》，给学生带来了大量的学习训练的全真稿件，还有各个媒体播出的大量新闻节目都是学生学习的典范，在此谨向有关专家、教师、媒体一线从业人员表示衷心的感谢！

  由于编者时间和水平有限，书中的缺陷在所难免，敬请读者批评指正，以臻完善。

编 者<br>2022年1月

# 目录
## Contents

第一章　新闻节目概况　　　　　　　　　　　　　　　　　　/ 1
　　第一节　中央台新闻节目概况（部分）　　　　　　　　　/ 2
　　第二节　地方台新闻节目概况（部分）　　　　　　　　　/ 4

第二章　新闻播报　　　　　　　　　　　　　　　　　　　　/ 7
　　第一节　新闻的定义　　　　　　　　　　　　　　　　　/ 8
　　第二节　新闻节目主持人的基本素质　　　　　　　　　　/ 9
　　第三节　新闻播报的语言表达方式　　　　　　　　　　　/ 11
　　第四节　新闻备稿　　　　　　　　　　　　　　　　　　/ 17
　　第五节　新闻播报的类型分析　　　　　　　　　　　　　/ 18
　　第六节　综合练习　　　　　　　　　　　　　　　　　　/ 26

第三章　新闻评述　　　　　　　　　　　　　　　　　　　　/ 62
　　第一节　新闻评述概述　　　　　　　　　　　　　　　　/ 63
　　第二节　新闻评述训练要领　　　　　　　　　　　　　　/ 64
　　第三节　新闻评述的要求　　　　　　　　　　　　　　　/ 65
　　第四节　新闻评述示例　　　　　　　　　　　　　　　　/ 66
　　第五节　综合训练　　　　　　　　　　　　　　　　　　/ 71

第四章　新闻读报　　　　　　　　　　　　　　　　　　　　/ 76

第五章　新闻连线与演播室对话　　　　　　　　　　　　　　/ 85
　　第一节　新闻连线　　　　　　　　　　　　　　　　　　/ 86
　　第二节　演播室对话　　　　　　　　　　　　　　　　　/ 89

第六章　《主播说联播》文稿训练　　　　　　　　　　　　　/ 98

第七章　《主持人大赛》文稿训练　　　　　　　　　　　　　/ 111

第八章　新闻节目主持人的体态语和形象塑造　　　　　　　　/ 152

参考文献　　　　　　　　　　　　　　　　　　　　　　　　/ 156

Xinwen Jiemu yu Boyin Zhuchi

# 第一章
# 新闻节目概况

新闻节目指以新闻材料为基础,加工制作而成的电台或电视节目,新闻节目可包括现场或预先录制的访问、专家的分析、民意调查的结果,偶尔会包含社论内容。新闻联播指一种电视或广播新闻节目形式,即各电视台或广播电台同时联合播出的新闻节目。此类节目以信息量大为标志,时效性、广泛性、指向性是其主要特质。

## 第一节
## 中央台新闻节目概况(部分)

《新闻联播》是中央电视台综合频道推出的晚间新闻节目,节目以政治、经济、科技、社会、军事、外交、文化、体育、农业、交通等方面的新闻为主,于1978年1月1日起每日19:00在中央电视台综合频道首播。《新闻联播》运用了高度程式化的编排风格,从播出顺序来看,依次为时政报道、常规报道、国内简讯、国际简讯。四大版块虽偶有调整,但总体维持着顺序的稳定。其中,时政报道作为《新闻联播》的传统题材和优势资源,在整个节目中占据主要地位,其时长往往占据整个节目近1/2;新闻性较强的常规报道,往往处于较弱的地位。而《新闻联播》近些年改版的一个主要举措,就是对时政报道进行精简,并强化常规报道的地位。1982年9月1日起,中共中央明确规定,重要新闻首先在《新闻联播》中发布,由此开始奠定节目作为官方新闻发布管道的重要地位,节目宗旨为"宣传党和政府的声音,传播天下大事";新闻先后次序排列不是以其重要性,而是以党和国家领导人的排名先后而定的。其大致内容按播出顺序通常是:党和国家领导人的公务活动(包括中央召开的重要会议等),思想教育类短片,中国境内各个领域的进步,人民大众的精神面貌,神州大地的风采,国内简讯,最后是时长不超过五分钟的国际新闻等。另外,该新闻节目在形式、主播风格、片头音乐上都甚少变化,主播的发型和个人造型必须保持固定,主播之一的罗京曾介绍说,主持人剪头发得台长批准。节目中变化较显著的只有片头动画由中国书法字随着台徽的两次演变形成了电脑制作的动画片头。

《全国新闻联播》是中央人民广播电台的一档重点新闻广播节目。《全国新闻联播》始创于1951年5月1日,当时称《全国各地人民广播电台联播》,1995年更名为《全国新闻联播》,每天18:30播出。作为引领全国广播晚间节目的龙头,《全国新闻联播》一直享有很高的美誉度和收听率。

《新闻和报纸摘要》是中央人民广播电台于1950年4月10日开播的一档早间新闻节目,是中央人民广播电台最重要的新闻节目,也是中国之声历史最长、影响最大、地位最高的广播节目。《新闻和报纸摘要》是中央人民广播电台的《新闻联播》,在全国新闻界享有崇高的威望和巨大的号召力,固定听众数以亿计。《新闻和报纸摘要》节目的原型是1950年4月10日开办的《首都报纸摘要》。此后几易其名,1967年以后固定为《新闻和报纸摘要》,延续至今。七十多年来《新闻和报纸摘要》的收听率始终名列各类广播节目榜首。《新闻和报纸摘要》节目分国内要闻、媒体介绍、国际新闻、每日天气、简讯五大部分。国内要闻及时、充分,常常是独家报道党和国家领导人的重大活动,宣传中央的大政方针,中央各部委的工作思路、部署,完成中宣部下达的重大典型宣传任务以及重大新闻事件。每日天气属全国独创,以清新的语言勾勒当天全国天气情况,极具服务性。简讯言简意赅,信息量大。媒体介绍汇天下精华、备受同行瞩目。国际新闻常利用时差优势,率先报道北京时间当天早晨发生的国际重大新闻。

《朝闻天下》是中央电视台新闻频道于2006年6月5日推出的大型早间新闻节目。节目以新闻和服务资讯为主,社会民生新闻、天气出行资讯、文化体育资讯、时尚生活资讯为辅。

《新闻30分》是中央电视台综合频道于1995年4月3日推出的午间新闻节目。节目前身是中央电视台在1984年开播的《午间新闻》，1995年4月3日更名为《新闻30分》。节目以国内外要闻、话题新闻、文化体育新闻为主，午间天气预报为辅。

　　《晚间新闻》是中央电视台综合频道于1980年3月1日开播的一档晚间新闻资讯节目。1996年4月2日起，《世界报道》《晚间新闻》和《体育新闻》合并，称为《晚间新闻报道》，2005年3月1日起再次改名为《晚间新闻》。《晚间新闻》是一档集可视性、贴近性和权威性的新闻节目。

　　《焦点访谈》开办于1994年4月1日，由央视新闻评论部创办，节目通过调查、追踪和隐性采访报道揭露社会生活多个方面的违法犯罪行为，实现电视新闻节目舆论监督功能，是以深度报道为主，以舆论监督见长的电视新闻评论性节目。《焦点访谈》的舆论监督性使其多年来为人们所关注和喜爱，选择"政府重视、群众关心、普遍存在"的选题，坚持"用事实说话"的方针，反映和推动解决了大量社会进步与发展过程中存在的问题。

　　《东方时空》是中央电视台的一档新闻资讯节目，开播于1993年5月1日。这个杂志型新闻节目播出伊始就产生了广泛影响，改变了中国大陆观众早间不收看电视节目的习惯，被认为"开创了中国电视改革的先河"。节目于1993年5月1日起每日7:00在央视一套首播，旧版《东方时空》是一档电视新闻杂志节目（开播时为综合杂志类）。2009年改版后，新版《东方时空》围绕当天或近期的新闻热点进行全景式、多维度的报道，致力打造中央电视台新闻频道晚间时段的封面文章。充分运用多样化的电视技术和包装手段，使节目在传播方式和手段上更显现代感和时尚感。新版《东方时空》于2009年8月3日起每日20:00在中央电视台新闻频道首播。

　　《新闻调查》是中央电视台一档深度调查类节目，时长45分钟，每周一期，在普通百姓和高端人群中都有着广泛的影响。在中国社会发生重大变革的时候，《新闻调查》注重研究真问题，探索新表达，以记者调查采访的形式，探寻事实真相，追求理性、平衡和深入，为促进和推动社会和谐进步发挥作用。

　　《共同关注》是中央电视台新闻频道一档手语式新闻及民生资讯栏目。节目凸显大资讯量和全天重大新闻，着重对新闻的梳理和解读，同时侧重民生视点，追求特色新闻表达方式，为观众奉上集纳全天资讯精华的新闻晚餐。

　　《新闻周刊》是中央电视台新闻频道的一档周播新闻专题杂志节目。在45分钟的时间里，为观众梳理一周内国内最重要的新闻、观众最关注的人物。节目告诉观众过去的七天都发生了哪些新闻，更希望和观众一起，站在七天的高度、用七天的视点来看待过去一周的新闻。

　　《世界周刊》是中央电视台新闻频道开播时强力推出的一档新闻周刊节目，于每周日22:15在新闻频道播出，时长45分钟。《世界周刊》着力于信息整合，从每周的国际事件中提炼出最有价值的内容，帮助正在融入世界的中国人对周遭的环境有一个全面理性的认识。对于《世界周刊》来说，新闻只是起点。启动强大的信息搜索及整合能力，打破不同媒体间隔，开辟独具特色的全媒体地带，给观众丰富的信息选择，展示一周世界重大新闻事件背后的世界和新闻所引发的关注，是《世界周刊》的价值及意义所在。

　　《每周质量报告》是中央电视台新闻频道推出的一档以消费者为核心收视人群的财经质量调查专题节目。节目始终致力于产品质量和食品安全领域的调查报道，以打假除劣扶优、推动质量进步为第一诉求，是我国电视新闻界质量新闻领域的旗帜性节目。节目和《焦点访谈》相同的是，用新闻武器对不良行为进行监督，对违法行为进行曝光。节目以消费者为核心收视人群，关注人与质量的关系，关注消费者的物质诉求和精神诉求，在关注产品质量的同时，还在人的生存质量、服务质量、生活质量、消费环境质量和经营环境质量等方面给予关注，凸显大质量观，旨在净化消费环境，提高人们的生活质量。

《新闻会客厅》是中央电视台新闻频道于2003年5月1日开办的一档在黄金时段播出的新闻话题及人物访谈专题节目,是脱胎于东方时空·时空连线·人物访谈板块的节目。节目关注当日或近期国内发生的重大新闻事件中的人,强调挖掘新闻事件中当事人和关联人的亲历、亲为和亲感,突出人性和新闻性的结合。该节目于2009年8月1日正式停播。

　　《法治在线》是中央电视台新闻频道一档兼具新闻时效性、法治思想性和法律服务性的法治新闻专题杂志节目。节目紧扣中国法治进程脉搏、关注法治领域热点、揭示人与法的复杂关系,体现人文关怀和法治精神,以鲜明的现场感和新闻性凸显节目特色。

　　《新闻1+1》是中央电视台新闻频道一档深度时事新闻评论对话节目。栏目从时事政策、公共话题、突发事件等大型选题中选取当天最新、最热、最快的新闻话题展开评论分析。栏目还打破了传统的新闻播报方式,采用"1+1"即一位主持人和一位新闻评论员的双人谈话模式,后改为只由一位主持人主持,即"新闻＋评论"模式。节目强调第一时间跟进评论直播,深入解析新闻背后错综复杂的背景脉络,还原新闻全貌、解读事件真相,更力求以精度、纯度和锐度为新闻导向,呈现给观众最质朴的新闻。

　　《环球视线》是挑选当天最为重大、最具影响力的国际新闻事件,或动态进行重点分析、评论;并辅以大量翔实资讯和各方观点,揭示事件本质,让世界听到中国的声音。节目于2009年8月3日起每周一至周五22:30在中央电视台新闻频道首播。

　　《一年又一年》是中央电视台综合频道于2002年2月11日开播的一档大型除夕特别节目,成为春节晚会的有力铺垫。《一年又一年》作为中央广播电视总台一档独特的除夕大型直播特别节目,在观众中形成了比较固定的收视习惯和文化影响力,也使得节目本身成为《春节联欢晚会》之外,中央广播电视总台的又一道"年夜大餐"。

　　《中国舆论场》是国内首档"融媒体"新闻评论节目,2016年3月20日全新亮相央视中文国际频道,于每周日19:30面向全球直播。2016年12月,TV地标(2016)中国电视媒体综合实力大型调研榜单中,《中国舆论场》被评为"年度上星频道最具品牌影响力节目"。

# 第二节
# 地方台新闻节目概况（部分）

　　《海峡新干线》是东南卫视在2004年5月1日创办的一档新闻节目。节目向中国观众及海外华人华侨传递来自东南沿海的声音,有来自台湾、香港和澳门关于社会、生活、文化、财经的新闻资讯,追踪热点话题,深度剖析两岸新闻事件,蕴含大信息量和知识性。

　　《直播港澳台》是深圳广播电影电视集团打造的新闻节目,是经国家有关部门批准开办的全国第一档涵盖港澳台以及外交、防务等涉外领域的日播新闻节目。节目紧扣时事热点、整合全球资源,不断创新节目形态,于2006年5月1日起在深圳卫视首播。

　　《海峡午报》是东南卫视的一档新闻节目,由徐子乔担任主持人,是《海峡新干线》的姊妹栏目。节目于每天中午12:00在东南卫视播出。

　　《1818 黄金眼》以"关注民生,服务百姓"为栏目宗旨,以百姓的眼睛看百姓,和老百姓零距离接触,全心全意为老百姓服务,与百姓心贴心。节目直播时长72分钟,这是浙江电视媒体首个直播时间长达1个多小时的新闻节目,也是浙江电视媒体中唯一一档24小时开通新闻热线的新闻节目。

《说天下》是辽宁广播电视台一档区别于其他资讯播报的新闻节目,这是一档围绕"说"字做文章的新闻脱口秀。这里有幽默的主持人,他们用亦庄亦谐的语言风格为观众"秀"出有趣的新闻。节目中相应地放大了新闻中的娱乐元素,让观众能在这段正午时光里第一时间享受到生动、活泼的新闻。

《深度观察》是江西卫视2012年全新推出的新闻评论类节目,选择百姓关心的事件、故事,邀请专家、学者、高人气的社会名流及相关领域的权威人士,与主持人一起剖析事件原委、透视背后的成因、提炼生活的智慧。在社会转型期,《深度观察》是对观众极有用的"解惑"节目,帮助大家透过现象看本质。

《全球零距离》是由广东广播电视台与新华社国际部联手策划的一档周播国际新闻深度报道节目,从2010年1月9日起在广东卫视隆重推出。节目突破常规,通过梳理一周重大国际新闻的脉络,通过新华社、中国国际广播电台遍布全球的记者进行现场连线直击采访,通过与国内外权威专家连线点评分析,挖掘新闻背后的细节故事,深度权威解读一周内发生在世界各地的重大新闻事件,向全国乃至世界发出中国的声音。

《新闻延长线》是贵州卫视的晚间新闻栏目,不仅对每天的新闻事件进行梳理,同时还围绕新闻事件以及热点新闻话题展开深度解析与点评。节目贴近热点、贴近民生,同时注重国际视野,并通过多元化的媒介手段增强新闻报道的说服力和感染力,让新闻节目更加贴近观众。

《关键洞察力》由深圳卫视《直播港澳台》团队打造出品,是以心理分析等手段来深度剖析新闻人物与焦点事件的时事专题节目。每期节目邀请事件亲历者以及二至四位国内外专家、学者,针对事件的关键要素和前因后果进行全方位、多角度的洞察与交锋。演播室现场采用虚拟电视技术,将新闻当事人和新闻现场"请"到节目现场,颇具视觉震撼力。

《环球交叉点》是东方卫视于2013年推出的一档全新深度国际时评节目,节目强调以国家利益为核心,对涉及中国的国际热点问题进行解读、分析和探讨。

《零距离》是江苏广播电视总台城市频道倾力打造的一档日播类新闻直播节目,是全国第一个内容完全自采的大型新闻资讯类直播节目,于2002年1月1日开播。节目面向省会南京,以报道南京、服务南京、宣传南京为宗旨。节目一经推出,即受到了广大电视观众的热烈欢迎和一致好评,真正实现了与电视观众"零距离",被誉为"南京人的电视晚报"。

《新闻夜航》是一档黑龙江电视台制作的电视新闻栏目,创办于1999年6月28日,主要关注生活中的炎凉百态。节目的宣传词是"关注您生活中的世事百态,讲述您身边的大事小情",报道理念是"关注民生,反映民意"。

《民生直通车》是山东广播电视台电视公共频道全力打造的一档大型民生新闻栏目,也是山东省内第一档民生新闻栏目。自2004年开播以来,始终把"为百姓办事,替政府分忧"作为栏目宗旨。栏目将每天最新的新闻事件,以个性化的表现手段和主持风格加以展现,同时还设置了新闻话题,观众以发送短信的方式参与话题讨论,发表自己的看法或提供新闻线索。

《新闻眼》是由江苏卫视推出的一档新闻杂志类栏目,在2012年1月1日首播。节目涵盖了新闻资讯、真情故事、深度解读等诸多方面的内容,全景、多触角深入地挖掘新闻内容。主持人铿锵有力的点评、平民化的语言风格也为节目增色不少。

《新闻当事人》是湖南卫视2012年推出的全国第一档80后青年发声新闻节目,节目核心调查记者群全都是80后。以新闻当事人为核心,以事件各相关人、围观者为话题支撑,关注社会群体心理需求、现实困境、焦点话题,引发观众共鸣。

《凤凰全球连线》是凤凰卫视的一档新闻评论性节目,节目主要播报热点国际事件、政治话题、社会舆论,力图吸取国外最新流行的新闻节目制作趋势,将新闻节目化,通过联机,传递不同角度不同人群对同一新闻事件的看法和表述,形成全球谈论一个新闻话题的节目效果。

《锵锵三人行》是凤凰卫视出品的著名谈话类节目,由主持人窦文涛主持,一起针对热门新闻事件或社会热点话题进行研究,节目中众人各抒己见,却又不属于追求问题答案的正论,而是俗人闲话,一派"多少天下事,尽付笑谈中"的情致,达到融汇信息传播,制造乐趣与辨析事理三大元素于一身的目的。主持人与两位嘉宾似三友闲聚,在谈笑风生的气氛中,以个性化的表达,关注时事资讯,传递民间话语,交流自由观点,诉说生活体验,难掩真实性情,分享聊天趣味。该节目于2017年9月停播。

《有报天天读》是凤凰卫视的读报节目,主要在凤凰卫视中文台播出。节目分为六个环节,分别是:国际聚焦、国际速报、大千世界、中华聚焦、中华速报、焦点评论。

《长江新闻号》是湖北卫视一档对热点新闻进行深度挖掘和解读的综合类晚间电视时事新闻节目。内容定位为"全球视野,中国视角,解读事件,纵论天下"。节目由"第一热点""长江评论""长江搜索"三个模块组成。

《经视直播》是湖北经视强力打造的一档大型民生新闻栏目,节目内容以普通观众关心的资讯为主,包括现场报道、记者目击、观众投诉、天气资讯、交通路况、每周警情通报及点评等。同时,以平民化视角报道与百姓生活息息相关的重要时政服务资讯。

《第7日》作为北京电视台多年来的品牌节目,开播以来,一向以独到的视角、新颖的题材、深入的报道、丰富的表现形式,为观众提供全新的电视新闻体验。不同于一般的新闻节目,《第7日》更关注平民百姓日常生活中遇到的小事、麻烦,这些事看起来琐碎、细小,但都与百姓的切身利益息息相关。

《小莉帮忙》原本是河南电视台民生频道品牌新闻栏目《民生大参考》中的一个新闻版块,自2008年创办以来因其节目形式独特,服务性强而倍受观众好评。2009年,民生频道为进一步加强节目创新力度,扩大民生定位的外延与内涵,特将此版块延长至40分钟,形成一个独立的栏目。改版后的《小莉帮忙》在坚持一贯的引导帮助解决、实际问题、服务民众的基础上,还充分发挥电视中介的最大效应,为民众建立起生活资讯服务平台。

除中国以外,其他国家也有类似新闻联播的联播节目,不过是在加盟全国性电视联播网的电视台播出。如:日本放送协会在晨午晚间的全国联播新闻,美国各大电视联播网等。

从1958年中国的第一个电视台——北京电视台(中央电视台前身)建立和开播到现在。无论从节目的类型和数量,还是从节目的内容和形式,都发生了突飞猛进的发展和日新月异的变化。从新中国广播电视节目开播到现在,虽几经变革但始终如一的广播电视节目就是新闻,最受关注的节目是新闻,最受欢迎的节目也还是新闻。

Xinwen Jiemu yu Boyin Zhuchi

## 第二章
## 新闻播报

# 第一节
## 新闻的定义

"新闻"一词在我国古已有之。据考证,"新闻"一词最早出现在唐朝。从史料《新唐书》《南楚新闻》以及南宋《朝野类要》的记载中不难看出,我国早期使用"新闻"一词,主要指传说、传闻、故事、奇闻逸事等,和现在我们所说的"新闻"有很大不同。

西方最早使用"News"一词,据记载是在1423年。一般认为,News这个词是英语北North、东East、西West、南South四个词的首字母拼写成的,表明新闻是"四面八方消息的集合"。后来,美国新闻学者卡斯珀·约斯特经过考证认为,"News"一词是由New这个词引申而来的,是字源中的奇特发展之一。

尽管古今中外对"新闻"一词根源的探究结果有所不同,但不可否认的是"新闻"一词经过了长期演化,仍具有"新鲜事情""新鲜报道"的基本含义。

现代新闻学从西方传入中国后,业界关于新闻的定义有很多。得到我国新闻界公认的是1943年陆定一在《我们对于新闻学的基本观点》一文中提出的定义,即"新闻是对新近发生的事实的报道"。这个定义被广泛采用并产生了很大影响,且简洁而科学地道出了新闻的本质和含义。

随着新闻事业的不断发展,广播电视和网络媒体技术日新月异,可以对很多新闻事件进行直播,所以"新闻"的定义后来又发展为"新闻是对新近或者正在发生的客观事实的报道"。

## 一、新闻的要素

新闻主要有五要素:何时(When)、何地(Where)、何人(Who)、何事(What)、何故(Why)。有的学者补充了一个要素:如何(How)。在五个"W"和一个"H"中,最主要的是何事(What)和何人(Who)。

## 二、新闻的结构

常见的新闻正文结构为倒金字塔式,又称"逆转倒金字塔式"。它以事实的重要程度或受众的关心程度依次递减,把最重要的写在前面,然后将各个事实按其重要性程度依次写下去,一段只写一个事实,犹如倒置的金字塔或倒置的三角形,因而得名。

标题:标题要准确地概括新闻的主要内容,要尽可能突出重点、简洁醒目。

导语:新闻的第一段或第一句话。用简要的文字,集中呈现最重要、最新鲜或最有特点的新闻事实,提示新闻的要旨,吸引读者进一步阅读、观看或收听新闻。

主体:新闻的主要部分。它承接导语,具体叙述新闻事实,提供更详尽的信息;有时还要阐述导语所揭示的主题或回答导语中提出的问题。

背景:事物的历史状况或存在的环境、条件,是新闻的从属部分,常穿插在主体部分或在"导语"与"结语"之中,可有可无。

结语:一般指新闻的最后一句或一段话,是新闻的结尾,交代事件的结果,它依内容的需要,可有可无。

## 三、新闻的分类

按照新闻事实发生的地域和范围来分,有国际新闻和国内新闻。

按照新闻发生的时间性来分,有突发性新闻、延缓性新闻。

按照新闻与读者的关系来分,有硬新闻和软新闻。

按照新闻的性质来分,有政治新闻、经济新闻、科教新闻、军事新闻、社会新闻、文艺新闻、体育新闻和会议新闻等。

按照新闻的特点来分,有事件性新闻与非事件性新闻,单一性新闻与复杂性新闻,动态性新闻与静态性新闻,本体新闻与反映新闻。

按照新闻的题材来分,有典型报道、综合报道、述评性报道、批评性报道。

按照新闻传播的手段来分,有口头新闻、文字新闻、广播新闻和电视新闻。

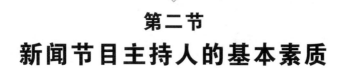

# 第二节
# 新闻节目主持人的基本素质

## 一、过硬的政治素质

新闻节目主持人是新闻工作者,其政治素质显得尤为重要。新闻节目主持人必须坚持正确的政治立场,拥有高度的政治觉悟和道德情操,时刻把党和国家的利益放在首位。新闻工作者从事的是用科学的理论武装人、以正确的舆论引导人、以高尚的精神塑造人、以优秀的作品鼓舞人的重要工作。新闻节目主持人必须认真学习党和国家的各项方针政策、法律法规,密切关注社会动向,细心体察民情,反映群众的呼声要求。新闻节目主持人必须客观公正地向受众做真实正确的报道,拥有敢于坚持真理的大无畏精神和廉洁奉公的情操。

## 二、丰富的文化素质

广博而深厚的科学文化知识是新闻节目主持人必备的基本素质。任何一个主持人都很难做到上知天文下知地理,但我们不求成为"专家",而应该在精通几门知识的前提下涉猎各个领域,所以新闻节目主持人也常常被称为是"杂家"。

新闻节目涉及社会各个方面,新闻节目主持人每天面对不同的人物、事件和问题,如果没有广博的知识,是很难胜任的。所以,作为新闻节目主持人要不断丰富自己的知识结构,提升自己的知识体系,对节目内容做到胸有成竹,这样的节目才能引人入胜。知识的积累不是一朝一夕的事,"不积跬步,无以至千里,不积小流,无以成江海"。新闻节目主持人要做一个生活中的"有心人",做到点滴的积累,争取从"杂家"向"专家"靠拢。

## 三、精湛的专业素质

新闻节目主持人同时又是语言艺术工作者,所以还必须具有一定的有声语言表达技能。良好的语言表达能力是新闻节目主持人必须具备的基本素质。播音员、主持人要做到语言流畅化、规范化、口语化及生动化,无论是在串联、提问还是在报道、评论的环节,较强的语言表达能力都是必不可少的,这是对主持人最基本的要求。

## 四、扎实的新闻素质

作为新闻节目主持人,新闻素质无疑是基本的素质之一。有了扎实的新闻素质才能更好地进行传播工作。成为一名出色的记者,才能成就一名出色的新闻节目主持人。只有主持人广泛地参与到新闻采编过程中,才可以保证在节目中有更好的发挥。

首先,新闻节目主持人需要有很好的新闻嗅觉,能识别、发现有价值的新闻。新闻往往都是突发事件,主持人只有具备了良好的新闻嗅觉,才能找到最好的报道角度。其次,新闻节目主持人还要具备很好的感悟力和思辨能力,要以正确的舆论引导人,成为受众的引导者;要敢于揭示社会矛盾,剖析人生;通过对一些社会热点、焦点问题的报道和分析,能给人们的思想以启迪,留下有益的思考。在某些新闻节目中,主持人不仅要播报还要对新闻进行评论,针砭时弊。只有具备良好的判断辨析能力,才能以独到的见地、精辟的分析吸引受众。

## 五、良好的心理素质

一个好的新闻节目主持人必须自信,不怯场、不浮躁、不马虎。要头脑清醒、反应敏锐,时刻洞察现场发生的任何事情。新闻节目主持人作为公众人物,面对繁重的采编播任务和千万受众的关注,心理压力是很大的。然而,部分新闻节目主持人在主持节目时想的不是如何做好节目,而是如何突出自己、表现自己,将节目变成了卖弄自己的平台。还有的主持人没有调整好心态,太过紧张或者太过放松,这都会让受众感到不舒服。因此,主持人应重视保持良好的心理状态,时刻调整自己,才能将节目更好地呈现给大家。

## 六、灵活的应变能力

应变是指应付突发事件的能力,它是一个人的知识、智慧、性格和心理素质的综合体现。新闻节目主持人在节目中常常会碰到某些意想不到的情况,这就需要主持人在话筒前一定要沉着冷静,要根据现场的情况随机应变、灵活处理。在直播过程中,不时会有突发情况,例如设备问题、插播新闻、稿件变更等,这就需要主持人在第一时间懂得变通,拥有驾驭突发事件的能力。有的时候,灵活的应变能力也能使节目更加出彩。

总之,新闻节目主持人的素质不仅体现着主持人自身的专业素质,也代表了社会的发展趋势,更是广播电视发展的关键所在。在受众意识越来越强的今天,新闻节目主持人只有不断提高自己各方面的素质,才能更好地引导受众去感受新闻的魅力和多彩的世界,只有这样的新闻节目主持人,才能担负起时代赋予的重任。

# 第三节
# 新闻播报的语言表达方式

## 一、播讲式

播讲式是新闻播报最常见的一种语言表达方式,也被人们称为播报式。在播报中,要求语言规整简练,流畅自如,既有播报新闻的振奋、准确和简洁,又保留自然语言的自如曲线运动。可以说,它是介于口头谈话和宣读的中间样式,适用范围非常广泛,是广播电视新闻的代表性语言表达方式。

▲**央视网消息**:9月24日,国家主席习近平向2021中关村论坛视频致贺。

习近平指出,当前,世界百年未有之大变局加速演进,新冠肺炎疫情影响广泛深远,世界经济复苏面临严峻挑战,世界各国更加需要加强科技开放合作,通过科技创新共同探索解决重要全球性问题的途径和方法,共同应对时代挑战,共同促进人类和平与发展的崇高事业。

习近平强调,当今世界,发展科学技术必须具有全球视野,把握时代脉搏,紧扣人类生产生活提出的新要求。中国高度重视科技创新,致力于推动全球科技创新协作,将以更加开放的态度加强国际科技交流,积极参与全球创新网络,共同推进基础研究,推动科技成果转化,培育经济发展新动能,加强知识产权保护,营造一流创新生态,塑造科技向善理念,完善全球科技治理,更好增进人类福祉。

习近平强调,中关村是中国第一个国家自主创新示范区,中关村论坛是面向全球科技创新交流合作的国家级平台。中国支持中关村开展新一轮先行先试改革,加快建设世界领先的科技园区,为促进全球科技创新交流合作作出新的贡献。

2021中关村论坛当日在北京开幕,主题为"智慧·健康·碳中和",由科学技术部、中国科学院、中国科学技术协会、北京市人民政府共同主办。

(中央电视台《新闻联播》2021年09月25日播出)

## 二、宣读式

宣读式也称"播读式",是三种语言表达方式中规范性要求最严格的一种。宣读的稿件不允许做口语化处理,必须一字不差照原样播出。"郑重宣告"是这种样式的基本特色。适用于国家条例、法令、公告、章程、任免名单等特殊体裁的播报。

▲**央视网消息(新闻联播)**:
中国共产党第十九届中央委员会第六次全体会议公报
(2021年11月11日中国共产党第十九届中央委员会第六次全体会议通过)
中国共产党第十九届中央委员会第六次全体会议,于2021年11月8日至11日在北京举行。
出席这次全会的有,中央委员197人,候补中央委员151人。中央纪律检查委员会常务委员会委员和有关方面负责同志列席会议。党的十九大代表中部分基层同志和专家学者也列席会议。

全会由中央政治局主持。中央委员会总书记习近平作了重要讲话。

全会听取和讨论了习近平受中央政治局委托做的工作报告,审议通过了《中共中央关于党的百年奋斗重大成就和历史经验的决议》,审议通过了《关于召开党的第二十次全国代表大会的决议》。习近平就《中共中央关于党的百年奋斗重大成就和历史经验的决议(讨论稿)》向全会作了说明。

全会充分肯定党的十九届五中全会以来中央政治局的工作。一致认为,一年来,世界百年未有之大变局和新冠肺炎疫情全球大流行交织影响,外部环境更趋复杂严峻,国内新冠肺炎疫情防控和经济社会发展各项任务极为繁重艰巨。中央政治局高举中国特色社会主义伟大旗帜,坚持以马克思列宁主义、毛泽东思想、邓小平理论、"三个代表"重要思想、科学发展观、习近平新时代中国特色社会主义思想为指导,全面贯彻党的十九大和十九届二中、三中、四中、五中全会精神,统筹国内国际两个大局,统筹疫情防控和经济社会发展,统筹发展和安全,坚持稳中求进工作总基调,全面贯彻新发展理念,加快构建新发展格局,经济保持较好发展态势,科技自立自强积极推进,改革开放不断深化,脱贫攻坚战如期打赢,民生保障有效改善,社会大局保持稳定,国防和军队现代化扎实推进,中国特色大国外交全面推进,党史学习教育扎实有效,战胜多种严重自然灾害,党和国家各项事业取得了新的重大成就。成功举办庆祝中国共产党成立100周年系列活动,中共中央总书记习近平发表重要讲话,正式宣布全面建成小康社会,激励全党全国各族人民意气风发踏上向第二个百年奋斗目标进军的新征程。

全会认为,总结党的百年奋斗重大成就和历史经验,是在建党百年历史条件下开启全面建设社会主义现代化国家新征程、在新时代坚持和发展中国特色社会主义的需要;是增强政治意识、大局意识、核心意识、看齐意识,坚定道路自信、理论自信、制度自信、文化自信,做到坚决维护习近平同志党中央的核心、全党的核心地位,坚决维护党中央权威和集中统一领导,确保全党步调一致向前进的需要;是推进党的自我革命、提高全党斗争本领和应对风险挑战能力、永葆党的生机活力、团结带领全国各族人民为实现中华民族伟大复兴的中国梦而继续奋斗的需要。全党要坚持唯物史观和正确党史观,从党的百年奋斗中看清楚过去我们为什么能够成功、弄明白未来我们怎样才能继续成功,从而更加坚定、更加自觉地践行初心使命,在新时代更好坚持和发展中国特色社会主义。

全会提出,中国共产党自一九二一年成立以来,始终把为中国人民谋幸福、为中华民族谋复兴作为自己的初心使命,始终坚持共产主义理想和社会主义信念,团结带领全国各族人民为争取民族独立、人民解放和实现国家富强、人民幸福而不懈奋斗,已经走过一百年光辉历程。党和人民百年奋斗,书写了中华民族几千年历史上最恢宏的史诗。

全会提出,新民主主义革命时期,党面临的主要任务是,反对帝国主义、封建主义、官僚资本主义,争取民族独立、人民解放,为实现中华民族伟大复兴创造根本社会条件。在革命斗争中,以毛泽东同志为主要代表的中国共产党人,把马克思列宁主义基本原理同中国具体实际相结合,对经过艰苦探索、付出巨大牺牲积累的一系列独创性经验做了理论概括,开辟了农村包围城市、武装夺取政权的正确革命道路,创立了毛泽东思想,为夺取新民主主义革命胜利指明了正确方向。党领导人民浴血奋战、百折不挠,创造了新民主主义革命的伟大成就,成立中华人民共和国,实现民族独立、人民解放,彻底结束了旧中国半殖民地半封建社会的历史,彻底结束了极少数剥削者统治广大劳动人民的历史,彻底结束了旧中国一盘散沙的局面,彻底废除了列强强加给中国的不平等条约和帝国主义在中国的一切特权,实现了中国从几千年封建专制政治向人民民主的伟大飞跃,也极大改变了世界政治格局,鼓舞了全世界被压迫民族和被压迫人民争取解放的斗争。中国共产党和中国人民以英勇顽强的奋斗向世界庄严宣告,中国人民从此站起来了,中华民族任人宰割、饱受欺凌的时代一去不复返了,中国发展从此开启了新纪元。

全会提出,社会主义革命和建设时期,党面临的主要任务是,实现从新民主主义到社会主义的转变,进行社会主义革命,推进社会主义建设,为实现中华民族伟大复兴奠定根本政治前提和制度基础。在这个时期,以毛泽东同志为主要代表的中国共产党人提出关于社会主义建设的一系列重要思想。毛泽东思想是马克思列宁主义在中国的创造性运用和发展,是被实践证明了的关于中国革命和建设的正确的理论原则和经验总结,是马克思主义中国化的第一次历史性飞跃。党领导人民自力更生、发愤图强,创造了社会主义革命和建设的伟大成就,实现了中华民族有史以来最为广泛而深刻的社会变革,实现了一穷二白、人口众多的东方大国大步迈进社会主义社会的伟大飞跃。我国建立起独立的比较完整的工业体系和国民经济体系,农业生产条件显著改变,教育、科学、文化、卫生、体育事业有很大发展,人民解放军得到壮大和提高,彻底结束了旧中国的屈辱外交。中国共产党和中国人民以英勇顽强的奋斗向世界庄严宣告,中国人民不但善于破坏一个旧世界、也善于建设一个新世界,只有社会主义才能救中国,只有社会主义才能发展中国。

全会提出,改革开放和社会主义现代化建设新时期,党面临的主要任务是,继续探索中国建设社会主义的正确道路,解放和发展社会生产力,使人民摆脱贫困、尽快富裕起来,为实现中华民族伟大复兴提供充满新的活力的体制保证和快速发展的物质条件。党的十一届三中全会以后,以邓小平同志为主要代表的中国共产党人,团结带领全党全国各族人民,深刻总结新中国成立以来正反两方面经验,围绕什么是社会主义、怎样建设社会主义这一根本问题,借鉴世界社会主义历史经验,创立了邓小平理论,解放思想,实事求是,作出把党和国家工作中心转移到经济建设上来、实行改革开放的历史性决策,深刻揭示社会主义本质,确立社会主义初级阶段基本路线,明确提出走自己的路、建设中国特色社会主义,科学回答了建设中国特色社会主义的一系列基本问题,制定了到二十一世纪中叶分三步走、基本实现社会主义现代化的发展战略,成功开创了中国特色社会主义。

全会提出,党的十三届四中全会以后,以江泽民同志为主要代表的中国共产党人,团结带领全党全国各族人民,坚持党的基本理论、基本路线,加深了对什么是社会主义、怎样建设社会主义和建设什么样的党、怎样建设党的认识,形成了"三个代表"重要思想,在国内外形势十分复杂、世界社会主义出现严重曲折的严峻考验面前捍卫了中国特色社会主义,确立了社会主义市场经济体制的改革目标和基本框架,确立了社会主义初级阶段公有制为主体、多种所有制经济共同发展的基本经济制度和按劳分配为主体、多种分配方式并存的分配制度,开创全面改革开放新局面,推进党的建设新的伟大工程,成功把中国特色社会主义推向二十一世纪。

全会提出,党的十六大以后,以胡锦涛同志为主要代表的中国共产党人,团结带领全党全国各族人民,在全面建设小康社会进程中推进实践创新、理论创新、制度创新,深刻认识和回答了新形势下实现什么样的发展、怎样发展等重大问题,形成了科学发展观,抓住重要战略机遇期,聚精会神搞建设,一心一意谋发展,强调坚持以人为本、全面协调可持续发展,着力保障和改善民生,促进社会公平正义,推进党的执政能力建设和先进性建设,成功在新形势下坚持和发展了中国特色社会主义。

全会强调,在这个时期,党从新的实践和时代特征出发坚持和发展马克思主义,科学回答了建设中国特色社会主义的发展道路、发展阶段、根本任务、发展动力、发展战略、政治保证、祖国统一、外交和国际战略、领导力量和依靠力量等一系列基本问题,形成中国特色社会主义理论体系,实现了马克思主义中国化新的飞跃。党领导人民解放思想、锐意进取,创造了改革开放和社会主义现代化建设的伟大成就,我国实现了从高度集中的计划经济体制到充满活力的社会主义市场经济体制、从封闭半封闭到全方位开放的历史性转变,实现了从生产力相对落后的状况到经济总量跃居世界第二的历史性突破,实现了人民生活从温饱不足到总体小康、奔向全面小康的历史性跨越,推进了中华民族从站起来到富起来的伟大飞跃。中国共产党和中国人民以英勇顽强的奋斗向世界庄严宣告,改革开放是决定当代中国前途命运的关键一招,中国特色社会主义道路是指引中国发展繁荣的正确道路,中国大踏步赶上了时代。

全会提出,党的十八大以来,中国特色社会主义进入新时代。党面临的主要任务是,实现第一个百年奋斗目标,开启实现第二个百年奋斗目标新征程,朝着实现中华民族伟大复兴的宏伟目标继续前进。党领导人民自信自强、守正创新,创造了新时代中国特色社会主义的伟大成就。

全会强调,以习近平同志为主要代表的中国共产党人,坚持把马克思主义基本原理同中国具体实际相结合、同中华优秀传统文化相结合,坚持毛泽东思想、邓小平理论、"三个代表"重要思想、科学发展观,深刻总结并充分运用党成立以来的历史经验,从新的实际出发,创立了习近平新时代中国特色社会主义思想。习近平同志对关系新时代党和国家事业发展的一系列重大理论和实践问题进行了深邃思考和科学判断,就新时代坚持和发展什么样的中国特色社会主义、怎样坚持和发展中国特色社会主义,建设什么样的社会主义现代化强国、怎样建设社会主义现代化强国,建设什么样的长期执政的马克思主义政党、怎样建设长期执政的马克思主义政党等重大时代课题,提出一系列原创性的治国理政新理念新思想新战略,是习近平新时代中国特色社会主义思想的主要创立者。习近平新时代中国特色社会主义思想是当代中国马克思主义、二十一世纪马克思主义,是中华文化和中国精神的时代精华,实现了马克思主义中国化新的飞跃。党确立习近平同志党中央的核心、全党的核心地位,确立习近平新时代中国特色社会主义思想的指导地位,反映了全党全军全国各族人民共同心愿,对新时代党和国家事业发展、对推进中华民族伟大复兴历史进程具有决定性意义。

全会指出,以习近平同志为核心的党中央,以伟大的历史主动精神、巨大的政治勇气、强烈的责任担当,统筹国内国际两个大局,贯彻党的基本理论、基本路线、基本方略,统揽伟大斗争、伟大工程、伟大事业、伟大梦想,坚持稳中求进工作总基调,出台一系列重大方针政策,推出一系列重大举措,推进一系列重大工作,战胜一系列重大风险挑战,解决了许多长期想解决而没有解决的难题,办成了许多过去想办而没有办成的大事,推动党和国家事业取得历史性成就、发生历史性变革。

全会强调,党的十八大以来,在坚持党的全面领导上,党中央权威和集中统一领导得到有力保证,党的领导制度体系不断完善,党的领导方式更加科学,全党思想上更加统一、政治上更加团结、行动上更加一致,党的政治领导力、思想引领力、群众组织力、社会号召力显著增强。在全面从严治党上,党的自我净化、自我完善、自我革新、自我提高能力显著增强,管党治党宽松软状况得到根本扭转,反腐败斗争取得压倒性胜利并全面巩固,党在革命性锻造中更加坚强。在经济建设上,我国经济发展平衡性、协调性、可持续性明显增强,国家经济实力、科技实力、综合国力跃上新台阶,我国经济迈上更高质量、更有效率、更加公平、更可持续、更为安全的发展之路。在全面深化改革开放上,党不断推动全面深化改革向广度和深度进军,中国特色社会主义制度更加成熟更加定型,国家治理体系和治理能力现代化水平不断提高,党和国家事业焕发出新的生机活力。在政治建设上,积极发展全过程人民民主,我国社会主义民主政治制度化、规范化、程序化全面推进,中国特色社会主义政治制度优越性得到更好发挥,生动活泼、安定团结的政治局面得到巩固和发展。在全面依法治国上,中国特色社会主义法治体系不断健全,法治中国建设迈出坚实步伐,党运用法治方式领导和治理国家的能力显著增强。在文化建设上,我国意识形态领域形势发生全局性、根本性转变,全党全国各族人民文化自信明显增强,全社会凝聚力和向心力极大提升,为新时代开创党和国家事业新局面提供了坚强思想保证和强大精神力量。在社会建设上,人民生活全方位改善,社会治理社会化、法治化、智能化、专业化水平大幅度提升,发展了人民安居乐业、社会安定有序的良好局面,续写了社会长期稳定奇迹。在生态文明建设上,党中央以前所未有的力度抓生态文明建设,美丽中国建设迈出重大步伐,我国生态环境保护发生历史性、转折性、全局性变化。在国防和军队建设上,人民军队实现整体性革命性重塑、重整行装再出发,国防实力和经济实力同步提升,人民军队坚决履行新时代使命任务,以顽强斗争精神和实际行动捍卫了国家主权、安全、发展利益。在维护国家安全上,国家安全得到全面加强,经受住了来自政治、经济、意识形态、自然界等方面的风险挑战考验,为党和国家兴旺发达、长治久安提供了有力保证。在坚持"一国两制"和推进祖国统一上,党中央采取一系列标本兼治的举措,坚定落实"爱国者治港"、"爱国者治澳",推动香港局势实现由乱到治的重大转折,为推进依法治港治澳、促进"一国两制"实践行稳致远打下了坚实基础;坚持一个中国原则和"九二共识",坚决反对"台独"分裂行径,坚决反对外部势力干涉,牢牢把握两岸关系主导权和主动权。在外交工作上,中国特色大国外交全面推进,构建人类命运共同体成为引领时代潮流和人类前进方向的鲜明旗帜,我国外交在世界大变局中开创新局、在世界乱局中化危为机,我国国际影响力、感召力、塑造力显著提升。中国共产党和中国人民以英勇顽强的奋斗向世界庄严宣告,中华民族迎来了从站起来、富起来到强起来的伟大飞跃。

全会指出了中国共产党百年奋斗的历史意义:党的百年奋斗从根本上改变了中国人民的前途命运,中国人民彻底摆脱了被欺负、被压迫、被奴役的命运,成为国家、社会和自己命运的主人,中国人民对美好生活的向往不断变为现实;党的百年奋斗开辟了实现中华民族伟大复兴的正确道路,中国仅用几十年时间就走完发达国家几百年走过的工业化历程,创造了经济快速发展和社会长期稳定两大奇迹;党的百年奋斗展示了马克思主义的强大生命力,马克思主义的科学性和真理性在中国得到充分检验,马克思主义的人民性和实践性在中国得到充分贯彻,马克思主义的开放性和时代性在中国得到充分彰显;党的百年奋斗深刻影响了世界历史进程,党领导人民成功走出中国式现代化道路,创造了人类文明新形态,拓展了发展中国家走向现代化的途径;党的百年奋斗锻造了走在时代前列的中国共产党,形成了以伟大建党精神为源头的精神谱系,保持了党的先进性和纯洁性,党的执政能力和领导水平不断提高,中国共产党无愧为伟大光荣正确的党。

全会提出,一百年来,党领导人民进行伟大奋斗,积累了宝贵的历史经验,这就是:坚持党的领导,坚持人民至上,坚持理论创新,坚持独立自主,坚持中国道路,坚持胸怀天下,坚持开拓创新,坚持敢于斗争,坚持统一战线,坚持自我革命。以上十个方面,是经过长期实践积累的宝贵经验,是党和人民共同创造的精神财富,必须倍加珍惜、长期坚持,并在新时代实践中不断丰富和发展。

全会提出,不忘初心,方得始终。中国共产党立志于中华民族千秋伟业,百年恰是风华正茂。过去一百年,党向人民、向历史交出了一份优异的答卷。现在,党团结带领中国人民又踏上了实现第二个百年奋斗目标新的赶考之路。全党要牢记中国共产党是什么、要干什么这个根本问题,把握历史发展大势,坚定理想信念,牢记初心使命,始终谦虚谨慎、不骄不躁、艰苦奋斗,不为任何风险所惧,不为任何干扰所惑,决不在根本性问题上出现颠覆性错误,以咬定青山不放松的执着奋力实现既定目标,以行百里者半九十的清醒不懈推进中华民族伟大复兴。

全会强调,全党必须坚持马克思列宁主义、毛泽东思想、邓小平理论、"三个代表"重要思想、科学发展观,全面贯彻习近平新时代中国特色社会主义思想,用马克思主义的立场、观点、方法观察时代、把握时代、引领时代,不断深化对共产党执政规律、社会主义建设规律、人类社会发展规律的认识。必须坚持党的基本理论、基本路线、基本方略,增强"四个意识",坚定"四个自信",做到"两个维护",坚持系统观念,统筹推进"五位一体"总体布局,协调推进"四个全面"战略布局,立足新发展阶段、贯彻新发展理念、构建新发展格局、推动高质量发展,全面深化改革开放,促进共同富裕,推进科技自立自强,发展全过程人民民主,保证人民当家作主,坚持全面依法治国,坚持社会主义核心价值体系,坚持在发展中保障和改善民生,坚持人与自然和谐共生,统筹发展和安全,加快国防和军队现代化,协同推进人民富裕、国家强盛、中国美丽。

全会强调，全党必须永远保持同人民群众的血肉联系，践行以人民为中心的发展思想，不断实现好、维护好、发展好最广大人民根本利益，团结带领全国各族人民不断为美好生活而奋斗。全党必须铭记生于忧患、死于安乐，常怀远虑、居安思危，继续推进新时代党的建设新的伟大工程，坚持全面从严治党，坚定不移推进党风廉政建设和反腐败斗争，做到难不住、压不垮，推动中国特色社会主义事业航船劈波斩浪、一往无前。

全会决定，中国共产党第二十次全国代表大会于2022年下半年在北京召开。全会认为，党的二十大是我们党进入全面建设社会主义现代化国家、向第二个百年奋斗目标进军新征程的重要时刻召开的一次十分重要的代表大会，是党和国家政治生活中的一件大事。全党要团结带领全国各族人民攻坚克难、开拓奋进，为全面建设社会主义现代化国家、夺取新时代中国特色社会主义伟大胜利、实现中华民族伟大复兴的中国梦作出新的更大贡献，以优异成绩迎接党的二十大召开。

党中央号召，全党全军全国各族人民要更加紧密地团结在以习近平同志为核心的党中央周围，全面贯彻习近平新时代中国特色社会主义思想，大力弘扬伟大建党精神，勿忘昨天的苦难辉煌，无愧今天的使命担当，不负明天的伟大梦想，以史为鉴、开创未来，埋头苦干、勇毅前行，为实现第二个百年奋斗目标、实现中华民族伟大复兴的中国梦而不懈奋斗。我们坚信，在过去一百年赢得了伟大胜利和荣光的中国共产党和中国人民，必将在新时代新征程上赢得更加伟大的胜利和荣光！

(中央电视台《新闻联播》2021年11月11日播出)

## 三、谈话式

谈话式也称"说新闻"，在一些民生新闻中应用最为广泛，具有较强的口语交谈感。这种播报样式注重交流、轻松自然、语调平缓、语气亲切、如话家常，较多地保留了口语化的轻松自如，给受众以朋友般的坦诚亲切感，具有较强的个性化色彩。

▲**央视网消息(新闻联播)**：今天(9月15日)我们来认识两位教书育人的老师，他们分别是上海市黄浦区卢湾一中心小学校长、教师吴蓉瑾，重庆市大渡口区育才小学体育老师王红旭。

吴蓉瑾："红色初心"的播种者

吴蓉瑾所在的卢湾一中心小学毗邻中共一大会址。16年前，吴蓉瑾发起成立了专门服务中共一大会址纪念馆的小学生讲解员社团，通过生动多彩的实践活动，吴蓉瑾将爱党爱国的红色种子播种在孩子们幼小的心田。从教27年来，吴蓉瑾扎根基础教育，将自己对学生的真情、对教育事业的热情，转化为一项项具体的行动，实践着她的教育梦想。

王红旭：勇救落水儿童　用生命诠释师者大爱

王红旭，生前系重庆市大渡口区育才小学体育老师。2021年6月1日下午，两名儿童在长江重庆大渡口万发码头段沙滩边玩耍时不慎落水，当时正在现场的王红旭立即冲入江中，成功救回两名儿童。但在救起第二名儿童回游的过程中，王红旭开始出现体力不支，当他拼尽全力将落水儿童安全托起并推向接应人群后，自己被急流卷入江心，献出了宝贵生命，年仅35岁。

(中央电视台《新闻联播》2021年09月15日播出)

新闻播报的语言特征包括，朴实无华：以叙述尤其是概述为主，语言平实，无拖腔甩调，无浓彩重抹。准确清晰：语音规范，字正腔圆，语句规整，层次清晰，语意集中。简洁明快：感而不入，概述为主，音色明亮，语势常扬，不悠荡，不拖腔。平稳顺畅：无大起大伏，无大停大连，重音少而精，停少而连多。

## 第四节 新闻备稿

播音员在播音创作中调动和表达思想感情的具体方法和手段分为内部技巧和外部技巧。内部技巧包括情景再现、内在语、对象感，它的作用是激发感情和播讲愿望。外部技巧包括停连、重音、语气、节奏，是赋予思想感情以相适应的有声语言表达形式。内部技巧决定外部技巧，有什么样的内心体验，就决定什么样的播音状态。

从事播音主持的人都知道备稿六步，即划分层次、概括主题、联系背景、明确目的、找出重点、确定基调。但是在现实情况中，尤其是在讲求及时播报新闻的节目里，由于时间紧迫来不及逐步分析，那么就需要播音员能够在短时间内把六大步同时进行，"三步并作两步"快速备稿。

以中国之声全天滚动播出的《央广新闻》为例，播音员通常是在开播前的几分钟拿到一沓稿子，其中包括了综合新闻、气象资讯、财经新闻和文体科技资讯，内容五花八门，包罗万象，在极短的时间里可以用以下方法完成备稿工作：

## 一、第一遍快速阅读

根据以往对新闻各个文体格式的判断迅速划分出层次，并迅速概括主题，同时要把稿件中不熟悉的细节和不确定的内容勾画出来，以便进一步核实和确认。

（1）根据以往经验，播音员通常要在搭档播报新闻的时候快速浏览自己即将播报的内容，虽然做不到一目十行，但是为了不出现硬伤，首先需要把不熟悉的外国地名和人名、不了解的事物名词圈出来，避免出现错误的停连，甚至丢字落字。例如"武汉市长江大桥"，很容易拿起稿件就播成了"武汉市市长，江大桥"，因为"市长"二字是我们非常熟悉和常用的。

（2）手边一定要时刻准备一本最新版的权威现代汉语词典，有不认识的字要迅速查找，以免因为时间仓促凭着刻板印象脱口而出。平时练就快速查字典的本领，在直播过程中会显得尤为必要。随时翻阅查找确切的语音和解释，养成翻阅字典的习惯是非常必要的，只要字音稍有不确定就一定要查字典确认，绝不能心存侥幸，否则将贻笑大方。

（3）男女主持人播报过程中的相互提醒是非常必要的，在这里指的不是语言上的补台，而是如果一方知道某个字容易读错，应该迅速提醒对方。就算已经错误地播出了，也要再适当提醒一下，以免今后再出现同样的错误。直播过程中的两位主持人应该是合二为一的，互相帮助能够避免很多问题的出现。

## 二、第二遍熟悉稿件

要联系背景，明确稿件的传播目的，找到稿件的重点，并确定好播音的基调，同时也可以把具体的停连、重音、语气、节奏等外部技巧在稿件上做一个简单标注，方便播读。

（1）播音员在话筒前的状态很重要，思想感情一定要调动起来。播音员面对文字语言内容，从分析、理解到感受，随着内容的发展，思想感情一直在不断深化，从一点一点积聚，到最后迸发出带有思想感情的有声语言，这时已经非说不可了。

可是，在没有时间充分备稿的情况下，思想感情怎么调动起来？这就要求播音员平时要做大量的积累。非播音状态下，应做到多读、多看、多听，而且把所看所闻化为自己的知识。一般而言，除了部分科技资讯不是常见的，其他的综合新闻、财经新闻等都是当下国家和世界正在发生的事情。哪怕某一新闻事件没有听说过，但也是在同样的大背景下发生的，了解各种各样的新闻背景，快速备稿后就不会错误理解新闻的基调，基调对了，语气状态也随之自然流畅了。

更为重要的是平时多练基本功，多看书报杂志，多关注新闻动态。这样，哪怕是急稿，类似的稿件接触多了也会熟能生巧。在没有充分时间准备的情况下，平时广博的知识储备（即广义备稿）以及丰富的经验积累，能够有效地辅助播音员快速备稿。

（2）在正式开口播音前，一般还有一些时间，比如搭档在播上一条新闻的时间，还有播放片花、广告、音乐的时间，可以利用这些短暂的时间进一步熟悉稿件。

（3）由于时间紧迫，可以在快速备稿的时候出声，一是将吐字放声的器官调动起来，二是可以让不顺的地方凸显出来，以便及早发现从文字稿件转化为口语中存在的问题。如果是搭档在直播的时候，可以选择默读；如果是节目开始前的几分钟，可以粗略地挑选出比较生疏的内容出声备稿。

通常说："稿件是依据，理解是基础"。在即时播报新闻的过程中，不能因为时间仓促就放弃了备稿，还是要想尽一切办法做一些准备，在这里用"见缝插针"四个字形容最合适不过，哪怕只有十几秒的间隔音乐时间，也要迅速浏览下一条要播出的内容。播音员应尽可能多地做一些熟悉、分析、理解的功课。只有产生了强烈的播讲愿望，才能恰到好处地运用语言技巧去表达稿件的内容，从而产生较好的效果。

## 第五节 新闻播报的类型分析

# 一、时政新闻

时政新闻是关于国家政治生活中新近或正在发生的事实的报道，主要表现为党和政府在处理国家生活和国际关系方面的方针、政策和活动。时政新闻在传播中的重要地位由政治关系在社会生活中的重要性决定。从内容上来看，它具有政治性、政策性、广泛性、信息性等特点。

时政新闻播报应注意以下两点：

### 1. 庄重大气，振奋人心

立足时政新闻的重要性、时新性，时政新闻的播报应透露出一种庄重感、振奋感。语言简练流畅，铿锵有力，立场明确，态度鲜明。一般而言，时政新闻的播报以播讲式为主，常有宣读式，如播读政令、通告、重要会议文稿、重要活动参与人名单、领导人简介等，常采用宣读式。

## 2. 语言规整,字正腔圆

整体而言,时政新闻播报气息沉稳,口腔力度较大,声音集中而坚实明亮,以强控制为主,强弱适当,字音的颗粒度较饱满,语言力求规整而又不失自如的曲线运动。中央电视台《新闻联播》节目的时政新闻播音具有代表性。

▲**央视网消息(新闻联播)**:国家主席习近平21日在北京以视频方式出席第七十六届联合国大会一般性辩论并发表题为《坚定信心 共克时艰 共建更加美好的世界》的重要讲话。

习近平指出,今年是中国共产党成立100周年,也是中华人民共和国恢复在联合国合法席位50周年,中国将隆重纪念这一历史性事件。我们将继续积极推动中国同联合国合作迈向新台阶,为联合国崇高事业不断作出新的更大贡献。

习近平强调,一年前,各国领导人共同出席了联合国成立75周年系列峰会,承诺合作抗击疫情,携手应对挑战,坚持多边主义,加强联合国作用,构建今世后代的共同未来。一年来,世界百年未有之大变局和新冠肺炎疫情全球大流行交织影响。各国人民对和平发展的期盼更加殷切,对公平正义的呼声更加强烈,对合作共赢的追求更加坚定。

习近平强调,当前,疫情仍在全球肆虐,人类社会已被深刻改变。世界进入新的动荡变革期。每一个负责任的政治家都必须以信心、勇气、担当,回答时代课题,作出历史抉择。

第一,我们必须战胜疫情,赢得这场事关人类前途命运的重大斗争。人类总是在不断战胜挑战中实现更大发展和进步。我们要坚持人民至上、生命至上,弘扬科学精神、秉持科学态度、遵循科学规律,统筹疫情防控和经济社会发展,加强国际联防联控。要把疫苗作为全球公共产品,确保发展中国家的可及性和可负担性,当务之急是要在全球范围内公平合理分配疫苗。中国将努力全年对外提供20亿剂疫苗,在向"新冠疫苗实施计划"捐赠1亿美元基础上,年内再向发展中国家无偿捐赠1亿剂疫苗。中国将继续支持和参与全球科学溯源,坚决反对任何形式的政治操弄。

第二,我们必须复苏经济,推动实现更加强劲、绿色、健康的全球发展,共同推动全球发展迈向平衡协调包容新阶段。

习近平提出全球发展倡议:

一是坚持发展优先。将发展置于全球宏观政策框架的突出位置,加强主要经济体政策协调,保持连续性、稳定性、可持续性,构建更加平等均衡的全球发展伙伴关系,推动多边发展合作进程协同增效,加快落实联合国2030年可持续发展议程。

二是坚持以人民为中心。在发展中保障和改善民生,保护和促进人权,做到发展为了人民、发展依靠人民、发展成果由人民共享,不断增强民众的幸福感、获得感、安全感,实现人的全面发展。

三是坚持普惠包容。关注发展中国家特殊需求,通过缓债、发展援助等方式支持发展中国家尤其是困难特别大的脆弱国家,着力解决国家间和各国内部发展不平衡、不充分问题。

四是坚持创新驱动。抓住新一轮科技革命和产业变革的历史性机遇,加速科技成果向现实生产力转化,打造开放、公平、公正、非歧视的科技发展环境,挖掘疫后经济增长新动能,携手实现跨越发展。

五是坚持人与自然和谐共生。完善全球环境治理,积极应对气候变化,构建人与自然生命共同体。加快绿色低碳转型,实现绿色复苏发展。中国将力争2030年前实现碳达峰、2060年前实现碳中和,这需要付出艰苦努力,但我们会全力以赴。中国将大力支持发展中国家能源绿色低碳发展,不再新建境外煤电项目。

六是坚持行动导向。加大发展资源投入,重点推进减贫、粮食安全、抗疫和疫苗、发展筹资、气候变化和绿色发展、工业化、数字经济、互联互通等领域合作,构建全球发展命运共同体。

第三,我们必须加强团结,践行相互尊重、合作共赢的国际关系理念。一个和平发展的世界应该承载不同形态的文明,必须兼容走向现代化的多样道路。民主不是哪个国家的专利,而是各国人民的权利。外部军事干涉和所谓的民主改造贻害无穷。要大力弘扬和平、发展、公平、正义、民主、自由的全人类共同价值,摒弃小圈子和零和博弈。一国的成功并不意味着另一国必然失败,这个世界完全容得下各国共同成长和进步。要坚持对话而不对抗、包容而不排他,构建相互尊重、公平正义、合作共赢的新型国际关系,扩大利益汇合点,画出最大同心圆。中华民族传承和追求的是和平和睦和谐理念。我们过去没有,今后也不会侵略、欺负他人,不会称王称霸。中国始终是世界和平的建设者、全球发展的贡献者、国际秩序的维护者、公共产品的提供者,将继续以中国的新发展为世界提供新机遇。

第四,我们必须完善全球治理,践行真正的多边主义。世界只有一个体系,就是以联合国为核心的国际体系。只有一个秩序,就是以国际法为基础的国际秩序。只有一套规则,就是以联合国宪章宗旨和原则为基础的国际关系基本准则。联合国应该高举真正的多边主义旗帜,成为各国共同维护普遍安全、共同分享发展成果、共同掌握世界命运的核心平台。要致力于稳定国际秩序,提升广大发展中国家在国际事务中的代表性和发言权,在推动国际关系民主化和法治化方面走在前列。要平衡推进安全、发展、人权三大领域工作,把各方对多边主义的承诺落到实处。

习近平最后强调,世界又站在历史的十字路口。我坚信,人类和平发展进步的潮流不可阻挡。让我们坚定信心,携手应对全球性威胁和挑战,推动构建人类命运共同体,共同建设更加美好的世界!

(中央电视台《新闻联播》2021年09月22日播出)

## 二、国际新闻

国际是与国内相对应的概念。国际新闻简而言之就是关于国际上新近发生的事实的报道。它是与新闻学共生的新闻学分支,自产生以来已经形成了一个蔚为大观的庞大系统,报刊、通讯社、广播电视、互联网形成了一个系统发达的报道体制。在这个"地球村",受众对于国际新闻的关注度也日益提高。就电视新闻而言,国际新闻报道已经成为各国电视新闻媒体的重头戏。一些媒体有专门的国际频道,在电视新闻栏目中,也有专门的国际新闻栏目,甚至在综艺类新闻节目中也有专门的国际新闻板块,由此可见国际新闻在新闻报道中的地位。播音员在国际新闻播报中应注意以下两个方面:

### 1. 熟悉内容,扫除障碍

国际新闻中常出现陌生、拗口的地名或人名,播音员应提前熟悉稿件,扫除播读障碍。同时,对于这些地名、人名,播音员应提前练习,"溜溜稿""调调弦",以便播出时能准确无误,一气呵成。

### 2. 了解背景,把握态度

播音员在播报国际新闻时,也同样要了解新闻背景,熟悉我国的外交基本原则。以"客观中立"为基本原则,根据稿件内容的差别,具体把握态度、分寸。比如,报道他国发生灾难的消息时,应秉持人道主义的精神,表达同情甚至哀悼,同时又不可过度,失去国与国之间的界限。播音员不可以误读"客观中立",而表现得无动于衷。

▲**央视网消息(新闻联播)**:法国政府发言人阿塔尔19日表示,就美英澳宣布合作建造核动力潜艇后澳大利亚中止与法国的常规潜艇项目一事,法国已经启动向澳大利亚索赔的程序,并要求澳方就违约一事作

出解释。

**媒体称法国取消法英防长会晤**

俄罗斯卫星网等多家媒体19日援引消息人士的话报道称,英国国防大臣华莱士与法国国防部长帕利原计划本周在伦敦进行会面。但在澳大利亚中止与法国的采购常规潜艇协议后,法国取消了会晤。目前,法英两国国防部都没有就相关报道作出回应。

**美英助澳造核潜艇做法引核扩散风险担忧**

俄罗斯常驻维也纳国际组织代表乌里扬诺夫指责美英澳合作建造核潜艇违反核不扩散原则。他说美国核潜艇使用高浓缩铀为燃料,而高浓缩铀理论上可以用来制造核武器。他呼吁国际原子能机构对此进行密切监控。

朝鲜外务省20日谴责美国和英国向澳大利亚转让核潜艇建造技术的决定破坏亚太地区的战略平衡,将引发连锁式核军备竞赛,是"很不好且十分危险的行径"。

**法媒称欧洲对美国幻想破灭**

法国《回声报》评论称,美英澳给了法国一记"耳光"。欧洲人长期以来一直幻想美国会善待欧洲,但潜艇事件让法国看清了拜登眼里只有华盛顿的经济和商业利益。

(中央电视台《新闻联播》2021年09月20日播出)

# 三、社会民生新闻

社会民生新闻主要报道涉及人民群众日常生活的社会事件、社会问题、社会风貌。它以百姓"身边事、麻烦事、稀奇事、关心事"为主要题材。因此,社会民生新闻播读时应尽力拉近与受众的距离,讲究趣味性,富有人情味。社会民生新闻播报应注意以下两个方面:

## 1. 语态平和,亲切感强

社会民生新闻的内容多来自百姓生活,为百姓所熟悉,播报时应该认识到受众收看此类新闻的求近、求趣心理,播读态度要积极而平和,与受众心理相适应,避免自说自话。

## 2. 讲述为主,形式灵活

从社会民生新闻播音的特点来看,谈话式较为普遍,疏密有致,语调起伏明显,语势自然舒展,态度情绪准确,播报状态松弛畅快。

▲**央视网消息(新闻联播)**:在浙江金华,有一个延续了17年的教育援疆项目——浙江和田高中班。17年来,老师一任接着一任干,学生一批连着一批来,共为新疆培养学生1280名,而明年这一项目就要停办了,这背后有着怎样的故事呢?

新学期,浙江和田高中班的最后一届学生返回校园。热娜古丽·阿力木江一回到学校,就迫不及待地在朋友圈晒起了视频。

和热娜古丽一样,在浙江和田高中班的每一位同学心里,浙江、金华、汤溪高级中学就是他们温暖的家。这个由浙江省确定的支援和田地区教育扶贫项目已延续17年,从2004年开始,每年定向招收新疆和田地区的优秀初中毕业生。十多年来,汤溪中学坚持民族融合的办学理念,探索出"合校学习、混合编班"的教学方法。

2008年,浙江和田高中班的首届学生毕业,他们中84%的学生高考分数超过了重点线,100%的学生超过本科线。2010年起，尽管浙江转而对口援助新疆阿克苏地区，但浙江和田高中班应和田人民的要求被保留下来。这些学生大学毕业后，绝大多数都成为新疆各行各业的优秀人才。在和田市第五中学，有10多位老师毕业于浙江和田高中班。

让努尔比叶老师倍感骄傲的是，在国家和各地援疆政策的帮助下，和田的教育也在飞速发展。"十三五"以来，各地教育对口援疆累计投入资金36.22亿元；累计培训师资3.1万人次；北京、天津、安徽开展"组团式"援疆，选派援疆教师1622名。

由于和田地区教育事业有了长足进步等原因，从去年起，浙江和田高中班不再招收新生。到明年，最后一届147名学生就要毕业了，同学们彼此约定要加倍努力，为浙江和田高中班画上一个圆满的句号。

（中央电视台《新闻联播》2021年09月11日播出）

## 四、财经新闻

财经新闻有广义和狭义之分。广义的财经新闻泛指经济新闻，覆盖全部社会经济生活和与经济有关的领域，包括从生产到消费、从城市到农村、从宏观到微观、从安全生产到服务质量，从经济工作到政治、社会生活中的相关领域。狭义的财经新闻则重点关注资本市场、金融市场以及与投资相关的要素市场，并从金融资本市场的视角看中国的经济生活。中央电视台财经频道的《中国财经报道》《经济信息联播》以及在各级各地电视台新闻节目中播出的有关财经方面的消息，都是财经新闻播报的具体实践。财经新闻播报应注意以下三个方面：

### 1. 熟悉内容，弄懂术语

财经新闻报道中夹杂着大量金融、经济方面的专业术语，所谈的内容虽然与百姓生活相关，但大都带有一定的专业性、领域性。

### 2. 清晰准确，语气内行

播报财经新闻时，播音员首先应做到清晰准确，对于专业名词，尤其是不熟悉的专业名词，应充分熟悉避免引起误会和闹笑话。对于财经新闻里出现的各类数据要准确理解，准确播出，避免出现偏误。其次，播音员应对财经现象的发生可能带来的影响有所了解，语气内行，自信流畅，如果播得吞吞吐吐、凌乱破碎，就会大大降低可信度。

### 3. 播报为主，播说结合

财经新闻的播报一般以播讲式的语言表达方式为主，字音清晰，气沉声稳，态度客观，停少连多，语意集中，语流顺畅。但是有的内容与百姓生活很接近，文稿的语言通俗易懂，播音员不妨采取播说结合的方式，在播讲式中融入谈话式的特点。

▲**央视网消息（新闻联播）**：国务院新闻办今天（9月15日）举行发布会，国家统计局介绍了我国国民经济运行情况，数据显示，前8月份，我国经济运行延续恢复态势。

固定资产投资平稳增长，1－8月份，全国固定资产投资两年平均增速为4%，制造业和民间投资增长较快。

工业生产稳定增长，服务业继续恢复，1－8月份，规模以上工业增加值、服务业生产指数两年平均增速为6.6%和6.2%，高技术制造业增长加快，信息传输、软件和信息技术等现代服务业较快增长。

市场销售保持增长，1－8月份，社会消费品零售总额281224亿元，两年平均增长3.9%，升级类商品消费较为活跃。

同时,就业形势保持总体稳定,1—8月份,全国城镇新增就业938万人,完成全年目标的85.3%,全国城镇调查失业率平均为5.2%,低于全年宏观调控预期目标。

(中央电视台《新闻联播》2021年09月15日播出)

## 五、体育新闻

体育新闻传播人类体育运动、健身活动及其相关的一些信息,弘扬人类向自身的极限挑战,不断战胜自我、超越自我的人文精神。体育新闻既反映新闻传播的一般规律,又有其自身的特点。首先,体育新闻以竞技运动报道为主。竞赛结果的不确定性、悬念性,强化了体育新闻的可看性。当然,体育新闻有别于体育赛事解说,应注意其新闻性、简约性、概括性。其次,体育活动本身就是一种休闲娱乐活动,它向人们生动地传递体育活动的情景、结果和各种有趣的人与事,休闲娱乐特征自然体现在它的报道内容中。最后,体育运动竞赛直接追求胜负,公开挑战极限,在规定的时间内能及时看到结果,使受众可以强烈地体验到胜利后的狂喜、失败后的悲伤、战胜自我的自豪,是一种高情感体验。体育新闻正是对这种高情感体验的活动进行报道,自然而然也就充满着高情感的色彩,尤其是受众带着明显的地域性、倾向性观看体育新闻时,随着比赛的胜负揭晓,受众喜怒哀乐的体验,就会更加鲜明和强烈。

结合体育新闻报道的特点,播音员播报时应注意以下三个方面:

### 1. 了解项目,控制心态

体育新闻中存在赛事报道,播音员应初步了解各种体育赛事以便准确理解稿件内容。其次,播音员在播报时,既要看到具体的新闻内容,又要看到新闻背后的人的情感,注意态度分寸的把握,恰当地传递态度,与受众形成共鸣。播音员要适当调整以成败论英雄的观念,摒弃严重的地方主义色彩,正确对待体育比赛中的胜负,语气中不失客观公正的立场与态度。体育新闻播报要真正服务受众,播音员一要了解受众对体育新闻不断变化的关注点,二要把握住每一条体育新闻的新鲜点,真正扣到受众的"心弦",传递好体育信息。

### 2. 语调松快,节奏轻快

体育活动的休闲娱乐特征决定了体育新闻播报不可能过于严肃,一般而言,播报时语调松快为宜,少停多连,层次清晰,节奏轻快,在赛事的关注点上稍做渲染,引起受众注意。播音员切不可因为个人的喜好而丢失新闻播报的客观性,语势变中求稳,语气真实可信,令人能听清并且愿意听。

### 3. 概述感强,播说结合

体育新闻播报在表达方式上以播说结合为主,重音少而精,顺势强调,自然不突兀。与体育解说不同,体育新闻播报"概述感"明显,对竞赛过程的描写,播音员应点到为止,否则就失去了新闻播报的语体特点。

▲**央视网消息(新闻联播)**:东京奥运会今天(8月8日)结束全部比赛,目前闭幕式正在东京新国立竞技场进行。在本届奥运会上,中国体育代表团共收获38枚金牌、32银牌、18枚铜牌,金牌数和总奖牌数均位居第二位。

在今天下午进行的拳击女子75公斤级决赛上,李倩为中国队再添一枚银牌。空手道女子组手61公斤以上级比赛昨晚进行,中国选手龚莉获得铜牌。同样在昨晚进行的花样游泳团体自由自选决赛中,中国队以总成绩195.531分摘得银牌,中国选手孙亚楠在自由式摔跤女子组50公斤级决赛中获得亚军。

从00后小将杨倩为中国队摘得首枚金牌开始,在16个比赛日中,每当《义勇军进行曲》奏响,五星红旗升起在比赛场馆上空,都让赛场内外的中国人同享荣耀和自豪。跳水、举重、乒乓球、射击、羽毛球、体操等传统优势项目依然是中国代表团"争金夺奖"的主力军,共获得28枚金牌。其中,跳水"梦之队"则一次次用教科书式的完美表现征服了裁判和观众,将7金5银收入囊中。

中国举重队此次派出男女各4人参赛,在出战的8个项目中取得了7金1银的骄人战绩,并多次打破奥运和世界纪录,向世界完美诠释了中国力量。中国乒乓球队在东京也继续展现了自己的强大统治力,捍卫了国球荣耀。

本届奥运会上,中国队在田径和游泳两个基础大项取得重大突破。巩立姣获得女子铅球冠军,刘诗颖夺得女子标枪金牌,两块金牌均为中国队在该项目上的奥运首金。此外,在男子三级跳、女子链球等项目上,中国选手也历史性夺得银牌。苏炳添更以9秒83刷新亚洲纪录的成绩首次闯入男子100米决赛,并取得历史性的第6名。这不仅是中国速度,也是亚洲荣耀。2金2银1铜的表现也创造了中国田径队在奥运赛场的最佳成绩。

中国游泳队这次交出了3金2银1铜的优异成绩单。23岁的张雨霏在29日的一个多小时内更是连夺两金。她先是女子200米蝶泳上夺冠,又和队友用破世界纪录的成绩摘得女子4×200米自由泳接力金牌。而27岁的汪顺在男子200米混合泳决赛中勇夺金牌,打破了美国选手在该项目上17年的垄断。

此外,中国射击队在东京奥运会上共夺得4金1银6铜11枚奖牌的成绩,创下了中国射击队奥运参赛史上奖牌最高纪录。在赛艇女子四人双桨和蹦床女子个人两个项目上,中国队时隔13年再度夺金。孙一文为中国击剑队摘得奥运历史上首枚女子个人重剑金牌。首次进入奥运会的女子三人篮球,中国队力克法国队,收获1枚铜牌。

在这些骄人成绩的背后,是一支平均年龄只有25.4岁的年轻队伍,其中七成运动员为首次参加奥运会。小将霸气登场,老将志在千里,他们之中,除了年仅14岁的跳水新星全红婵,16岁的体操新人管晨辰,还有17岁的跳水小将张家齐、陈芋汐,19岁的游泳选手李冰洁和三破奥运纪录、一"举"摘得女子87公斤级以上举重金牌的00后李雯雯;也有包括四度出征奥运的射击运动员庞伟和克服伤病困扰、率领乒乓球男团夺冠的马龙等运动老将,他们的自信和率真令人印象深刻,而他们在奥运赛场不断突破自我、刷新纪录,既让奥运精神传承,也让中国体育未来可期。

(中央电视台《新闻联播》2021年08月08日播出)

# 六、文娱新闻

文娱新闻是根据人们对文化娱乐资讯的需要而生产出来供人消费的信息产品,是对文化娱乐界最新动态的反应。当前文娱新闻尤其是娱乐新闻中,挖掘隐私、蓄意炒作、恶俗作假的消息时有出现。有的节目,在美与丑、有趣和无聊、高尚情调和低级趣味之间摇摆。为了所谓的"猛料",部分"娱记"甚至不惜捕风捉影,甚至有记者采访时故意设圈套,然后制造"炮轰"或"力挺"之类背离受访者本意的新闻。此类新闻不但不能"讨好"观众,反而使观众对媒体的品位、公信力产生怀疑。这都是应该引起注意的现象。

文娱新闻节目的播音员应明确自己首先是新闻工作者,应该承担社会责任,切忌自我表现,不可煽风点火。在播报时,播音员要注意把握方式、态度、分寸,坚持道德底线,坚持文化立场,坚持价值判断,绝不能刻意迎合,狂热追捧,要在理解、分析、判断的基础上处理好稿件内容。播报此类消息时,播音员还应注意以下三个方面:

### 1. 态度轻松，趣味性足

文娱新闻的内容、传播价值和社会意义决定了播音员的播报态度不可过于严肃。一般而言，观众收看文娱新闻主要是为了了解信息，获得趣味，文娱新闻的功能之一是娱乐，因此，播音员的镜头状态应轻松自然，保持一定的兴奋感。备稿时，播音员在了解文娱动态的基础上，要抓住稿件的"趣味点"，调整好语态。当然，遇到特殊情况，如文艺界名流辞世、演艺界负面消息等，播音员也应根据具体内容调整状态，不可一成不变地做微笑状。

### 2. 节奏较快，语调活泼

文娱新闻播报时，播音员的播报节奏较快，连接较多，语言较密。同时，播音员的语势上扬明显；语调多变，较为活泼；吐字归音接近日常谈话；语言一气呵成。总体而言，文娱新闻播报较为明快，语言的起伏较大。与其他类型新闻稿件相比，其语言表达具有一定的渲染性，情绪流露较为明显。

### 3. 用声自然，以说为主

文娱新闻播报的语言表达方式以谈话式为主，积极振奋，娓娓道来，显得很有趣味。播音员应注意语音规范，不可模仿港台腔；用声要自然，不可一味拔高，否则容易显得高亢有余、自然不足。

▲**央视网消息（新闻联播）**：明天（2月11日）就是大年三十了，中央广播电视总台推出一系列精彩节目，陪您一起过大年。

除夕夜，中国人的年度文化大餐——春晚将如约而至，本次春晚语言类节目将展现过去一年人民群众的生活轨迹，反映抗击疫情、脱贫攻坚、关爱老人等社会现实，让人在欢笑中引发情感共鸣和思想启迪。歌舞类节目既有表达阖家团圆、美好祝愿的温馨旋律，也有抒发爱党情怀、深情歌唱全面小康的主题赞歌。此外，奇幻魔术、惊险杂技以及博大精深的武术、名家荟萃的戏曲等节目都将在晚会精彩上演。围绕"5G+4K/8K+AI"战略，今年的春晚进行多项新技术创新，还将在8K超高清试验频道进行首次8K直播。春节期间，综艺频道《2021东西南北贺新春》《2021新春相声大会》以及戏曲频道《2021春节戏曲晚会》将与观众一起欢度假期。

新闻频道在播出《新春走基层》《春运》等系列报道的同时，还在大年三十当天推出《一年又一年》特别节目，全天候陪伴观众一起备年货、贴春联、看春晚，欢度除夕。

此外，综合频道将播出《中国诗词大会》第六季和《国家宝藏》第三季，中文国际频道《传奇中国节·春节》、国防军事频道《军营大拜年》、科教频道《2021春节有味道》、少儿频道特别节目《过年啦》、农业农村频道纪录片《年画画年》等将为您献上文化盛宴。

大年三十下午，总台还将在新媒体平台推出大型原创互动直播节目《春晚GO青春》。

春节期间，总台所属各电视频道、广播频率和新媒体平台都将推出特别编排，陪您一起过大年。

（中央电视台《新闻联播》2021年02月10日播出）

新闻播报不是念稿子，字里行间渗透着播音员对新闻的理解，播报就是把这种理解和感受真切地传达给受众。因此还须注意以下几点：

(1)播稿过程也是传达过程，把新近发生的事实播报出去，播音员要有新鲜感，除了在备稿过程中找到新鲜感之外，播报时要有精气神，还要分寸把握得当。

(2)新闻的主要信息要在最短的时间里让受众知道，句与句的衔接在表达清楚的基础上要紧密，因此要求格式正确、轻重恰当、逻辑严密、不涩不粘、不浓不淡、语势平稳。在播稿过程中，语流要紧凑以避免散乱，需要避免出现"一个劲儿播报"、不紧不慢、无理解、不经心、缺少变化等情况。

(3)要有播报新闻的姿态,切忌"说新闻",使它变得拉杂、拖沓。

## 第六节 综合练习

### 一、综合新闻训练

▲央视网消息(新闻联播):9月24日,中共中央总书记、国家主席习近平同越南共产党中央总书记阮富仲通电话。

习近平表示,很高兴在中国国庆前夕同阮富仲总书记同志通电话。今年以来,我同阮富仲总书记同志以多种方式保持密切交往,推动中越两党两国深化战略互信、巩固传统友谊,共同引领新形势下双方关系不断发展、行稳致远。

习近平指出,中越两国是山水相连的社会主义邻邦,是具有战略意义的命运共同体。在世界百年变局和世纪疫情叠加作用的复杂形势下,双方有很多的共同利益和共同关切。我们要把握正确方向,加强团结合作,不断壮大社会主义事业,切实维护好两党、两国、两国人民根本利益,并为地区和世界和平与发展作出积极贡献。

习近平强调,捍卫共产党执政安全和社会主义制度安全,是中越双方最根本的共同战略利益。中方坚定支持总书记同志带领越南党和人民走符合本国国情的社会主义道路,实现越共十三大确定的发展目标。双方要开展好理论研讨、干部培训、地方党委合作等机制化交往,深化两党两国对口部门交流互鉴,加强舆论引导。双方要加快发展战略对接,打造新的合作亮点,让两国人民有更多获得感。中方坚定支持越方战胜疫情、促进经济社会发展。双方要加强国际和地区事务协调和配合,维护南海和平稳定,反对新冠病毒溯源政治化,践行真正的多边主义,推动构建人类命运共同体。

阮富仲对中国成功举办庆祝建党100周年和即将迎来建国72周年表示热烈祝贺,高度评价中共建党100年和新中国成立70多年来,特别是十八大以来在以习近平同志为核心的中共中央坚强领导下中国各领域取得的重大成就,坚信中国将在全面建设社会主义现代化国家新征程上取得新的辉煌业绩。阮富仲表示,当前越中两党两国关系保持良好势头,高层交往密切,经贸合作快速增长。越方高度重视并始终将发展越中全面战略合作伙伴关系作为头等优先,感谢中方为越方抗击疫情和恢复经济社会发展提供的宝贵支持与帮助。越南共产党愿同中国共产党加强党际交往,增进政治互信,深化治党治国经验交流,推动双方在经贸、抗疫、人文、地方等各领域加强互利合作,促进双方社会主义事业和两国关系不断发展,共同促进本地区和世界和平稳定。

(中央电视台《新闻联播》2021年09月24日播出)

▲央视网消息(新闻联播):国家主席习近平21日在北京以视频方式出席第七十六届联合国大会一般性

辩论并发表题为《坚定信心 共克时艰 共建更加美好的世界》的重要讲话。

习近平指出,今年是中国共产党成立100周年,也是中华人民共和国恢复在联合国合法席位50周年,中国将隆重纪念这一历史性事件。我们将继续积极推动中国同联合国合作迈向新台阶,为联合国崇高事业不断作出新的更大贡献。

习近平强调,一年前,各国领导人共同出席了联合国成立75周年系列峰会,承诺合作抗击疫情,携手应对挑战,坚持多边主义,加强联合国作用,构建今世后代的共同未来。一年来,世界百年未有之大变局和新冠肺炎疫情全球大流行交织影响。各国人民对和平发展的期盼更加殷切,对公平正义的呼声更加强烈,对合作共赢的追求更加坚定。

习近平强调,当前,疫情仍在全球肆虐,人类社会已被深刻改变。世界进入新的动荡变革期。每一个负责任的政治家都必须以信心、勇气、担当,回答时代课题,作出历史抉择。

第一,我们必须战胜疫情,赢得这场事关人类前途命运的重大斗争。人类总是在不断战胜挑战中实现更大发展和进步。我们要坚持人民至上、生命至上,弘扬科学精神、秉持科学态度、遵循科学规律,统筹疫情防控和经济社会发展,加强国际联防联控。要把疫苗作为全球公共产品,确保发展中国家的可及性和可负担性,当务之急是要在全球范围内公平合理分配疫苗。中国将努力全年对外提供20亿剂疫苗,在向"新冠疫苗实施计划"捐赠1亿美元基础上,年内再向发展中国家无偿捐赠1亿剂疫苗。中国将继续支持和参与全球科学溯源,坚决反对任何形式的政治操弄。

第二,我们必须复苏经济,推动实现更加强劲、绿色、健康的全球发展,共同推动全球发展迈向平衡协调包容新阶段。

习近平提出全球发展倡议:

一是坚持发展优先。将发展置于全球宏观政策框架的突出位置,加强主要经济体政策协调,保持连续性、稳定性、可持续性,构建更加平等均衡的全球发展伙伴关系,推动多边发展合作进程协同增效,加快落实联合国2030年可持续发展议程。

二是坚持以人民为中心。在发展中保障和改善民生,保护和促进人权,做到发展为了人民、发展依靠人民、发展成果由人民共享,不断增强民众的幸福感、获得感、安全感,实现人的全面发展。

三是坚持普惠包容。关注发展中国家特殊需求,通过缓债、发展援助等方式支持发展中国家尤其是困难特别大的脆弱国家,着力解决国家间和各国内部发展不平衡、不充分问题。

四是坚持创新驱动。抓住新一轮科技革命和产业变革的历史性机遇,加速科技成果向现实生产力转化,打造开放、公平、公正、非歧视的科技发展环境,挖掘疫后经济增长新动能,携手实现跨越发展。

五是坚持人与自然和谐共生。完善全球环境治理,积极应对气候变化,构建人与自然生命共同体。加快绿色低碳转型,实现绿色复苏发展。中国将力争2030年前实现碳达峰、2060年前实现碳中和,这需要付出艰苦努力,但我们会全力以赴。中国将大力支持发展中国家能源绿色低碳发展,不再新建境外煤电项目。

六是坚持行动导向。加大发展资源投入,重点推进减贫、粮食安全、抗疫和疫苗、发展筹资、气候变化和绿色发展、工业化、数字经济、互联互通等领域合作,构建全球发展命运共同体。

第三,我们必须加强团结,践行相互尊重、合作共赢的国际关系理念。一个和平发展的世界应该承载不同形态的文明,必须兼容走向现代化的多样道路。民主不是哪个国家的专利,而是各国人民的权利。外部军事干涉和所谓的民主改造贻害无穷。要大力弘扬和平、发展、公平、正义、民主、自由的全人类共同价值,摒弃小圈子和零和博弈。一国的成功并不意味着另一国必然失败,这个世界完全容得下各国共同成长和进步。要坚持对话而不对抗、包容而不排他,构建相互尊重、公平正义、合作共赢的新型国际关系,扩大利益汇合点,画出最大同心圆。中华民族传承和追求的是和平和睦和谐理念。我们过去没有,今后也不会侵略、欺负他人,不会称王称霸。中国始终是世界和平的建设者、全球发展的贡献者、国际秩序的维护者、公共产品的提供者,将继续以中国的新发展为世界提供新机遇。

第四,我们必须完善全球治理,践行真正的多边主义。世界只有一个体系,就是以联合国为核心的国际体系。只有一个秩序,就是以国际法为基础的国际秩序。只有一套规则,就是以联合国宪章宗旨和原则为基础的国际关系基本准则。联合国应该高举真正的多边主义旗帜,成为各国共同维护普遍安全、共同分享发展成果、共同掌握世界命运的核心平台。要致力于稳定国际秩序,提升广大发展中国家在国际事务中的代表性和发言权,在推动国际关系民主化和法治化方面走在前列。要平衡推进安全、发展、人权三大领域工作,把各方对多边主义的承诺落到实处。

习近平最后强调,世界又站在历史的十字路口。我坚信,人类和平发展进步的潮流不可阻挡。让我们坚定信心,携手应对全球性威胁和挑战,推动构建人类命运共同体,共同建设更加美好的世界!

(中央电视台《新闻联播》2021年09月22日播出)

▲**央视网消息(新闻联播)**:国家主席习近平17日下午在北京以视频方式出席上海合作组织成员国元首理事会第二十一次会议并发表题为《不忘初心 砥砺前行 开启上海合作组织发展新征程》的重要讲话。

习近平指出,上海合作组织成立20年来,始终遵循"互信、互利、平等、协商、尊重多样文明、谋求共同发展"的"上海精神",致力于世界和平与发展和人类进步事业,为构建新型国际关系和人类命运共同体作出重要理论和实践探索。我们共促政治互信,开创"结伴不结盟、对话不对抗"全新模式;共护安全稳定,坚决遏制毒品走私、网络犯罪、跨国有组织犯罪蔓延势头;共谋繁荣发展,推动区域务实合作向纵深发展;共担国际道义,就弘扬多边主义和全人类共同价值发出响亮声音,就反对霸权主义和强权政治表明公正立场。

习近平强调,上海合作组织已经站在新的历史起点上。我们应该高举"上海精神"旗帜,在国际关系民主化历史潮流中把握前进方向,在人类共同发展宏大格局中推进自身发展,构建更加紧密的上海合作组织命运共同体,为世界持久和平和共同繁荣作出更大贡献。习近平提出5点建议。

第一,走团结合作之路。要加强政策对话和沟通协调,尊重彼此合理关切,及时化解合作中出现的问题,共同把稳上合组织发展方向。要坚定制度自信,绝不接受"教师爷"般颐指气使的说教,坚定支持各国探索适合本国国情的发展道路和治理模式,绝不允许外部势力以任何借口干涉地区国家内政,把本国发展进步的前途命运牢牢掌握在自己手中。

要秉持人民至上、生命至上理念,弘扬科学精神,深入开展国际抗疫合作,推动疫苗公平合理分配,坚决抵制病毒溯源政治化。中方迄今已向100多个国家和国际组织提供将近12亿剂疫苗和原液,将加紧实现全年向世界提供20亿剂疫苗,深化同发展中国家抗疫合作,用好中方向"新冠疫苗实施计划"捐赠的1亿美元,为人类彻底战胜疫情作出应有贡献。

第二,走安危共担之路。要坚持共同、综合、合作、可持续的安全观,严厉打击"东伊运"等"三股势力",深化禁毒、边防、大型活动安保合作,尽快完善本组织安全合作机制,加强各国主管部门维稳处突能力建设。各成员国应该加强协作,推动阿富汗局势平稳过渡,真正走上和平、稳定、发展的道路。

第三,走开放融通之路。要持续推进贸易和投资自由化便利化,保障人员、货物、资金、数据安全有序流动,打造数字经济、绿色能源、现代农业合作增长点。推动共建"一带一路"倡议同各国发展战略及欧亚经济联盟等区域合作倡议深入对接,维护产业链供应链稳定畅通,促进各国经济融合、发展联动、成果共享。

中方愿继续分享市场机遇,力争未来5年同本组织国家累计贸易额实现2.3万亿美元目标。中方将设立中国-上海合作组织经贸学院,启动实施二期专项贷款用于共建"一带一路"合作,重点支持现代化互联互通、基础设施建设、绿色低碳可持续发展等项目。

第四,走互学互鉴之路。要倡导不同文明交流对话、和谐共生,在科技、教育、文化、卫生、扶贫等领域打造更多接地气、聚人心项目。未来3年,中方将向上海合作组织国家提供1000名扶贫培训名额,建成10所鲁班工坊,在"丝路一家亲"行动框架内开展卫生健康、扶贫救助、文化教育等领域30个合作项目。中方将于明年举办本组织青年科技创新论坛,倡议成立本组织传统医药产业联盟。欢迎各方参加2022年北京冬奥会、冬残奥会,共同呈现一届简约、安全、精彩的奥运盛会。

第五,走公平正义之路。"一时强弱在于力,千秋胜负在于理。"解决国际上的事情,不能从所谓"实力地位"出发,推行霸权、霸道、霸凌,应该以联合国宪章宗旨和原则为遵循,坚持共商共建共享,践行真正的多边主义,反对打着所谓"规则"旗号破坏国际秩序、制造对抗和分裂的行径。要恪守互利共赢的合作观,营造包容普惠的发展前景。

习近平指出,相信不断壮大的"上合大家庭",将同世界上一切进步力量携手前进,共同做世界和平的建设者、全球发展的贡献者、国际秩序的维护者。

习近平最后说,让我们高举"上海精神"旗帜,不忘初心、砥砺前行,沿着构建人类命运共同体的人间正道,开启上海合作组织发展新征程!

上海合作组织轮值主席国塔吉克斯坦总统拉赫蒙主持会议,哈萨克斯坦总统托卡耶夫、吉尔吉斯斯坦总统扎帕罗夫、巴基斯坦总理伊姆兰·汗、乌兹别克斯坦总统米尔济约耶夫等成员国领导人,上海合作组织秘书长诺罗夫、上海合作组织地区反恐怖机构执委会主任吉约索夫等常设机构负责人以及白俄罗斯总统卢卡申科、伊朗总统莱希等观察员国领导人和主席国客人土库曼斯坦总统别尔德穆哈梅多夫与会。俄罗斯总统普京、印度总理莫迪、蒙古国总统呼日勒苏赫、联合国秘书长古特雷斯以视频方式出席会议。

与会领导人全面回顾并积极评价上海合作组织成立20年来在政治、经济、安全、人文等领域取得巨大成就,表示将继续基于"上海精神",相互尊重、相互支持,构建平等互利伙伴关系,维护共同利益,合作应对新形势新挑战,促进上海合作组织持续健康稳定发展,促进地区普遍安全与共同繁荣,推动构建新型国际关系和人类命运共同体。各方表示,应加强团结,合作抗击新冠肺炎疫情,加强疫苗合作,反对将病毒溯源政治化。深化经贸、能源、创新、互联互通、数字经济、环保等领域合作,坚持以人为本,加强人文交流,实现可持续发展,更好造福地区国家人民。支持多边主义,维护联合国宪章宗旨和原则,促进国际关系民主化,反对霸权主义、单边主义,反对以民主人权为借口干涉别国内政,支持各国自主选择发展道路。进一步加强反恐合作,合力打击"三股势力"和跨国犯罪,共同维护地区安全稳定。支持推进"一带一路"倡议同欧亚经济联盟建设对接。各方表示,反对将体育运动政治化,支持中国成功主办北京冬奥会、冬残奥会。各方高度关注阿富汗局势,支持阿富汗消除恐怖主义威胁、实现和平与重建,上海合作组织将为此发挥积极作用。

会议启动接收伊朗为成员国的程序,吸收沙特阿拉伯、埃及、卡塔尔为新的对话伙伴。

会议决定,由乌兹别克斯坦接任上海合作组织轮值主席国。

成员国领导人签署《上海合作组织二十周年杜尚别宣言》,并批准一系列决议。会议还发表有关科技创新、粮食安全等领域合作的声明。

丁薛祥、杨洁篪、何立峰等参加会议。

王毅作为习近平主席特别代表在塔吉克斯坦现场与会。

(中央电视台《新闻联播》2021年09月17日播出)

▲**央视网消息(新闻联播)**：中央军委晋升上将军衔仪式9月6日在北京八一大楼隆重举行。中央军委主席习近平向晋升上将军衔的军官颁发命令状。

下午5时20分许，晋衔仪式在庄严的国歌声中开始。中央军委副主席许其亮宣读了中央军委主席习近平签署的晋升上将军衔命令。中央军委副主席张又侠主持晋衔仪式。

这次晋升上将军衔的军官是：西部战区司令员汪海江、中部战区司令员林向阳、海军司令员董军、空军司令员常丁求、国防大学校长许学强。

晋升上将军衔的5位军官军容严整、精神抖擞来到主席台前。习近平向他们颁发命令状，表示祝贺。佩戴了上将军衔肩章的5位军官向习近平敬礼，向参加仪式的全体同志敬礼，全场响起热烈掌声。

晋衔仪式在嘹亮的军歌声中结束。随后，习近平等领导同志同晋升上将军衔的军官合影。

中央军委委员魏凤和、李作成、苗华、张升民，以及军委机关各部门、驻京大单位主要领导等参加晋衔仪式。

（中央电视台《新闻联播》2021年09月06日播出）

▲**央视网消息(新闻联播)**：国家主席习近平8月25日同俄罗斯总统普京通电话。

习近平指出，今年以来，中俄以庆祝《中俄睦邻友好合作条约》签署20周年为新起点，推动两国战略协作和全方位务实合作取得一系列新成就，为促进两国各自发展提供了重要支撑，也为团结国际社会共克时艰发挥了中流砥柱作用。双方要创新合作方式，拓展合作领域，争取更多合作成果。当前，新冠肺炎疫情起伏不定，国际抗疫任务艰巨，中方愿同俄方深化疫苗研发生产合作，保障疫苗全球供应链安全稳定，维护两国人民生命安全和身体健康，为构建人类卫生健康共同体贡献中俄力量。

习近平强调，鞋子合不合脚，只有穿的人才知道。哪种制度在中俄行得通，中俄两国人民最有发言权。中俄作为新时代全面战略协作伙伴，要深化反干涉合作，将各自国家前途命运牢牢掌握在自己手中。中方坚定支持俄罗斯走符合本国国情的发展道路，坚定支持俄方为维护国家主权安全所采取的举措。双方要以今年上海合作组织成立20周年为契机，同成员国一道，加强团结协作，加大相互支持，维护地区国家安全和发展利益。

双方就阿富汗局势深入交换意见。

习近平强调，中方尊重阿富汗的主权、独立、领土完整，奉行不干涉阿内政的政策，一直为政治解决阿富汗问题发挥建设性作用。中方愿同包括俄罗斯在内的国际社会各方加强沟通协调，鼓励阿富汗各派协商构建开放包容的政治架构，实施温和稳健的内外政策，同各类恐怖组织彻底切割，同世界各国特别是周边国家友好相处。

普京表示，俄方对俄中关系发展感到满意。今年是《俄中睦邻友好合作条约》签署20周年，对于俄中关系具有特殊意义。76年前，俄中为取得世界反法西斯战争胜利付出巨大民族牺牲、作出决定性贡献。当前形势下，双方应该密切战略协作，相互坚定支持，捍卫二战胜利成果，维护历史真相。俄方坚定奉行一个中国政策，坚定支持中方在涉台、涉港、涉疆和南海等问题上维护自身核心利益的正当立场，坚决反对任何外部势力干涉中国内政，反对将新冠病毒溯源政治化，希望同中方继续深化各领域务实合作，加强抗疫合作。

普京表示，当前阿富汗局势的演变，表明外部势力强行推行其政治模式的政策行不通，只会给相关国家带来破坏和灾难。俄中在阿富汗问题上拥有相似立场和共同利益，俄方愿同中方密切沟通协调，积极参与涉阿富汗问题多边机制，推动阿富汗局势平稳过渡，打击恐怖主义，切断毒品走私，防止阿富汗安全风险外溢，抵御外部势力干预破坏，维护地区安全稳定。

双方一致认为,当前国际和地区形势复杂演变,中俄双方及时就双边和多边重大问题保持沟通十分重要和必要,同意继续通过各种方式保持密切交往。

(中央电视台《新闻联播》2021年08月25日播出)

▲**央视网消息(新闻联播)**:国务院总理李克强9月22日主持召开国务院常务会议,要求做好跨周期调节,稳定合理预期,保持经济平稳运行;审议通过"十四五"新型基础设施建设规划,推动扩内需、促转型、增后劲;部署加快中小型病险水库除险加固,提升供水和防灾减灾能力。

会议指出,当前我国经济保持恢复态势,就业形势稳定。但近期国际环境不确定性因素增多,国内经济运行也面临疫情散发、大宗商品价格高企等挑战。各地各部门要按照党中央、国务院部署,抓好常态化疫情防控,跟踪分析经济走势,保持宏观政策连续性稳定性、增强有效性,做好预调微调和跨周期调节,加强财政、金融、就业政策联动,稳定市场合理预期。围绕保就业保民生保市场主体实施宏观政策,深化改革开放、优化营商环境。更多用市场化办法稳定大宗商品价格,保障冬季电力、天然气等供给。研究出台进一步促进消费的措施,更好发挥社会投资作用扩大有效投资,保持外贸外资稳定增长,确保经济运行在合理区间。

会议指出,"十四五"时期要推进建设以信息网络为基础、技术创新为驱动的新型基础设施。一是推动国家骨干网和城域网协同扩容,推进新一代移动通信网络商业化规模化应用,发展泛在协同的物联网。二是打造多层次工业互联网平台,促进融通创新。结合新型城镇化推动物流、市政等基础设施智慧化改造,提升农业数字化水平,发展远程医疗、在线教育等基础设施。三是推动大学、科研院所和高新技术企业等融合,支持共性基础技术研发,纵深推进大众创业万众创新。四是推进开放合作,支持民营和境外资本参与新型基础设施投资运营。五是建立完善安全监管体系。

会议指出,水库安全事关人民群众生产生活和生命财产安全,要针对薄弱环节加大病险水库除险加固力度。一是压实地方责任,各地特别是北方地区要抓住施工有效期,统筹资金,加快推进今年除险加固项目,确保工程质量。二是统筹考虑水库供水灌溉、防洪泄洪、生态等要求,修订完善水库相关技术标准,提高应对极端灾害天气能力。三是健全科学管护机制,加强小型水库雨水情测报和安全监测设施,保证水库安全运行。

会议还研究了其他事项。

(中央电视台《新闻联播》2021年09月22日播出)

▲**央视网消息(新闻联播)**:全国人大常委会委员长栗战书22日在北京人民大会堂以视频方式同卢森堡国民议会议长埃特让举行会谈。

栗战书说,卢森堡是中国在欧洲的友好合作伙伴。两国坚持相互尊重、平等相待、合作共赢,双边关系保持健康稳定发展。习近平主席近日在中国国际服务贸易交易会全球服务贸易峰会上强调,中国将提高开放水平,在全国推进实施跨境服务贸易负面清单,探索建设国家服务贸易创新发展示范区。这将为中卢合作带来新的机遇。明年是两国建交50周年,中方愿同卢方共同努力,坚持相互尊重、巩固政治互信;坚持开放合作、共促经济复苏;坚持沟通交流、增进相互理解;坚持多边主义、应对全球性挑战,推动双边关系迈上新台阶。

栗战书指出,欧盟是世界上的一支重要力量。中方将同欧方一道,协商推进重要政治议程,探讨深化务实合作,加强在国际事务中的沟通协调,为维护世界和平与繁荣作出更大贡献。

栗战书强调,发展中卢友好是两国立法机构的共识,也是共同责任。中国全国人大愿加强同卢国民议会的合作,保持高层交往,推动各专门委员会间的交流。及时批准、修订或出台有利于双边关系发展的法律文件。加强治国理政经验交流,密切在多边议会组织中的沟通。

埃特让表示,卢中两国都坚持对外开放,虽然国家大小不同,但这完全不影响双方发展友好合作关系。希加强双方在经贸、金融、装备制造等各领域合作。卢国民议会愿深化同中国全国人大的交流,为促进两国关系发展发挥积极作用。

曹建明参加会谈。

(中央电视台《新闻联播》2021年09月22日播出)

▲**央视网消息(新闻联播)**：七十载沧桑巨变,九万里风鹏正举。19日上午,西藏各族各界干部群众2万多人欢聚在布达拉宫广场,热烈庆祝西藏和平解放70周年。中共中央总书记、国家主席、中央军委主席习近平在贺匾上题词"建设美丽幸福西藏　共圆伟大复兴梦想"。中共中央政治局常委、全国政协主席、中央代表团团长汪洋出席庆祝大会并讲话。

古城拉萨处处洋溢着欢乐喜庆的节日氛围。雄伟的布达拉宫下,搭建起藏式风格的大会主席台。主席台上方,庄严的国徽和"庆祝西藏和平解放70周年大会"横幅分外醒目。

上午10时,西藏自治区党委副书记、自治区人民政府主席齐扎拉宣布大会开始。全场起立,奏唱国歌,鲜艳的五星红旗在布达拉宫广场冉冉升起。

中共中央书记处书记、中央统战部部长、中央代表团副团长尤权宣读了中共中央、全国人大常委会、国务院、全国政协、中央军委关于庆祝西藏和平解放70周年的贺电。

汪洋向西藏自治区、西藏军区、武警西藏总队、西藏自治区政法系统、中国佛协西藏分会分别赠送了习近平总书记题词的"建设美丽幸福西藏共圆伟大复兴梦想"贺匾和贺幛。

在热烈的掌声中,汪洋发表了热情洋溢的讲话。他说,在举国欢庆中国共产党百年华诞之际,我们迎来了西藏和平解放70周年。上个月,中共中央总书记、国家主席、中央军委主席习近平亲临西藏考察,充分肯定西藏和平解放70年来的发展成就,为各族干部群众带来亲切关怀和美好祝福。今天,中央代表团带着党中央和习近平总书记的重托、带着全国人民的深情厚谊,与西藏各族人民一道隆重庆祝西藏和平解放70周年。汪洋代表中共中央、全国人大常委会、国务院、全国政协、中央军委,向西藏自治区表示热烈祝贺;向西藏各族干部群众致以亲切问候;向长期以来关心和支持西藏发展进步的各界人士表示衷心感谢。

汪洋说,1951年西藏和平解放,是中国人民解放事业和祖国统一事业的重大胜利,是西藏具有划时代意义的历史转折。

党的十八大以来,西藏步入发展最好、变化最大、群众得实惠最多的新时代。经过坚持不懈的努力,西藏与全国一道如期全面建成小康社会。

汪洋强调,当今世界正经历百年未有之大变局,我们要坚持以习近平新时代中国特色社会主义思想为指导,奋力谱写雪域高原长治久安和高质量发展新篇章。让我们紧密团结在以习近平同志为核心的党中央周围,弘扬伟大建党精神,传承"老西藏精神""两路精神",为建设团结富裕文明和谐美丽的社会主义现代化新西藏,为实现中华民族伟大复兴的中国梦不懈奋斗。

西藏自治区党委书记吴英杰在大会上发言。

西藏军区司令员王凯、群众代表旦增、援藏干部代表梁楠也在会上发言。

在《歌唱祖国》的激昂旋律中,庆祝大会圆满结束。

(中央电视台《新闻联播》2021年08月19日播出)

▲**央视网消息（新闻联播）**：第二十七次全国高校党的建设工作会议17日在京召开。中共中央政治局常委、中央书记处书记王沪宁出席会议并讲话。他表示，要深入学习贯彻习近平总书记"七一"重要讲话精神和关于加强高校党建工作的重要论述，贯彻落实《中国共产党普通高等学校基层组织工作条例》，紧扣立德树人根本任务，扎实推进高校党的建设和思想政治工作，努力培养德智体美劳全面发展的社会主义建设者和接班人。

王沪宁表示，党的十八大以来，习近平总书记就高校党的建设作出一系列重要论述，深刻阐明了加强高校党建工作的方向性、根本性问题。一定要认真学习领会，增强"四个意识"、坚定"四个自信"、做到"两个维护"，牢记"国之大者"，落实到高校教学、科研、管理全过程和各方面。要健全高校党建工作体系，压实高校党建工作政治责任，增强基层党组织政治功能。要坚持用习近平新时代中国特色社会主义思想铸魂育人，健全高校立德树人落实机制，深入做好高校教师思想政治工作。

孙春兰主持会议。陈希、黄坤明出席会议。

会议以电视电话会议形式召开，各省区市和新疆生产建设兵团有关负责同志，中央和国家机关有关部门、军队有关单位负责同志，部分高校负责同志参加会议。

（中央电视台《新闻联播》2021年08月17日播出）

▲**央视网消息（新闻联播）**：中共中央政治局常委、中央纪委书记赵乐际15日至17日到内蒙古调研。他强调，纪检监察机关要深入学习贯彻习近平总书记"七一"重要讲话精神，增强"四个意识"、坚定"四个自信"、做到"两个维护"，忠诚履职尽责，实事求是、守正创新，持续推进新时代纪检监察工作高质量发展。

赵乐际来到呼伦贝尔市陈巴尔虎旗呼和温都尔嘎查牧民家中和党群活动中心，详细询问牧民草场、养殖、看病、养老、取暖等情况，了解党务村务公开、惠农惠牧政策落实情况，听取基层干部群众意见建议。他强调，纪检监察机关要监督落实习近平生态文明思想，发挥农牧民主体作用，共同建设美丽乡村；监督落实中央民族工作会议精神，促进各族干部群众铸牢中华民族共同体意识，凝心聚力奋进新时代新征程；持续整治群众身边腐败和不正之风，坚持从实际出发，什么问题突出就重点解决什么问题。在呼和浩特市蒙草生态环境（集团）股份有限公司、国家能源集团宝日希勒能源有限公司露天煤矿，赵乐际与企业干部职工亲切交流，了解企业党风廉政建设情况，要求纪检监察机关加强监督，推动企业自觉贯彻新发展理念，坚持资源开发与环境治理并重，切实把高质量发展要求落到实处；持续整治煤炭资源等领域腐败，深化以案促改，提高治理水平。

赵乐际还到自治区纪委监委机关看望干部，并主持召开座谈会。他强调，纪检监察工作要坚持守正创新，一以贯之学懂弄通做实习近平新时代中国特色社会主义思想，牢牢把握党章宪法赋予的职责定位，继承弘扬党的百年管党治党、自我革命宝贵经验；同时要适应新时代新形势新要求，与时俱进、探索创新，不断深化纪检监察体制改革，促进制度优势更好转化为治理效能。要坚持不敢腐、不能腐、不想腐一体推进，推动落实全面从严治党主体责任，把严的主基调长期坚持下去，坚定不移惩治金融、国企、政法、粮食购销等领域腐败问题，受贿行贿一起查；锲而不舍落实中央八项规定精神，盯住中秋、国庆等重要节点，持续纠治"四风"。要坚持实事求是，依规依纪依法，贯彻党的政策策略，精准运用"四种形态"，认真落实"三个区分开来"，切实做到严管厚爱结合、激励约束并重，努力实现政治效果、纪法效果、社会效果相统一。

（中央电视台《新闻联播》2021年09月17日播出）

▲**央视网消息（新闻联播）**：横琴粤澳深度合作区管理机构揭牌仪式17日上午在广东珠海举行。中共中

央政治局常委、国务院副总理、粤港澳大湾区建设领导小组组长韩正出席揭牌仪式并讲话。

韩正指出,建设横琴粤澳深度合作区是习近平总书记亲自谋划、亲自部署、亲自推动的重大决策。习近平总书记多次亲临横琴考察,为横琴改革发展把舵定向。党中央、国务院亲切关怀横琴发展,在粤澳两地和有关方面共同努力下,横琴从一个边陲海岛变成开发热岛、开放前沿,经济社会发展取得显著成绩。

韩正强调,今天的揭牌仪式是合作区的历史性时刻,合作区建设从此进入了一个全面实施、加快推进的新阶段。希望合作区牢记初心,大力发展促进澳门经济适度多元的新产业,为澳门长远发展注入新动力。注重民生优先,努力为澳门居民在合作区学习、就业、创业、生活提供更加便利的条件。坚持开放包容,积极探索两地规则衔接、机制对接,着力构建与澳门一体化高水平开放的新体系。加强互利合作,不断健全粤澳共商共建共管共享的新体制,更好谋划新发展、展现新气象。

李希、何厚铧、夏宝龙出席揭牌仪式,澳门特别行政区行政长官贺一诚、粤港澳大湾区建设领导小组成员以及有关部门负责同志参加揭牌仪式。揭牌仪式前,韩正与横琴粤澳深度合作区管理团队主要成员合影。

揭牌仪式结束后,韩正来到横琴澳门新街坊项目考察。澳门新街坊项目是珠海和澳门在横琴合作建设的集居住、教育、医疗、社区服务等功能于一体的综合民生项目,由澳门企业负责在横琴投资建设。韩正仔细询问项目建设进展,了解项目住宅、交通配套和公共服务设施的建设和运营情况。他指出,要以民生为本,创新社会治理和服务模式,创建生态宜居、服务完善、出行便利的澳门居民生活就业的新家园,为澳门居民提供舒适居住空间,支持澳门更好融入国家发展大局。

(中央电视台《新闻联播》2021年09月17日播出)

▲**央视网消息(新闻联播)**:歌声飞扬,礼赞幸福生活;舞步欢腾,抒发壮志豪情。第六届全国少数民族文艺会演开幕式文艺晚会8月31日晚在京隆重举行。习近平、李克强、汪洋、王沪宁等党和国家领导人同约3000名群众一起观看晚会。

人民大会堂万人大礼堂灯光璀璨,处处欢声笑语。20时许,习近平等来到晚会现场,全场响起热烈的掌声。一曲欢快热烈的开场歌舞《各族儿女心向党》,献上各族人民对党百年华诞的深深祝福,拉开了开幕式文艺晚会《团结奋进新征程》的帷幕。整台晚会由开辟新道路、奋进新时代、启航新征程三个篇章组成。音诗画《血脉相连》、舞蹈《雪域暖阳》、歌曲联唱《岁月如歌》、情景歌舞《村寨里的云生活》、非遗歌舞《璀璨明珠耀中华》、器乐弹唱《幸福欢歌》、舞蹈《远航》……一个个节目,民族特色鲜明、表现形式多样、时代气息浓厚,精彩纷呈,把晚会不断推向高潮。整台晚会热情讴歌了以习近平同志为核心的党中央的坚强领导和对各族人民的亲切关怀,生动展现出中华文化的绚丽多彩、丰富内涵,生动描绘出各族儿女像石榴籽一样紧紧拥抱在一起共同团结奋斗的壮美画卷,充分反映出中华儿女建设中华民族共有精神家园、坚定不移跟党走、昂扬奋进新征程的坚定决心和豪迈气概,全场不时响起热烈掌声。最后,伴随着《这是我们美好家园》的激扬旋律和各族演员的尽情欢舞,晚会落下帷幕。

第六届全国少数民族文艺会演由国家民族事务委员会、文化和旅游部、国家广播电视总局、中央广播电视总台和北京市人民政府联合主办。会演时间为8月31日至9月24日,期间,从全国各地遴选的42台参演剧目将在央视网和国家民委网站展播。

演出开始前,习近平等党和国家领导人会见了文艺会演演职人员代表、组委会成员、56个民族的优秀基层党员代表等,并同他们合影留念。

丁薛祥、孙春兰、张又侠、黄坤明、蔡奇、尤权、白玛赤林、肖捷、马飚、巴特尔出席有关活动。

(中央电视台《新闻联播》2021年09月01日播出)

▲**央视网消息(新闻联播)**:由国家电影局指导,中央广播电视总台、北京市人民政府主办的第11届北京

国际电影节今天(9月21日)开幕,以"新机·新局"为主题向全世界发出邀约。开幕典礼上,由中央广播电视总台推出的首部4K彩色修复故事片《永不消逝的电波》亮相。本届北影节以线上线下相结合的方式,将举办"天坛奖"评奖、电影展映等七大主体活动,主竞赛单元"天坛奖"有15部中外影片入围。影片展映已于9月16日启动,将持续到9月30日。

(中央电视台《新闻联播》2021年09月21日播出)

▲**央视网消息(新闻联播)**:第四个"中国农民丰收节"之际,各地举办多种活动共庆丰年,礼赞丰收。

今天(9月23日)是我国在脱贫攻坚战取得全面胜利后全面推进乡村振兴的首个中国农民丰收节。今年的中国农民丰收节主会场聚焦长江流域,分别设在浙江嘉兴、湖南长沙、四川德阳,长江经济带11省市参加,通过农民文化艺术展演、群众联欢、特色优势农产品对接系列活动,展现新时代农民的小康生活和乡村振兴的勃勃生机。今天,农业农村部还揭晓了2021年度"全国十佳农民",展示扎根基层、服务乡村的先进典型,激发广大农民的创新创业热情,推动乡村人才振兴。

进入实现第二个百年奋斗目标新征程,"三农"工作重心已历史性转向全面推进乡村振兴。大家表示要撸起袖子、脚踏实地,努力描绘乡村振兴的新画卷。

(中央电视台《新闻联播》2021年09月23日播出)

▲**央视网消息(新闻联播)**:中秋佳节来临之际,各地丰富多彩的节庆活动让人们在欢乐中感受传统文化,共享美好生活。

这个中秋小长假,上海豫园推出了中秋赏灯、跨界快闪、国潮演艺等文化活动,既传承了传统文化又兼顾了年轻人新潮、时尚的消费喜好。而以节气文化为内容的六大主题展区和主题灯组,营造出浓浓的节日气氛。

在湖南长沙,投壶游戏、猜灯谜等民俗文化活动吸引了众多市民;在广州,近30种非遗项目在节日期间现场展示,活字印刷、古琴表演、工夫茶艺等演绎国风国潮,韵味十足。

在河北沧州,社区居民在老师指导下身着汉服自己动手做月饼;在河南三门峡,寓意五谷丰登、花好月圆的蒸花馍寄托了人们对美好生活的祝福。

明月照团圆,灯火耀中秋。在山西晋城,传统"打铁花"表演犹如一朵朵美丽的烟花绽放夜空,绚烂夺目;在浙江杭州,西湖上泛舟赏月成为节日里一道亮丽的风景。

在吉林梅河口,在璀璨的焰火下,人们乘上游园的小火车可以穿行整个星光花海,感受节日的惬意浪漫;在安徽芜湖,人们点起数千盏"万寿灯",品尝古城花街的长街宴,共享合家团圆,祝福国泰民安。

(中央电视台《新闻联播》2021年09月20日播出)

▲**央视网消息(新闻联播)**:研制"两弹一星"是新中国成立之初党中央作出的重大决策。在这一伟大事业中,一大批科技工作者将个人理想与祖国命运紧密相连,创造了"两弹一星"奇迹,也孕育形成了热爱祖国、无私奉献,自力更生、艰苦奋斗,大力协同、勇于登攀的"两弹一星"精神。

20世纪50年代,我国工业发展刚刚起步。面对原材料、生产设备和人才奇缺等诸多困难,党中央确定了国防尖端科技坚持"自力更生为主、争取外援为辅"的方针。钱学森、邓稼先等一大批爱国知识分子纷纷从海外归来,参与祖国建设。

1958年4月起,我国开始在内蒙古额济纳旗建设导弹发射基地,在新疆罗布泊建设核试验基地。10多万科研人员和参试部队从此隐姓埋名,奋战在祖国大西北的茫茫戈壁。

自力更生、艰苦奋斗。1964年10月,我国第一颗原子弹爆炸成功;1966年10月,我国第一颗装有核弹头的地地导弹飞行爆炸成功;1967年6月,我国第一颗氢弹空爆试验成功。

从零起步、协同攻关。经过广大科技工作者的不懈探索和艰辛努力,1970年4月24日,我国第一颗人造地球卫星"东方红一号"发射成功,开启了中国航天事业的新纪元。

"两弹一星"的成功研制打破了帝国主义对中国的核讹诈和核垄断,提高了我国的国防实力。而"两弹一星"精神也凝结成自强不息的民族品格,激发亿万中华儿女战胜一个个艰难险阻,在实现中华民族伟大复兴的征程上阔步前进。

(中央电视台《新闻联播》2021年09月19日播出)

▲**央视网消息(新闻联播)**:今天(9月17日)13时34分,神舟十二号载人飞船返回舱在东风着陆场成功着陆,执行飞行任务的航天员聂海胜、刘伯明、汤洪波安全顺利出舱,身体状态良好,空间站阶段首次载人飞行任务取得圆满成功。

12时43分,北京航天飞行控制中心通过地面测控站发出返回指令,神舟十二号载人飞船轨道舱与返回舱成功分离。此后,飞船返回制动发动机点火,返回舱与推进舱分离。

此次是东风着陆场首次执行载人飞船搜索回收任务。13时34分,返回舱成功着陆后,担负搜救回收任务的着陆场站及搜救分队及时发现目标,第一时间抵达着陆现场,返回舱舱门打开后,医监医保人员确认航天员身体健康,并向任务总指挥部报告了情况。

神舟十二号载人飞船于6月17日从酒泉卫星发射中心发射升空,随后与天和核心舱对接形成组合体,3名航天员进驻核心舱,进行了为期3个月的驻留,在轨飞行期间进行了2次航天员出舱活动,开展了一系列空间科学实验和技术试验,在轨验证了航天员长期驻留、再生生保、空间物资补给、出舱活动、舱外操作、在轨维修等空间站建造和运营关键技术。

接下来,3名航天员将在北京进入医学隔离期,进行全面的医学检查和健康评估,并安排休养。

(中央电视台《新闻联播》2021年09月17日播出)

▲**央视网消息(新闻联播)**:今天(9月12日),第十四届全国运动会、第十一届全国残运会暨第八届全国特奥会火炬传递活动最后一站在陕西西安举行,有包括医务工作者、教师、运动员、脱贫攻坚代表等99名火炬手参加。本次传递活动采取全运会与残特奥会"两火合一、一体传递"的模式,让更多残疾人与健全人一同参与到接力奋进之中。本次传递活动从8月16日开始,为期28天,传递三秦大地14个站点。圣火将分别在十四运会开幕式和残特奥会开幕式上点燃主火炬塔。

(中央电视台《新闻联播》2021年09月12日播出)

▲**央视网消息(新闻联播)**:杭州2022年第19届亚运会倒计时一周年活动昨晚(9月10日)举行。当晚,备受关注的杭州亚运会火炬正式发布,名为"薪火"。"薪火"火炬造型整体高730毫米,净重1200克,设计思想源自实证中华五千年文明史的良渚文化。炬基的八条水脉代表浙江八大水系;炬身以良渚螺旋纹为演化,形似指纹,自然交织,精致细密;炬冠以玉琮语意为特征,方圆融合,昂然而立。火炬整体轮廓曲线犹如手握薪柴,在动静之中迸发出运动员力量感和汇聚态势。杭州亚运会火炬"薪火"也寓意着中华文明薪火相传,象征着各国运动员团结共融。同时,杭州亚运会礼仪服装、官方体育服饰也在当天发布。

(中央电视台《新闻联播》2021年09月11日播出)

▲**央视网消息(新闻联播)**:在第三十七个教师节到来之际,中宣部、教育部联合发布"2021最美教师"先

进事迹。通过人物短片和现场访谈,生动讲述了陈明青、万步炎、肖向荣、林占熺、次仁拉姆、马建国、王凭枫、赖勋忠、万荣春、张莎莎10位最美教师和"最美团队"滇西支教团队的感人故事,展示了教师队伍有理想信念、有道德情操、有扎实学识、有仁爱之心的良好精神风貌。

"闪亮的名字2021——最美教师发布仪式"将于今晚(9月10日)在中央广播电视总台央视综合频道20点档,央视科教频道22点档播出,学习强国、央视网、央视频同步直播。

(中央电视台《新闻联播》2021年09月10日播出)

▲**央视网消息(新闻联播)**:阿富汗塔利班发言人穆贾希德7日在喀布尔举行发布会,宣布组建阿富汗临时政府,并向外界公布了临时政府的主要成员和架构。

穆贾希德表示,阿富汗终于摆脱了占领重获自由,现在是时候开启国家建设、保障阿富汗人民各项权利了。他宣布阿富汗塔利班临时政府的主要成员为穆罕默德·哈桑·阿洪德出任临时政府代理总理、阿卜杜勒·加尼·巴拉达尔出任临时政府代理副总理、阿卜杜·萨拉姆·哈纳菲出任代理第二副总理;穆罕默德·雅各布出任代理国防部长、西拉杜丁·哈卡尼出任代理内政部长、阿米尔·汗·穆塔基出任代理外交部长。

发布会结束后,穆贾希德表示,塔利班最高领导人海巴图拉·阿洪扎达将以埃米尔的身份领导国家。塔利班当天发表落款为"埃米尔阿洪扎达"的声明说,临时政府将确保阿富汗"持久和平、繁荣与发展"。声明说,阿富汗愿在相互尊重的基础上与周边国家及世界各国发展稳定健康的关系,绝不允许任何人或组织利用阿富汗领土威胁别国安全。

(中央电视台《新闻联播》2021年09月08日播出)

▲**央视网消息(新闻联播)**:从3日到4日,美国首都华盛顿、芝加哥市、洛杉矶县长滩市等多地发生枪击事件,至少造成4人死亡,数十人受伤。警方称,发生在华盛顿的枪击事件为一伙人下车向人群扫射,6人中枪,其中3人死亡,枪手在逃。芝加哥则发生了至少9起枪击,造成包括多名儿童在内的23人受伤。据美国有线电视新闻网报道,全美今年夏天平均每个周末有200人死于枪击,472人受伤。

(中央电视台《新闻联播》2021年09月05日播出)

▲**央视网消息(新闻联播)**:中国共产党的优秀党员,久经考验的忠诚的共产主义战士,无产阶级革命家,我国经济建设战线和社会主义法制建设的杰出领导人,中国共产党第十四届中央政治局委员、中央书记处书记,第十五届中央政治局委员,国务院原副总理,第九届全国人民代表大会常务委员会副委员长姜春云同志的遗体,2日在北京八宝山革命公墓火化。

姜春云同志因病于2021年8月28日20时57分在北京逝世,享年92岁。

2日上午,八宝山革命公墓礼堂庄严肃穆,哀乐低回。正厅上方悬挂着黑底白字的横幅"沉痛悼念姜春云同志",横幅下方是姜春云同志的遗像。姜春云同志的遗体安卧在鲜花翠柏丛中,身上覆盖着鲜红的中国共产党党旗。

上午9时45分许,习近平、李克强、栗战书、汪洋、赵乐际、韩正等,在哀乐声中缓步来到姜春云同志的遗体前肃立默哀,向姜春云同志的遗体三鞠躬,并向姜春云同志亲属表示深切慰问。

姜春云同志病重期间和逝世后,习近平、李克强、栗战书、汪洋、王沪宁、赵乐际、韩正、王岐山、江泽民、胡锦涛等同志,前往医院看望或通过各种形式对姜春云同志逝世表示沉痛哀悼并向其亲属表示深切慰问。

党和国家有关领导同志前往送别或以各种方式表示哀悼。中央和国家机关有关部门负责同志,姜春云同志生前友好和家乡代表也前往送别。

(中央电视台《新闻联播》2021年09月02日播出)


▲**央视网消息(新闻联播)**:今年刚刚步入百岁的李桓英是世界著名麻风病防治专家,她用毕生精力对抗肆虐人类上千年的麻风病。使成千上万麻风病人获得新生。

2016年,李桓英荣获了首届"中国麻风病防治终身成就奖"。上世纪(20世纪)五六十年代,由于没有行之有效的治疗方法,麻风病肆虐,一度成为世界难题。当时麻风病也流行于我国广东、广西、四川、云南及青海等部分地区。1978年,拥有丰富公共卫生防治经验的李桓英担负起我国麻风病防治的重任。她来到云南省勐腊县南醒村,建立短程联合化疗试点,为消除病人顾虑,李桓英经常与病人近距离接触。

经过27个月的治疗,服药的47名病人临床症状全部消失,完全达到了预期效果,李桓英实施的短程联合化疗经过十年监测,复发率远远低于世界卫生组织的标准。1994年,世界卫生组织在全世界推广了李桓英的联合化疗经验。70多年间,在几代麻风病防治工作者的共同奋斗下,麻风病在我国绝大部分省份已基本消灭。

2016年12月27日,已经95岁高龄的李桓英正式成为了一名中国共产党党员,她说她希望以一名党员的身份在麻风病研究的道路上继续前行。

(中央电视台《新闻联播》2021年08月19日播出)


▲**央视网消息(新闻联播)**:本台消息,9月16日出版的第18期《求是》杂志将发表中共中央总书记、国家主席、中央军委主席习近平的重要文章《毫不动摇坚持和加强党的全面领导》。

文章强调,中国最大的国情就是中国共产党的领导。中华民族近代以来180多年的历史、中国共产党成立以来100年的历史、中华人民共和国成立以来70多年的历史都充分证明,没有中国共产党,就没有新中国,就没有中华民族伟大复兴。历史和人民选择了中国共产党。中国共产党领导是中国特色社会主义最本质的特征,是中国特色社会主义制度的最大优势,是党和国家的根本所在、命脉所在,是全国各族人民的利益所系、命运所系。我们治国理政的本根,就是中国共产党的领导和我国社会主义制度。在这一点上,必须理直气壮、旗帜鲜明。

文章指出,中国共产党是执政党,是中国特色社会主义事业的领导核心,处在总揽全局、协调各方的地位。党政军民学,东西南北中,党是领导一切的,是最高的政治领导力量。坚持中国共产党这一坚强领导核心,是中华民族的命运所系。坚持和加强党的全面领导,关系党和国家前途命运,我们的全部事业都建立在这个基础之上,都根植于这个最本质特征和最大优势。为什么我国能保持长期稳定,没有乱?根本的一条就是我们始终坚持共产党领导。党的领导是党和国家事业不断发展的"定海神针"。

文章指出,党的领导制度是我国的根本领导制度。党的领导是做好党和国家各项工作的根本保证,是我国政治稳定、经济发展、民族团结、社会稳定的根本点,绝对不能有丝毫动摇。

文章指出,加强党对一切工作的领导的要求不是空洞的、抽象的,要在各方面各环节落实和体现。党的领导必须是全面的、系统的、整体的,必须体现到经济建设、政治建设、文化建设、社会建设、生态文明建设和国防军队、祖国统一、外交工作、党的建设等各方面。哪个领域、哪个方面、哪个环节缺失了弱化了,都会削弱党的力量,损害党和国家事业。

文章指出,中国共产党的领导,就是支持和保证人民实现当家作主。党领导人民治国理政,最重要的就是处理好各种复杂的政治关系,始终保持党和国家事业发展的正确政治方向。新的征程上,我们必须坚持党的全面领导,不断完善党的领导,增强"四个意识"、坚定"四个自信"、做到"两个维护",牢记"国之大者",不断提高党科学执政、民主执政、依法执政水平,充分发挥党总揽全局、协调各方的领导核心作用!

(中央电视台《新闻联播》2021年09月15日播出)

▲国内联播快讯

**央视网消息(新闻联播):**

**2021世界互联网大会"互联网之光"博览会开幕**

今天(9月25日),2021年世界互联网大会"互联网之光"博览会在浙江乌镇拉开帷幕。本届博览会以"迈向数字文明新时代——携手构建网络空间命运共同体"为主题,吸引了24个国家和地区的343家中外企业和机构参会,还设置了发展理念区、综合展区等4个主题展区。

**2021世界智能网联汽车大会暨展览会开幕**

2021世界智能网联汽车大会暨展览会今天(9月25日)在北京开幕,共有180多家展商参展,全面展示了"车—路—网—云"的协同创新,覆盖智能网联汽车的全产业链。目前,我国L2级(组合驾驶辅助)乘用车新车市场渗透率达到20%,3500多公里的道路实现智能化升级,搭载联网终端的车辆超过500万辆。

**上海虹桥国际中央商务区40个重大项目集中签约**

日前,上海虹桥国际中央商务区一批重大项目集中签约。此次集中签约重大项目共40个,涉及总部经济、创新经济等,总投资302亿元。同时,总投资290亿元的一批重大工程集中开工,项目主要涉及生物医药、文创电竞、科技研发等产业。

**东北发电采暖用煤首次实现中长期合同全覆盖**

今天(9月25日),国内多家煤炭生产企业和东北地区重点发电供热企业在北京集中签约,这次签约合同总量680万吨,使东北发电供热企业中长期合同占用煤量的比重首次提高到100%,有助于确保东北地区采暖季民生用煤和人民群众温暖过冬需求。

**赣州国际陆港中欧班列开行突破1000列**

昨天(9月24日),一列满载着小家电、日用品、电子产品等货物的中欧班列,从赣州国际陆港驶出,经阿拉山口口岸出境,将于17天后抵达匈牙利布达佩斯。这是赣南老区自2017年开行首趟中欧班列以来的第1000列中欧班列。

**"中吉乌"国际多式联运新通道班列开行**

今天(9月25日),装载着29组集装箱、450吨货物的"中吉乌"班列,从兰州陆港始发,最终运抵乌兹别克斯坦,货品主要包括灯具、暖气片、防盗门等,货值达267万美元。该国际多式联运新通道是由甘肃兰州和新疆克孜勒苏柯尔克孜州共建的。

**湖北赤壁长江公路大桥今日通车**

今天(9月25日),湖北赤壁长江公路大桥正式通车。大桥主桥长1380米,全线双向六车道,设计时速100公里,解决了洪湖市至赤壁市过江通道的瓶颈问题,通行时间由原来的2小时缩短至5分钟。

**江西萍莲高速建成通车**

今天(9月25日),江西萍莲高速正式通车。萍莲高速公路全长75.294公里,起点位于萍乡经开区,终点位于莲花县,主线采用双向四车道,有特大桥8座、大中桥20座,桥隧比高达42%。建成后,萍乡市至莲花县的通行时间由1小时30分缩短至40分钟。

**日兰高铁曲阜至庄寨段开始联调联试**

山东日照至河南兰考高铁曲阜到菏泽庄寨段今天(9月25日)开始联调联试,标志着八纵八横高铁网重要连接线——日兰高铁山东段全线通车进入倒计时。通车后,菏泽到济南的通行时间将压缩至2小时以内。

**新建沪渝蓉沿江高铁今天开工建设**

新建上海至重庆至成都沿江高铁,今天(9月25日)在湖北荆门市正式开工建设。沪渝蓉沿江高铁全长约2100公里,总投资约5300亿元,东西横贯上海、江苏、安徽、湖北、重庆、四川等六省市。新建沪渝蓉高铁对构建长江综合交通运输体系和推进长江经济带发展具有重大意义。

**中国第九批赴马里维和部队全部抵达任务区**

马里当地时间9月24日,中国第9批赴马里维和部队官兵全部抵达任务区完成部署,在为期一年的时间里,他们将承担警戒防卫、医疗保障、外事联络和人道主义救援等维和任务。

**第三届大运河文化旅游博览会在苏州举行**

第三届大运河文化旅游博览会近日在江苏苏州举行。博览会围绕"融合、创新、共享"的主题,设置了主题演出、展览展示等19项重点活动。十多万名观众走进现场,感悟运河文化、品尝运河美食,感受大运河带给人们的美好生活。

**第16届中国义乌文化和旅游产品交易博览会开幕**

第16届中国义乌文化和旅游产品交易博览会今天(9月25日)开幕。博览会以"共同富裕 美好生活"为主题,3000多个展位涵盖了智慧旅游服务、旅游装备用品等17个领域,重点突出"红色旅游""奥运冰雪旅游"等方面。

**电视剧《火红年华》今晚央视开播**

电视剧《火红年华》今晚(9月25日)起在中央广播电视总台央视综合频道播出。该剧以国家"三线建设"为背景,全景式展现建设者们响应党的号召,怀揣炙热理想,创新升级新工业体系,带领企业踏上新征程的光辉历程。

(中央电视台《新闻联播》2021年09月25日播出)

▲国际联播快讯

**央视网消息(新闻联播):**

**伊朗总统:美对伊朗制裁属反人类罪**

21日,伊朗总统莱希在第七十六届联合国大会一般性辩论中发言,抨击美国随意退出伊朗核协议以及继续在新冠肺炎疫情期间对伊朗实施制裁的行径,强调这是美国霸权主义的体现。莱希说,制裁是美国对世界其他国家新的战争方式,在疫情期间对医药实施禁运属于反人类罪。

**经合组织维持对今年中国经济增长预测**

经济合作与发展组织21日发布最新经济展望报告预计,2021年全球经济将增长5.7%,比5月公布的预期下调了0.1%。中国经济在2021年与2022年的增长率将分别达到8.5%和5.8%,与5月公布的增长预期持平。报告指出,全球经济复苏仍不平衡,必须付出更强有力的国际努力,在低收入国家推动疫苗接种。

**俄指责美国对俄杜马选举发动网络攻击**

俄罗斯驻美国大使馆21日发表声明说,俄罗斯在国家杜马选举期间遭到的网络攻击次数空前,其中一半来自美国境内,俄罗斯正在等待美方就此作出详尽解释。

俄罗斯联邦委员会国家主权保护委员会主席安德烈·克利莫夫21日也表示,以美国为首的西方国家仍将干涉俄罗斯内政作为遏制俄罗斯发展的重要工具,他们在俄罗斯国内操纵舆论,在没有任何证据的情况下质疑俄选举结果,应该将相关责任人绳之以法,防止他们继续破坏2024年俄罗斯总统选举。

**澳大利亚维多利亚州发生6级地震**

当地时间22日上午,澳大利亚维多利亚州发生里氏6级地震,震中位于该州首府墨尔本东北部的曼斯菲尔德附近,震源深度约10公里。地震造成维多利亚州数十栋建筑受损,目前没有人员伤亡的报告。

(中央电视台《新闻联播》2021年09月22日播出)

## 二、其他类型新闻训练

▲示例1

楚天都市报讯(记者余皓 通讯员付静宜 陈冬)昨日,涉嫌持斧砸死生父的男子解某被江汉区检察院提起公诉。检方控称,解某杀父的动机可谓荒唐——只为假装有精神病躲一笔赌债。年过五旬的解某家住江汉区工人新村。据其交代,6月28日下午3时许,他在家中看电视时想起欠下的一笔7000元赌债,担心债主上门催讨心生烦躁。当时脑海里闪过一个念头:若是把父亲打伤,人家会以为我精神失常就不来催债了。

几分钟后,解某从家中找到一把生锈的斧头,用斧背朝在卧室睡觉的八旬老父连击数下,头部流血的父亲一度质问儿子"打我干什么"。解某随后打电话叫来三弟,说出自己伤父的理由,被气疯的三弟不想与哥哥多纠缠,一起将老父亲送医。7月5日,老人在医院不治身亡,不胜悲痛的三弟报警。

警方查明解某染有赌博恶习。9月1日,解某杀父一案移送检察机关审查起诉时,检察官怀疑其精神失常,要求办案警方作精神鉴定,鉴定结果显示解某无精神病性症状,为完全刑事责任能力人。江汉区检察院以解某涉嫌故意伤害致人死亡罪提起公诉。

▲示例2

南都讯(记者贺达源) 13岁本应该是无忧无虑的年龄,正在上初一的小佳前晚却从学校教学楼6楼坠下身亡。经初步调查,警方已排除他杀,家属已和学校达成了赔偿协议。

事发地点位于龙华三联永恒学校。13岁的小佳是该校七年级一班的学生。其所在班级的教室位于教学楼6楼,前天傍晚6时左右放学后,小佳从教室外阳台上坠楼,经抢救无效当场死亡。

昨日零时许,南都记者接到报料后赶到现场,小佳的遗体还放置在教学楼下,遗体上盖着棉被与衣物。因为下着小雨,校方在遗体上架起了遮雨棚。地上并没有发现大量的血迹,但孩子的学生证掉到地上,上面还沾了些血迹。小佳的母亲张女士守候在一旁,不时在遗体旁烧些纸钱,怎么也不敢相信上午出门还好好的小孩,傍晚再见时已阴阳两隔。

三联永恒学校相关负责人表示,据老师反映小佳平时有点不爱说话,但表现还可以,事发前在学校也没有什么情绪。其表示学校将会给家属一定的人道主义补偿。

▲示例3

"把狗当人,那把我们学生当什么?""再也不会去食堂吃饭了。"12月19日,一则江西新余学院就餐人员拿食堂公用餐具喂狗的照片在贴吧引起学生的公愤。该校学生表示,喂狗者疑似该校的学生,目前还没找到,而事发时曾有食堂工作人员口头劝止,但无效。

新余学院表示,学校规章制度明确规定校内禁止饲养宠物,已对喂狗事件展开调查并将严肃处理。同时该校后勤处决定,将联合开展清理校园宠物饲养专项整治活动,对发现仍在校内饲养宠物的学生将按有关规定对其所饲养宠物强制收缴,并对相关责任人进行处理。

### ▲示例 4

12月16日下午,菏泽48路公交司机李福振在生命的最后时刻,用最后的清醒意识把公交车停稳,保证了一车乘客的安全。今天,大众网记者通过事发公交车上的视频,及对李福振的同事和家人的采访,还原了当时的生死92秒。20日,李福振追悼会将在菏泽市立医院举行,人们将送"最美司机"李福振最后一程。

16日下午,菏泽48路公交车司机李福振驾驶着鲁RA0072公交车载着一车乘客,自西向东沿长江路行驶。

据公交车里的监控视频显示,18时07分,该车行至长江路与解放街交叉路口处的直行道上等待信号灯。直行信号灯亮起的时候,李福振突然迅速右转方向盘变道,快速通过十字路。18时08分32秒,公交车平稳停在牡丹区财局附近站牌前。公交车停稳后,李福振打开后车门、熄火、拉上手刹,随后用左手在胸口位置拍了三下。就在车上的乘客还在诧异这样的异常举动时,李福振已经歪倒在一旁……

### ▲示例 5

通过微博或朋友圈晒孩子萌照,记录宝宝的成长历程,已成为不少爸爸妈妈的习惯。但许多人没有意识到,这或许会将孩子的信息泄露,将他们置于险境。

前天,衢州龙游县的杨女士就碰到了这么一幕。一名陌生人搭讪自己4岁的孙女,叫得出她的名字,还说要带她找妈妈,幸好被及时发现。事后,杨女士的儿媳妇立即删除了网上与女孩有关的所有信息。

警方提醒,网上经常晒图片的人要小心,这一做法很可能会透露孩子和家庭成员的个人信息,给不法分子钻空子。

### ▲示例 6

本报日照12月18日讯(记者 王裕奎 通讯员 刘利红) 七旬老太晨练时,遭遇飞来横祸,被一只藏獒扑倒撕咬了两个小时。近日,日照岚山法院审理了这起饲养动物损害责任纠纷案件,判决藏獒的主人赔偿老太11万元。

家住岚山区某村的吴老太现年69岁,有晨练的习惯。2013年8月10日早晨4时许,吴老太从家中出来散步,行至巷口拐角处时,被邻居李某饲养的藏獒从背后扑倒并撕咬,周围邻居闻讯过来相救,但由于藏獒凶恶,救助效果不佳,一邻居试图救吴老太时也被藏獒咬伤。直到6时许,李某接到电话赶来将藏獒带走,吴老太才得救。

吴老太被送往岚山区人民医院做检查,并到日照市疾病防控中心注射狂犬疫苗,又被送往日照市人民医院住院治疗四十余天。吴老太被诊断为左肱骨骨折、腰3椎体压缩性骨折、狗咬伤、全身多处软组织损伤。吴老太的伤情经司法鉴定后,构成八级伤残。吴老太起诉李某要求赔偿医疗费、误工费、护理费、交通费、残疾赔偿金等经济损失共计12万元,后经岚山法院调解,双方最终以11万元的赔偿数额达成协议。

▲ 示例 7

新京报快讯(记者刘珍妮)因曾被前女友骗走 30 万,男子智某对单身年轻女性心生怨恨,5 年间他在网上假扮"富二代""官二代",结识女网友利用感情行骗,先后共骗取 100 万余元。今日,东城警方通报,该男子涉嫌诈骗被刑事拘留。

12 月 11 日,东城公安分局北京站派出所接到女子电话报警称,12 月 10 日晚,她在东城区的一家酒店内,被自己的男友骗走 5 万元。

随后,民警赶往酒店,当场将尚未办理退房手续的嫌疑人智某抓获。警方经讯问得知,智某今年 31 岁,是某名牌大学的硕士研究生,从 2009 年开始,他虚构身份与家庭背景,假扮"富二代""官二代",在各大论坛上公开征友。

智某与报案女子今年 11 月在网上相识,几次见面后,双方确定了恋爱关系。12 月 10 日晚,智某约女子在东城区某酒店见面,称能通过父母、朋友帮忙办理北京户口,收取女子现金 5 万元。

女子离开后,经朋友提点,发觉事情可疑,当她再次与智某联系时,智某以各种理由搪塞,拒绝与其见面。确信自己上当后,女子拨打 110 报警。

▲ 示例 8

12 月 9 日,安徽商报报道了单亲妈妈潘素英,为患有急性淋巴细胞白血病的女儿潘佳妮坚守的事情,引起了好心人的关注。这一个礼拜,已经有 3 位好心人给潘素英送去钱,每人 600 元。然而,这 1800 元钱对于潘素英来说,依然是杯水车薪。无奈之下,潘素英 12 月 13 日到步行街"求卖自己"救女儿。

目前,经过几轮化疗,佳妮的病情已经得到控制。此前,他们一直住在安徽省肿瘤医院排队等着进移植舱。12 月 11 日,佳妮顺利入住了安徽省立医院的移植舱。医院还为他们减免了部分费用。在移植舱内,佳妮将进行一次高强度的化疗,之后进行脐带血移植。移植之后,她若能度过排异期,就可以康复出院。

若是没有钱,即使化疗,佳妮也没办法进行脐带血移植。为了给女儿治病,潘素英想尽了各种办法,依然没能筹到那 6 万元钱。

12 月 13 日,走投无路的潘素英做了一个牌子,上面写着"我是单亲妈妈,和女儿相依为命。孩子现在移植舱内,急需要费用。如果有恩人救我女儿,给孩子救治的机会,我愿做牛做马来报答。"

▲ 示例 9

邱义松,27 岁,河北沧州盐山县人。2010 年 7 月,邱义松在一次车祸中失去了左腿,不久,他的父亲又因癌症晚期而过世,双重打击坚定了他要及时尽孝、带母亲走遍中国的决心。

今年 7 月,拄着双拐的邱义松,开着一辆自动挡汽车带着母亲开始游遍全国的"尽孝之旅"。他计划用近一年的时间,带母亲游遍全国。历时 3 个多月,从石家庄一路向北,天津、辽宁、吉林、黑龙江……最远到了北极村,11 月 25 日,他们又踏上了去往南方的旅程,目前已走过山东、江苏、安徽、上海、浙江等省市。他说,"其他事情都可以等,但尽孝等不起"。日前,邱义松和母亲旅行的照片在网络热传,引发许多网友点赞:母子俩都这么阳光,佩服,祝福!

▲ 示例 10

昨日(12 月 17 日)是沈阳入冬以来最冷的一天,而就在 -24℃ 的寒冬里发生了最令人心碎的一幕。为了再多陪伴突发心梗离世的老伴一会儿,63岁的何大爷抱着老伴遗体坐在人行道上近两小时……

昨日19时50时许,沈河区奉天街与沈州路交会口东侧,一名戴黑帽子、穿黑棉袄的大爷坐在人行道上的一块纸板上,怀里抱着他的老伴。怕老伴冻着,大爷敞开棉袄把衣服盖在老伴身上,还时不时拽回滑落的棉袄……

如果不是周围人提醒,人们会以为他怀中的大娘睡着了,实际上大娘在一个多小时前就已经离世。

住在附近的所先生说,17时40分左右他就发现大娘躺在地上。快18时,120赶到后确定老人已经死亡,死亡原因初步认为是心梗。而大爷是在快19时赶到老伴身边,自打到这儿就一直抱着老伴没松开过。

▲示例11

新华网郑州12月20日电("中国网事"记者李亚楠)理一次发只要一元钱,而且坚持了20多年。河南博爱县一位理发师从20世纪90年代初至今从未涨过价,方圆十里八村的乡亲,基本都会找他理发。

其间,同行的争吵、家人的不解,他都顶了下来,他说,不涨价,一求个薄利多销,二也算是为乡亲们做点力所能及的事情。

理发师名叫王成俭,店面位于博爱县城北柏山镇下期城村,从1962年至今,他给村里人理发已有52个年头了。

小店里外两间,总共不过20平方米。墙上挂着一面村民送的锦旗,上面写着"雷锋式的好师傅",墙边是等候用的椅子,中间摆着两把理发椅,人多时,王成俭就和他儿媳妇刘宽心两人同时上阵。

记者造访的20多分钟时间里,就有5位村民前来理发。王成俭说,最多的时候一天能来100多人。

▲示例12

本报讯 一女子凌晨在贵阳小十字附近打电话时,被一男子持刀抢走手机。昨日,中华中路派出所向媒体通报称,警方在花溪某高校将正上大四的抢劫嫌疑人龙某抓获。

据办案民警介绍,12月13日凌晨5时许,一女子在小十字某酒店门口打电话时,被一年轻男子持刀抢走价值2000多元的手机一部。民警调取事发路段监控得知,嫌疑人得手后乘出租车离开,并在花溪某高校门口下车。

16日中午,民警在该高校学生公寓内将嫌疑人龙某抓获。龙某今年25岁,六盘水人,目前读大四。

对抢劫的犯罪事实,龙某供认不讳。龙某称,他家经济条件不好,平时生活费都是自己挣。到大四后,同学聚餐、找工作等方面开销多了,他曾向某同学借钱用,还有两千元没还清。之前他也回家想要钱还债,但碍于家贫没好意思向父母开口。

事发当日凌晨,龙某从六盘水坐火车返回贵阳。因当时没公交车便来到小十字,准备天亮后乘202路公交车返校。其间看到受害人独自打电话时,他才上前行抢。

目前,民警已将被抢手机发还受害人,龙某已被刑拘。民警表示,按相关规定,龙某将面临3年以上10年以下的有期徒刑。

▲示例13

新华网浙江频道12月19日电(郑黎 黄瑞鹏) 著名文化学者、北京师范大学教授于丹于19日出席在浙江省宁波市举行的2014中国文化馆年会,并做了《观乎人文以化成天下》的主题演讲。她指出,在农耕文明向都市文明转化的文化断层期,只有守住天理和伦理才能守住中国文化的底线。

于丹说,基层文化馆、少年宫是六七十年代出生的孩子的青春记忆,中国文化的核心价值观在那里代代相传。在当下数字信息化大时代,基层文化馆将肩负起守住中国文化最基层血脉的重任。农耕是我们这个宗法社会几千年得以稳定默契的法则,这一切不能因为我们扔下了镰刀,有了收割机,不再是原始的插秧劳作,大家进城打工,我们就认为农耕文明都可以扔掉了。

"西方文化是天上来的,中国文化是地上长出来的,西方人信仰神,中国人信仰伦理。"于丹说,我们的伦理可以替代神,例如,咱们摔一个跟头,西方人会喊:"oh my god!(我的上帝呀)",我们说:"哎呀,我的妈呀!"。喊妈说明你信任伦理,喊天说明你信任天理,守住天理与伦理,中国文化就守住了底线。我们不要求农村的孩子都能用流利的英语去讲国际文化是什么,但是我们要让所有中国的子孙知道不背叛天理,不逆反伦理,守住这些道理才叫守住了中国文化真正的底线。

### ▲示例14

浙江在线12月19日讯  12月14日下午,安徽籍男子张某在定海海滨公园附近某大楼11楼楼顶欲跳楼后被劝下。记者从定海区公安分局了解到,张某因扰乱公共场所秩序被处以行政拘留五日的处罚。

当天下午3时左右,张某酒后爬到该楼11楼楼顶,想通过跳楼自杀相威胁的方式让他所爱慕的女子给其答复。接到报警后,公安、消防等部门集结了数辆车辆和几十名警力赶到现场参加营救。由于附近群众的围观,还造成了一定的交通堵塞。经营救人员劝说,下午5时左右张某最终被劝下。

根据《中华人民共和国治安管理处罚法》第二十三条规定,对扰乱车站、港口、码头、机场、商场、公园、展览馆或者其他公共场所秩序的,处警告或者二百元以下罚款;情节较重的,处五日以上十日以下拘留,可以并处五百元以下罚款。

### ▲示例15

本报讯  贵阳一位的哥在出租车后座上,发现乘客遗落的手包。包里除有一部手机和几张存折外,还有一万六千多元现金。的哥将手包及时上交,最终物归原主。

三十多岁的陈英,是贵州成黔天骄出租汽车服务有限公司的哥。昨日上午10点半,陈英把四位乘客从油榨街花鸟市场送到白云公园。到达后,乘客下车离开,陈也下车吃午饭。

吃完午饭,陈英回到车上,发现后座上有一个黑色手包。"打开一看,有一万六千多元现金,还有一部手机和几张存折。"陈英说,他试图拨打手机里存有的联系人电话找失主,可是打了几个都没联系上。

随后陈英将情况上报车队长,并把手包送回公司。公司工作人员将情况告知警方,得知失主罗先生也已报警,双方遂取得联系。昨日下午,失主罗先生来到成黔天骄公司,核实包里物品没缺失后,向陈英道谢并领回。

"我也需要钱,但拿了良心不安。"陈英说。

### ▲示例16

中新网12月19日电  据台湾"今日新闻网"报道,一名就读台北市某私立大学信息系20岁的女学生,前(17日)晚在家中烧炭身亡,现场留有一封遗书。

据悉,17日晚,母亲到卧房叫该女大学生吃晚饭,发现房门反锁,敲门都没有回应,赶紧拿钥匙开门,只见女儿冰冷的身躯,一旁留有遗书。

遗书中写道:没有人懂我,我就像你们说的"我很废",要身材没身材,要脸蛋没脸蛋,要能力没能力,要智慧没智慧。

遗书中并未提到谁说她"很废",女大学生的母亲伤心地告诉警方,女儿没有忧郁症的病史,生活很正常。

警方认为,女大学生很渴望得到同侪的认同,但却遭到同侪的否定,才会如此低落,但女大学生长相并不差,不了解为何会如此的自卑。

#### ▲示例17

11月16日,得知独居的弟弟在家中去世,康健的姐姐伤心落泪。从打开的窗户看去,康健家中还晾着衣物。国家卫健委报告称独居老人占老年人总数近10%,如何让他们老有所依成为社会课题。离婚十多年,膝下无子女,57岁的康健独自居住在成都金牛区抚琴北二巷一栋老式筒子楼里。11月16日,因多日未缴水费且未现身引起邻居怀疑,民警和社区工作人员叫来开锁工人打开房门后,发现康健仰坐在家中板凳上,已经去世多日,凳子旁放着一个空酒瓶。经过初步勘查,警方已排除他杀可能。据邻居介绍,大约3年前,这栋楼也曾有一位80多岁的老婆婆孤独死于家中。华西都市报记者调查发现,婚姻破裂、丧偶、血亲联系淡薄、地域关联丧失……使得独居人群逐步扩大。

据国家卫健委报告披露,我国空巢老人占老年人总数的一半,而独居老人占老年人总数的近10%。如何让他们老有所依,提供无缝衔接的养老服务,在老龄化日益严重的当下,成了一大社会课题。

#### ▲示例18

孩子的班主任老师做微商代购,作为家长买还是不买?买多少合适?原以为加了老师微信后可以多一个交流通道,现在却陷入这样的尴尬处境,这是倪女士事先没有想到的。倪女士的女儿秋季刚读小学一年级,和所有家有新生的家长一样,倪女士度过了一个忙乱又惶恐的时期,渴望获知一切和孩子学习有关的信息。为了和老师拉近距离,原本不使用微信的倪女士特意注册了一个账号加了老师微信,平时偶尔也会在老师朋友圈下面点赞或者评论。但是从上个月开始,倪女士就有些尴尬起来,原来老师有个亲戚在韩国留学,她利用这个机会在微信朋友圈里做起了韩国代购,中午和晚上会发布商品信息。一开始倪女士并没有在意,但不久后倪女士发现有一些家长开始购买商品,在询问的过程中明显和老师的互动多了起来,有的家长甚至一次购买上千的东西。"老师代购的东西大多是年轻人使用的护肤品,并不适合我,买回来就是浪费,不买的话又觉得不安,毕竟其他家长都在买。"在这种纠结的心理下,倪女士也买了几次面膜和护肤品,加起来价值500元,然后转送给家里较年轻的亲戚使用。但看着那些"财大气粗"的家长和老师在朋友圈里的互动越来越紧密,倪女士的心中总有说不出的滋味。

#### ▲示例19

昨天,钱江晚报记者从宁波市李惠利医院听到一个让人难过的消息:11月15日,一位20岁的年轻小伙子因为恶心呕吐被送到急诊,虽然经过一系列抢救,但他还是在11月16日下午离开了人世。医生说,小伙子的离世和他最近大量喝可乐有关。小伙子最近胃口不是很好,老觉得口干,每天一瓶接一瓶地喝可乐,一天至少喝掉十多瓶,送到医院时,血糖仪已经测不出他的血糖,爆表了,同时,小伙子还有查出肝脏衰竭、乳酸中毒等。他患的是糖尿病酮酸中毒,糖尿病最危险的并发症之一。医生说,他可能早就有糖尿病,但因为年轻没在意,最近又大量喝可乐,引发了悲剧。

▲ 示例 20

国庆长假期间,突然被领导喊去加班,你会是什么反应?假期刚过,一则"放假被喊去加班当场辞职"的消息,蹿上了热搜。截至目前,该帖阅读 4.1 亿,讨论已达 2.8 万条。浙江义乌一位姑娘发帖吐槽了自己的假期经历,自称假期游玩途中,领导突然"空袭",让她十一假期选两天值班,应一下急。可是,她早已安排好了假期行程。便向领导推辞,结果领导发了雷霆:"公司大于个人,把行程取消!"义乌姑娘一怒之下,做了"甩手掌柜",辞职不干了。帖子一出,可谓一石激起千层浪。围观者中不少都声称被戳中了痛点。

▲ 示例 21

中央气象台 6 月 1 日 06 时发布暴雨蓝色预警:预计,6 月 1 日 08 时至 2 日 08 时,辽宁东部、河南东南部、安徽西部、湖北大部、重庆东部、贵州东北部、湖南西北部、广西北部等地的部分地区有大雨或暴雨,局部地区有大暴雨(100~120 毫米);上述地区并伴有短时强降水(最大小时雨强 60~70 毫米)和局地雷暴大风等强对流天气。请居民做好暴雨蓝色预警预防工作:(1)建议政府及相关部门按照职责做好防御暴雨应急工作;(2)切断有危险地带的室外电源,暂停户外作业;(3)做好城市、农田的排涝,注意防范可能引发的山洪、滑坡、泥石流等灾害。

▲ 示例 22

春节期间,加班、晚睡、消夜,对生活在深圳的人来说,是家常便饭。午夜之后,骑着电动车的外卖小哥成了街面上最忙活的一批人。零点刚过,一下子来了两个订单,因为商家出餐晚,顾客又要求限时送到,王金华一路小跑去送餐。第二单让王金华更头疼,赶上了不熟悉的地址。深夜,小区楼号根本看不见,只能边问边找。准时率是考核外卖小哥最重要的指标。前段时间,一个外卖小哥怕送餐迟到在电梯里急哭的视频感动了无数人,王金华说那种感觉他也体会了无数遍。

▲ 示例 23

腾讯官方公众号发布了一则消息,公布了成立 20 周年以来的新一轮整体战略升级。此前,国内各大互联网公司包括阿里、百度、美团、滴滴、京东都相继进行了或人员高管变动或企业组织架构重大变化。事实上,本次腾讯组织架构调整,酝酿已久,在腾讯内部已不是秘密。在不少腾讯内部人士看来,这次意在拆掉"数据墙"的改革,来得迟了。自从年初股价登顶 475 港元,9 个月过去,腾讯股票陡降,市值蒸发 1 万亿港元。核心游戏业务遭遇监管瓶颈,2B 业务面临突围焦虑,还陷入"创新不足""没有梦想"的质疑。

▲ 示例 24

英国一项研究表明,全黑的睡眠环境有利于人体生成一种名为褪黑素的激素,它能促进人体新陈代谢,提高睡眠质量。但若把手机带进卧室,或在卧室给手机、平板电脑充电,其散发的蓝光会让人体内褪黑素的分泌受到影响,导致新陈代谢失衡,诱发肥胖、高血压、糖尿病、肿瘤等疾病。同时,手机的电磁辐射对人体头部危害较大,它可能会对人的中枢神经系统造成影响,引起头痛、头昏、失眠、多梦和脱发等症状,还会影响深睡眠,降低睡眠质量。

## ▲示例 25

8日,大雪后的河南兰考,寒冷的天气挡不住艺术家和当地观众的热情。中宣部·中央电视台文化文艺小分队来到兰考,在兰考焦桐纪念林、张庄村桐花书院、堌阳镇徐场村、兰考人民广场等地点开展了丰富多彩的文艺演出和慰问活动。这标志着由中宣部、文化和旅游部、新闻出版广电总局、中国文联联合举办的2018年全国"文化进万家"活动在兰考正式启动。

## ▲示例 26

11月7日,上海打浦桥附近的一家餐厅促销出奇招! 按照就餐者的体重打折,越重折扣越高,最胖的195斤以上的可以打到5.8折。从该餐厅门口的公告牌可见,100斤以下的苗条妹子不打折,全价! 女生100~120斤,男生100~150斤,打8.8折;女生160斤以上男生195斤以上,可享受5.8折优惠。餐厅门口不少食客前来排队称重,餐厅工作人员称,大多数人都是冲着这个活动来用餐的。餐厅为了吸引眼球,可谓是脑洞大开,花样百出!

## ▲示例 27

寒假临近,各高校学子们在期末大考中做着最后的"挣扎"。1月15日,四川某传媒职业学院思修课期末考试放了个"大招":一学期完了,你认不认得你的授课老师? 一道"态度题"引起考生议论纷纷,这道"选出你本课程的授课教师,请在其照片对应括号内正确写出名字"的题目,不仅让一些学生一脸懵,而且一经网络发布后也引发网友围观。题目新颖,而且答对不得分,答错却扣41分的评分标准,也让大家惊呼"答错了那可是送命"。

## ▲示例 28

今年29岁的饶源(化名),在广东某高校做科研工作,是去年全国入选博士后创新人才支持计划的三百人之一,光凭这一点,就看得出来,她很优秀。但让人惋惜的是,出身农村,一心想靠科研改变自己命运,泡在实验室十年,连微信朋友圈都不看的饶源,竟然在1月初短短5天时间内被骗了85万,甚至在被骗的过程中,饶源还数次表示"感谢公检法工作人员,为人民的清白,晚上加班加点。"

## ▲示例 29

萍乡一所知名的民办学校,其新校区内欧式建筑、塑胶跑道、游泳馆、风雨球场等相关配套设施完善,然而这样高大上的学校却让家长们"提心吊胆"。因为新校区置身当地工业园内,众多化工企业与学校毗邻,环评专家组认为,没有消除环境风险源不得招收学生并展开教学活动。一方面,学校未批先建且无法办理相关手续;另一方面,学校却一路绿灯,招收数千名学生入读。如今,面对一时难以消除的环境风险源,学生们该何去何从成了一个待解的难题。

## ▲示例 30

央视网消息 《感动中国2020年度人物颁奖盛典》2月17日晚在总台央视综合频道播出。

获得"感动中国2020年度人物"荣誉的有:身患绝症坚守抗疫一线的"人民英雄"张定宇,为救援群众牺牲在洪水中的消防员陈陆,改变山区女童命运的公益校长张桂梅,创办爱心厨房温暖无数人的万佐成、熊庚香夫妇,战功赫赫的志愿军英雄王海,疫情中志愿服务、守护医护的快递员汪勇,与时间赛跑的北斗三号卫星首席总设计师谢军,毕生致力于传播中国传统文化的女学者叶嘉莹,向绝壁要天路、带领村民脱贫致富的当代"愚公"毛相林,不畏艰险丈量祖国山河、六十七年初心不改的国测一大队。

### ▲示例 31

近日,中央网信办印发《关于进一步加强娱乐明星网上信息规范相关工作的通知》要求,严把娱乐明星网上信息内容导向,加强正面引导,建立负面清单,禁止娱乐明星网上信息含有宣扬畸形审美、低俗绯闻炒作、恶意刷量控评、虚假不实爆料、诱导非理性追星等内容。明星是在某个领域内有一定影响力的人物,像一些较有名气的演员、歌手、艺人、运动员等,他们在现实生活中,凝聚了很多人的关注,甚至有很多人倾心追逐。当前互联网环境下,明星效应很容易被放大,其一言一行影响力巨大。令人忧心的是,近年来流量至上、畸形审美、"饭圈"乱象等不良文化冲击主流价值观,带来网上"负能量"。一些网上有关明星的宣传信息内容失范,绯闻八卦、隐私爆料占据网站平台头条版面、热搜榜单,占用大量公共平台资源。这是娱乐明星与网络文化融合中产生的畸形现象,是网络生态野蛮生长的恶果,必须坚决制止。

### ▲示例 32

"老张家小子真争气,上大学学了本事又回老家,这一年带领咱村干了不少大事!"在辽宁省东港市龙王庙镇南围村,村民们交口称赞的"老张家小子"叫张俊平,在东港市实施的乡村人才振兴"归巢行动"中应聘回村工作,村级换届选举中,他当选村党总支书记。

去年,东港市开始实施"归巢行动",鼓励引导东港籍高校毕业生回村工作。仅一年,就有 233 名大学生回乡,实现了全市 206 个行政村"全覆盖"。在 2020 年村"两委"换届中,18 名回乡大学生进入村"两委",其中两人当选村党组织书记。"吸引大学生返乡的,是奉献家乡的桑梓之情,也是乡村振兴的广阔天地。我们要全力支持他们干事创业,用事业吸引更多优秀人才回得来、留得下。"东港市委组织部部长车世刚说。

### ▲示例 33

60 多年前,一批胸怀爱国之志的交通大学师生,坚决响应党和国家的号召,打起背包就出发,从黄浦江畔迁至渭水之滨,披荆斩棘、治学报国。在交大西迁的进程中,无数可歌可泣的事迹,铸就了"西迁精神"的丰碑。2020 年 4 月,习近平总书记在陕西考察时,来到交大西迁博物馆,仔细端详一张张照片、一件件实物,并亲切会见 14 位西迁老教授,深刻指出"'西迁精神'的核心是爱国主义,精髓是听党指挥跟党走,与党和国家、与民族和人民同呼吸、共命运,具有深刻现实意义和历史意义",强调要"大力弘扬'西迁精神',抓住新时代新机遇,到祖国最需要的地方建功立业,在新征程上创造属于我们这代人的历史功绩"。

## 三、对播新闻训练

### ▲示例 1

男:各位观众晚上好。

女:晚上好。

男:今天是 10 月 14 号星期四,农历九月初九,欢迎收看《新闻联播》节目。

女:首先为您介绍今天节目的主要内容。

男:习近平在中央人大工作会议上发表重要讲话强调,坚持和完善人民代表大会制度,不断发展全过程人民民主。李克强、汪洋、王沪宁、赵乐际、韩正、王岐山出席，栗战书讲话。

女：习近平向第130届中国进出口商品交易会致贺信。

男：李克强出席第130届中国进出口商品交易会暨珠江国际贸易论坛开幕式。

女：李克强对全国老龄工作会议作出重要批示强调，实施积极应对人口老龄化国家战略，推动老龄事业和产业高质量发展。

男：韩正出席全国老龄工作会议。

女：系列报道，在习近平新时代中国特色社会主义思想指引下，今天关注中央积极应对人口老龄化，让老年人共享改革发展成果，安享幸福晚年。

男：神舟13号发射窗口确定，航天员乘组举行见面会。

女：国际人士积极评价习近平主席在《生物多样性公约》第15次缔约方大会领导人峰会上的主旨讲话。

男：俄罗斯总统普京表示，中国是俄罗斯最可靠的伙伴。俄中在各领域保持富有成效的合作。

女：各位观众，今天的新闻联播节目大约需要43分钟，接下来请您收看详细内容。

女：中央人大工作会议10月13日至14日在北京召开。中共中央总书记、国家主席、中央军委主席习近平出席会议并发表重要讲话，强调人民代表大会制度是符合我国国情和实际、体现社会主义国家性质、保证人民当家作主、保障实现中华民族伟大复兴的好制度，是我们党领导人民在人类政治制度史上的伟大创造，是在我国政治发展史乃至世界政治发展史上具有重大意义的全新政治制度。我们要坚持中国特色社会主义政治发展道路，坚持和完善人民代表大会制度，加强和改进新时代人大工作，不断发展全过程人民民主，巩固和发展生动活泼、安定团结的政治局面。中共中央政治局常委李克强、汪洋、王沪宁、赵乐际、韩正，国家副主席王岐山出席会议。中共中央政治局常委、全国人大常委会委员长栗战书作总结讲话。

（配音）习近平在讲话中指出，人民代表大会制度，坚持中国共产党领导，坚持马克思主义国家学说的基本原则，适应人民民主专政的国体，有效保证国家沿着社会主义道路前进。人民代表大会制度，坚持国家一切权力属于人民，最大限度保障人民当家作主，把党的领导、人民当家作主、依法治国有机结合起来，有效保证国家治理跳出治乱兴衰的历史周期率。60多年来特别是改革开放40多年来，人民代表大会制度为党领导人民创造经济快速发展奇迹和社会长期稳定奇迹提供了重要制度保障。

习近平强调，党的十八大以来，党中央统筹中华民族伟大复兴战略全局和世界百年未有之大变局，从坚持和完善党的领导、巩固中国特色社会主义制度的战略全局出发，继续推进人民代表大会制度理论和实践创新，提出一系列新理念新思想新要求，强调必须坚持中国共产党领导，必须坚持用制度体系保障人民当家作主，必须坚持全面依法治国，必须坚持民主集中制，必须坚持中国特色社会主义政治发展道路，必须坚持推进国家治理体系和治理能力现代化。

习近平指出，当今世界正经历百年未有之大变局，制度竞争是综合国力竞争的重要方面，制度优势是一个国家赢得战略主动的重要优势。历史和现实都表明，制度稳则国家稳，制度强则国家强。我们要毫不动摇坚持、与时俱进完善人民代表大会制度，加强和改进新时代人大工作。

习近平强调，要全面贯彻实施宪法，维护宪法权威和尊严。全国人大及其常委会要完善宪法相关法律制度，保证宪法确立的制度、原则、规则得到全面实施，要加强对宪法法律实施情况的监督检查。地方各级人大及其常委会要依法行使职权，保证宪法法律在本行政区域内得到遵守和执行，自觉维护国家法治统一。

习近平指出，要加快完善中国特色社会主义法律体系，以良法促进发展、保障善治。要加强党对立法工作的集中统一领导，把改革发展决策同立法决策更好结合起来，统筹推进国内法治和涉外法治，统筹立改废释纂，加强重点领域、新兴领域、涉外领域立法。要发挥好人大及其常委会在立法工作中的主导作用，深入推进科学立法、民主立法、依法立法。

习近平强调,要用好宪法赋予人大的监督权,实行正确监督、有效监督、依法监督。各级人大及其常委会要聚焦党中央重大决策部署,聚焦人民群众所思所盼所愿,推动解决制约经济社会发展的突出矛盾和问题。要加强对法律法规实施情况的监督,完善人大监督制度。各级"一府一委两院"要严格执行人大及其常委会制定的法律法规和作出的决议决定,依法报告工作,自觉接受人大监督。

习近平指出,要充分发挥人大代表作用,做到民有所呼、我有所应。要丰富人大代表联系人民群众的内容和形式,更好接地气、察民情、聚民智、惠民生。各级人大常委会要加强代表工作能力建设,支持和保障代表更好依法履职。人大代表肩负人民赋予的光荣职责,要站稳政治立场,履行政治责任,密切同人民群众的联系,展现新时代人大代表的风采。

习近平强调,要强化政治机关意识,加强人大自身建设。各级人大及其常委会要不断提高政治判断力、政治领悟力、政治执行力,全面加强自身建设,成为自觉坚持中国共产党领导的政治机关、保证人民当家作主的国家权力机关、全面担负宪法法律赋予的各项职责的工作机关、始终同人民群众保持密切联系的代表机关。

习近平指出,要加强党对人大工作的全面领导。各级党委要把人大工作摆在重要位置,完善党领导人大工作的制度,定期听取人大常委会党组工作汇报,研究解决人大工作中的重大问题。要支持人大及其常委会依法行使职权、开展工作,指导和督促"一府一委两院"自觉接受人大监督。各级人大常委会党组要认真执行党的领导各项制度,落实好全面从严治党主体责任。

习近平强调,民主是全人类的共同价值,是中国共产党和中国人民始终不渝坚持的重要理念。评价一个国家政治制度是不是民主的、有效的,主要看国家领导层能否依法有序更替,全体人民能否依法管理国家事务和社会事务、管理经济和文化事业,人民群众能否畅通表达利益要求,社会各方面能否有效参与国家政治生活,国家决策能否实现科学化、民主化,各方面人才能否通过公平竞争进入国家领导和管理体系,执政党能否依照宪法法律规定实现对国家事务的领导,权力运用能否得到有效制约和监督。

习近平指出,民主不是装饰品,不是用来做摆设的,而是要用来解决人民需要解决的问题的。一个国家民主不民主,关键在于是不是真正做到了人民当家作主,要看人民有没有投票权,更要看人民有没有广泛参与权;要看人民在选举过程中得到了什么口头许诺,更要看选举后这些承诺实现了多少;要看制度和法律规定了什么样的政治程序和政治规则,更要看这些制度和法律是不是真正得到了执行;要看权力运行规则和程序是否民主,更要看权力是否真正受到人民监督和制约。如果人民只有在投票时被唤醒、投票后就进入休眠期,只有竞选时聆听天花乱坠的口号、竞选后就毫无发言权,只有拉票时受宠、选举后就被冷落,这样的民主不是真正的民主。

习近平强调,民主是各国人民的权利,而不是少数国家的专利。一个国家是不是民主,应该由这个国家的人民来评判,而不应该由外部少数人指手画脚来评判。国际社会哪个国家是不是民主的,应该由国际社会共同来评判,而不应该由自以为是的少数国家来评判。实现民主有多种方式,不可能千篇一律。用单一的标尺衡量世界丰富多彩的政治制度,用单调的眼光审视人类五彩缤纷的政治文明,本身就是不民主的。

习近平指出,党的十八大以来,我们深化对民主政治发展规律的认识,提出全过程人民民主的重大理念。我国全过程人民民主不仅有完整的制度程序,而且有完整的参与实践。我国全过程人民民主实现了过程民主和成果民主、程序民主和实质民主、直接民主和间接民主、人民民主和国家意志相统一,是全链条、全方位、全覆盖的民主,是最广泛、最真实、最管用的社会主义民主。我们要继续推进全过程人民民主建设,把人民当家作主具体地、现实地体现到党治国理政的政策措施上来,具体地、现实地体现到党和国家机关各个方面各个层级工作上来,具体地、现实地体现到实现人民对美好生活向往的工作上来。

习近平强调,人民代表大会制度是实现我国全过程人民民主的重要制度载体。要在党的领导下,不断扩大人民有序政治参与,加强人权法治保障,保证人民依法享有广泛权利和自由。要保证人民依法行使选举权利,民主选举产生人大代表,保证人民的知情权、参与权、表达权、监督权落实到人大工作各方面各环节全过程,确保党和国家在决策、执行、监督落实各个环节都能听到来自人民的声音。要完善人大的民主民意表达平台和载体,健全吸纳民意、汇集民智的工作机制,推进人大协商、立法协商,把各方面社情民意统一于最广大人民根本利益之中。

栗战书围绕学习贯彻习近平总书记的重要讲话精神作了总结讲话。他指出,习近平总书记的重要讲话,从完善和发展中国特色社会主义制度、推进国家治理体系和治理能力现代化的战略高度,明确提出新时代加强和改进人大工作的指导思想、重大原则和主要工作,深刻回答新时代发展中国特色社会主义民主政治、坚持和完善人民代表大会制度的一系列重大理论和实践问题。讲话丰富和拓展了中国特色社会主义民主政治和人民代表大会制度的政治内涵、理论内涵、实践内涵,是一篇充满马克思主义真理力量的纲领性文献。

栗战书强调,要全面、认真贯彻落实习近平总书记重要讲话精神,旗帜鲜明、坚定不移贯彻落实坚持党的领导这一最高政治原则,确保人大各项工作都在党的领导下进行;保持政治上的清醒和坚定,始终坚持中国特色社会主义政治发展道路这一根本方向;高举人民民主的旗帜,发挥好人民代表大会制度作为实现我国全过程人民民主的重要制度载体作用;围绕党和国家工作大局开展人大工作,切实做到党和国家工作重心在哪里,人大工作就跟进到哪里,力量就汇聚到哪里,作用就发挥到哪里;切实做好人大代表工作,使发挥各级人大代表作用成为人民当家作主的重要体现。要着力推动人大工作高质量发展,让人民代表大会制度优势更好转化为国家治理效能。要全面加强人大自身建设,增强"四个意识"、坚定"四个自信"、做到"两个维护",努力打造让党中央放心、人民群众满意的政治机关、国家权力机关、工作机关、代表机关。

中共中央政治局委员、中央书记处书记,全国人大常委会副委员长,国务委员,最高人民法院院长,最高人民检察院检察长,全国政协有关领导同志等出席会议。

各省、自治区、直辖市党委书记和人大常委会负责同志,副省级城市人大常委会主任,中央和国家机关各部门、有关人民团体、中央军委机关有关部门主要负责同志,全国人大常委会和各专门委员会、常委会工作委员会有关负责同志等参加会议。

男:本台今天(10月14日)播发央视快评《不断发展全过程人民民主》。

女:本台消息,10月14日,国家主席习近平向第130届中国进出口商品交易会(广交会)致贺信。

习近平指出,广交会创办65年来,为服务国际贸易、促进内外联通、推动经济发展作出了重要贡献。当前,世界百年变局和世纪疫情交织叠加,世界经济贸易面临深刻变革。广交会要服务构建新发展格局,创新机制,丰富业态,拓展功能,努力打造成为中国全方位对外开放、促进国际贸易高质量发展、联通国内国际双循环的重要平台。中国愿同世界各国携起手来,秉持真正的多边主义,推动建设高水平开放型世界经济。

第130届中国进出口商品交易会当天在广东省广州市开幕,主题为"促进国内国际双循环",由商务部和广东省人民政府共同主办。

(配音)国务院总理李克强14日下午在广州出席第130届中国进出口商品交易会暨珠江国际贸易论坛开幕式,发表主旨演讲并宣布广交会开幕。

李克强表示,习近平主席为此次广交会发来贺信,表明了中国坚定推进改革开放的决心。

李克强指出，当前，国际形势复杂深刻变化。我们应当展现出团结的意志、包容的胸怀、开放的决心和合作的诚意，坚持生命至上，携手抗击疫情；坚持开放合作，共促经济复苏；坚持包容普惠，推动共同发展。

李克强介绍了当前中国经济形势，表示今年以来，中国经济保持平稳运行，主要宏观指标运行在合理区间。中国经济发展呈现出强劲韧性和巨大活力，有能力、有信心实现全年目标任务。我们将依托产业和市场优势，加快推动外贸创新发展，加快发展海外仓等新业态，打造一批全球贸易数字化领航区。持续打造市场化、法治化、国际化营商环境，进一步压缩外资准入负面清单，实现自贸试验区负面清单制造业条目清零，持续放宽服务业准入，让中国始终成为外商投资的"沃土"。积极参与完善国际经贸规则，同有关各方共同推动RCEP尽早生效实施，积极推动加入CPTPP进程，商签更多高标准自由贸易协定。

李克强强调，中国的发展将始终在改革中推进、在开放中前行。中国将继续攀登改革开放新高地。我们愿与世界各国共享发展机遇、共绘发展蓝图，实现更好发展。

秘鲁总统卡斯蒂略、俄罗斯总理米舒斯京、匈牙利总理欧尔班、马来西亚总理伊斯迈尔、科特迪瓦总理阿希以及联合国贸发会议秘书长格林斯潘以视频方式致辞。

开幕式前，李克强参观了广交会发展史陈列馆。

胡春华主持开幕式。李希、肖捷出席。

男：本台消息，10月14日，中共中央政治局常委、国务院总理李克强对全国老龄工作会议作出重要批示。批示指出，老龄工作事关亿万老年人家庭福祉和国家发展全局。近年来，在各地区各部门共同努力下，老龄事业发展取得显著成效。要坚持以习近平新时代中国特色社会主义思想为指导，认真贯彻党中央、国务院决策部署，实施积极应对人口老龄化国家战略，聚焦广大老年人在社会保障、养老、医疗等民生问题上的"急难愁盼"，深化相关改革，健全老龄工作政策、制度和工作机制，推动老龄事业和产业高质量发展，积极发展社区养老，更好发挥社会力量作用，满足老年人多层次、多样化需求。加强老年病预防和早期干预，构建失能老人照护体系。各级政府要认真履职、尽力而为、量力而行，注重改善老年人居住生活环境，丰富老年人精神文化生活，维护老年人尊严和权益，营造养老孝老敬老社会氛围，不断提升广大老年人的获得感、幸福感、安全感。

(配音)全国老龄工作会议10月14日在京召开。会议认真学习习近平总书记对老龄工作的重要指示，学习李克强总理的重要批示。中共中央政治局常委、国务院副总理韩正出席会议并讲话。

韩正表示，党的十八大以来，各地区、各有关部门认真贯彻落实党中央、国务院决策部署，我国老龄事业发展取得一系列新成就。要深入学习领会习近平总书记关于老龄工作的重要讲话和指示批示精神，从全局和战略高度，深刻认识做好老龄工作的重要性、紧迫性，全面落实老龄工作重点任务，推动新时代老龄事业发展不断迈上新台阶。

韩正强调，要进一步完善多层次养老保障体系，健全基本养老保险制度，逐步提高养老保障水平，加快发展第二、第三支柱养老保险。要加快健全养老服务体系，大力发展居家和社区养老服务，提升机构养老服务质量，补齐农村养老服务短板。要切实加强老年健康服务，强化老年人健康管理，提升老年医疗服务能力，发展社区和居家医养结合服务，完善医疗保险等制度。要加快推动老龄产业发展，加强老龄产业规划、标准等基础性工作，激活老年用品和服务市场，优化老龄产业发展环境。要着力构建老年友好型社会，加强老年宜居环境建设，支持老年人参与经济社会发展，进一步做好老年人社会优待工作，切实维护老年人合法权益。要加强对老龄工作的组织领导，形成强大合力，提升老龄工作的质量和效率。

孙春兰出席会议并作总结讲话，王勇出席会议。

女：本台消息,今天出版的人民日报发表评论员文章,题目是《开启人类高质量发展新征程——论习近平主席在〈生物多样性公约〉第十五次缔约方大会领导人峰会上主旨讲话》。

男：党的十八大以来,中央加快积极应对人口老龄化的部署,推动养老事业和养老产业协同发展,构建居家社区机构相协调、医养康养相结合的养老服务体系,托起2.6亿老年人的幸福"夕阳红"。

(配音)重阳节前,山东青岛市77岁的都瑞云老人从养老院搬回了自己的家里,今年青岛市实现居家养老城乡社区全覆盖,每月2600元老两口在家里就能享受到跟养老院同样的服务,费用比在养老院减少了三分之二。

党的十八大以来,中央全面布局以居家为基础、社区为依托、机构为支撑的养老服务体系,实施积极应对人口老龄化上升为国家战略。中央财政支持203个地区开展居家和社区养老服务改革试点,截至2020年底,全国有29.1万的居家社区养老机构,老人不出社区就可以享受到助餐、助洁、助医等专业照护。

农村地区养老服务的短板也在补齐,提档升级改造乡镇敬老院,补齐县级失能老年人照护中心,超过50%以上的农村社区建起了养老服务设施。重庆市大兴镇船形村的互助养老站设有文化教育、医疗康复、生活照料等设施,可以提供临时托管和日间照料服务。

在此基础上,一些地方还积极尝试"互助式"养老模式,实现了"老有所为"与"老有所养"相结合。在河北省承德市高新区滨河社区,有一支50多人的老年志愿队,为社区的高龄老人提供送餐、精神慰藉等服务。吴崇强老人行动不便,每到中午,社区里的志愿者就会给他上门送餐。

如今,我国基本养老保险覆盖已经超过10亿人,退休人员养老金实现"17连涨",3000多万80周岁以上老年人享受高龄补贴。老年人社会优待政策基本建立。

"十四五"时期,人人公平可及的基本养老服务体系将逐步健全,到2025年,基本建立区县、街道(乡镇)、城乡社区三级养老服务网络,满足亿万老年人对美好生活的新期待。

女：今天(10月14日)是九九重阳节,各地举办多种活动给老人们送去温暖,进一步做实做细养老服务,大力弘扬孝亲敬老传统美德。

(配音)在河北黄骅,一场老年趣味运动会热热闹闹,冰球、运乒乓球等让大家在轻松愉悦的氛围中锻炼了身体;在吉林松花湖畔,老人跳起长鼓舞、放风筝,展现新时代老人的精神风貌。

爱满重阳节,浓浓敬老情。浙江淳安昌墅村将新收的稻谷煮成米饭,请老人品尝;福建永春组织老人参观非遗项目,体验纸织画制作等,过一个别样的重阳节;安徽滁州的志愿者为金婚老人拍照,用镜头记录他们相濡以沫的幸福生活;江西南昌的99对老人举行集体金婚庆典,浪漫过重阳。

做实做细养老服务。江苏泰州运用"大数据+网格化"的管理模式,第一时间解决老人们生活中遇到的困难;甘肃兰州城关区依托社会资源,吸纳上百家服务企业,为老年人提供生活照料、医疗护理、紧急援助等4大类150多项服务;这段时间,重庆两江新区对设施陈旧、设备配置不足的敬老院按照"热水供应常态化、卫浴空间适老化"的要求全面改造;针对农村空巢老人多的实际,湖南常德鼎城区建成280处农村"幸福屋",老人如果在"幸福屋"吃午饭,一天只需缴纳1到4元。

男：今天下午,神舟十三号载人飞行任务新闻发布会在酒泉卫星发射中心举行,航天员乘组亮相。

(配音)发布会上,任务总指挥部介绍了神舟十三号载人飞行任务有关情况和空间站后续建造规划。

神舟十三号载人飞行任务乘组由航天员翟志刚、王亚平和叶光富组成,翟志刚担任指令长。

目前,天和核心舱与天舟二号、天舟三号组合体状态和各项设备工作正常,具备交会对接与航天员进驻条件。发射场系统各项工作准备就绪。

(配音)国家统计局今天(10月14日)发布前三季度居民消费价格和工业品价格变化情况。

9月份,全国居民消费价格同比上涨0.7%。其中,食品价格下降5.2%,非食品价格上涨2.0%;1到9月平均,全国居民消费价格比去年同期上涨0.6%。

受国际能源价格上涨、国内供应偏紧等因素影响,9月份,工业生产者出厂价格指数PPI上涨10.7%,涨幅比上月扩大1.2个百分点。随着国家有关部门出台增产增供措施,加快释放优质产能,上游原材料价格有望逐步回落。

(配音)国新办今天(10月14日)就深圳综合改革试点实施一周年主要进展情况举行发布会。据介绍,一年来,相关举措已经落实,取得实质进展。首批40条授权事项中,22条已经正式落地,其他18条事项正在有序推进。农用地转建设用地审批权等一批重要经济社会管理权限下放顺利推进;深圳在科技创新、要素市场化配置、民生服务供给、国际规则对接等重点领域关键环节改革取得突破;推进知识产权侵权惩罚性赔偿等一批具有标志性、引领性的改革方案积极实施;率先制定了经济特区数据条例,率先建立了完整的生态系统生产总值核算制度体系,一批重要的实践创新成果和制度创新成果不断形成。

(配音)联合国生物多样性大会今天(10月14日)进入会期第四天,大会的平行活动生态文明论坛以"同舟共济,共建万物和谐的美丽世界"为主题,邀请来自联合国相关机构、国内外政府部门、国内外知名科研机构等800多个单位的2000余位代表通过线上、线下方式参会。

在论坛开幕式上,生态环境部会同有关部门为100个获得第五批国家生态文明建设示范区和49个"绿水青山就是金山银山"实践创新基地的地区进行了授牌。

(配音)国家卫生健康委今天(10月14日)通报,10月13日0—24时,31个省(自治区、直辖市)和新疆生产建设兵团报告新增新冠肺炎确诊病例21例;其中境外输入病例20例,含2例由无症状感染者转为确诊病例;本土病例1例。新增无症状感染者22例。截至10月13日24时,现有确诊病例630例。截至10月13日,各地累计报告接种新冠病毒疫苗222550.4万剂次。

女:下面来看一组联播快讯。

(配音)台湾高雄一高层大楼今天凌晨2时多发生火灾,多个楼层严重烧毁,目前已造成46人死亡,数十人送医。火势在上午7时后被基本控制。着火的大楼为商住两用,建成已40年。目前,起火原因正在调查当中。火灾发生后,国务院台办、海峡两岸关系协会向此次事故罹难的同胞表达深切哀悼,向受伤同胞和相关人员家属表达诚挚的慰问。

第四届进博会昨天(10月13日)启动线上国家展试运行,通过图片、视频和3D模型等展示参展国发展成就、优势产业、文化旅游、代表性企业等。第四届进博会开幕时,线上国家展将同步正式运行。

今天(10月14日),浙江缙云举行祭祀轩辕黄帝大典,今年的活动主题为"四海同心祭始祖,共同富裕启华章",采用线上线下相结合的方式举办。

第七届全国职工职业技能大赛决赛今天(10月14日)在成都开幕。未来三天,来自全国32支代表队540名选手将在钳工、焊工、工业机器人操作调整工、网络与信息安全管理员等6个工种中展开角逐。

女:多国人士表示,习近平主席在《生物多样性公约》第十五次缔约方大会领导人峰会上发表的主旨讲话,提出开启人类高质量发展新征程的重要倡议,为共同构建地球生命共同体凝聚强大合力,中国负责任大国的担当为推进全球生态文明建设注入新的动力。

(配音)国际人士指出,习近平主席在讲话中强调共建地球生命共同体的理念,首次提出三个构建"地球家园"的愿景,体现了中国与国际社会携手推进全球生物多样性治理、共同建设清洁美丽世界的坚定决心。

国际人士指出,习近平主席在主旨讲话中明确提出开启人类高质量发展新征程的4点主张,描绘了未来高质量发展的"路线图",为国际社会应对当前挑战提供了"中国方案"。

多国人士表示,习近平主席宣布了一系列持续推进生态文明建设的务实举措,为世界树立了榜样,为加强生物多样性保护、提升全球环境治理水平带来了强劲动力。

男:俄罗斯总统普京13日表示,中国是俄罗斯最可靠的伙伴,在各领域保持着富有成效的合作。

(配音)普京当天在莫斯科举行的"俄罗斯能源周"全体会议上回答提问时说,在疫情背景下,俄中双方经贸合作逆势上扬,两国在能源领域的合作也同样富有成效。

同一天,普京在接受美国媒体采访时指出,建立类似"美英澳三边安全伙伴关系"这样针对别国的联盟无疑会破坏地区稳定,希望这一联盟不会加剧亚太地区的紧张局势。

(配音)根据世卫组织最新统计数据,全球累计新冠肺炎确诊病例达到238 521 855例,累计死亡病例为4 863 818例。

世卫组织13日表示,全球新冠肺炎单周新增死亡病例数量继续下降,已降至近一年来的最低水平。世卫组织同时指出,在获得疫苗最少的国家和人群中,新冠肺炎的死亡率最高。

截至北京时间今天(10月14日)16点,美国累计确诊病例超过4468万例,死亡病例超过71.9万例。

据美国广播公司等多家媒体报道,根据凯泽家庭基金会和彼得森医疗中心的一项数据分析显示,新冠肺炎是今年9月份美国35岁至54岁人群的头号死亡原因。

男:今天的《新闻联播》播送完了,感谢收看。

女:要获取更多新闻资讯,请您关注央视新闻客户端,获取更多移动视频,请您下载央视频,观众朋友再见。

男:再见。

(中央电视台《新闻联播》2021年10月14日播出)

▲示例2

甲:本台消息　全国政协主席汪洋昨天(10月12日)在北京以视频方式会见柬埔寨参议院主席赛冲。

汪洋表示,中柬两国传统友好,去年以来,习近平主席会见了西哈莫尼国王和莫尼列太后,向莫尼列太后颁授友谊勋章,同洪森首相保持战略沟通,充分彰显了中柬关系的战略性和特殊性。双方要发挥高层交往对双边关系的政治引领作用,在涉及彼此核心利益问题上相互给予坚定支持,深化各领域合作,共建"一带一路",实现共同发展。中国全国政协愿同柬参议院继续保持各层级交往,为构建中柬命运共同体作出积极努力。

赛冲祝贺中国取得的辉煌成就,感谢中方长期以来的支持帮助,表示愿与中方加强抗疫合作,柬参议院愿加强同中国全国政协交流合作,推动柬中关系不断发展。

李斌、辜胜阻参加会见。

乙:国家主席习近平昨天(10月12日)下午以视频方式出席在昆明举行的《生物多样性公约》第十五次缔约方大会领导人峰会并发表主旨讲话,总台央广记者潘毅报道。

习近平指出,生物多样性使地球充满生机,也是人类生存和发展的基础。保护生物多样性有助于维护地球家园,促进人类可持续发展。

习近平强调,人与自然应和谐共生。我们要尊重自然、顺应自然、保护自然,构建人与自然和谐共生的地球家园。

习近平强调，我们处在一个充满挑战、也充满希望的时代。为了我们共同的未来，我们要携手同行，开启人类高质量发展新征程。

第一，以生态文明建设为引领，协调人与自然关系。

第二，以绿色转型为驱动，助力全球可持续发展。

第三，以人民福祉为中心，促进社会公平正义。

第四，以国际法为基础，维护公平合理的国际治理体系。

习近平指出，中国生态文明建设取得了显著成效。中国将持续推进生态文明建设，坚定不移贯彻创新、协调、绿色、开放、共享的新发展理念，建设美丽中国。

习近平宣布，中国将率先出资15亿元人民币，成立昆明生物多样性基金，支持发展中国家生物多样性保护事业。中方呼吁并欢迎各方为基金出资。

习近平指出，"为加强生物多样性保护，中国正加快构建以国家公园为主体的自然保护地体系，逐步把自然生态系统最重要、自然景观最独特、自然遗产最精华、生物多样性最富集的区域纳入国家公园体系。为推动实现碳达峰、碳中和目标，中国将陆续发布重点领域和行业碳达峰实施方案和一系列支撑保障措施，构建起碳达峰、碳中和"1+N"政策体系。中国将持续推进产业结构和能源结构调整，大力发展可再生能源，在沙漠、戈壁、荒漠地区加快规划建设大型风电光伏基地项目。"

习近平最后强调，"人不负青山，青山定不负人。生态文明是人类文明发展的历史趋势。让我们携起手来，秉持生态文明理念，站在为子孙后代负责的高度，共同构建地球生命共同体，共同建设清洁美丽的世界！"

《生物多样性公约》第十五次缔约方大会领导人峰会于昨天（10月12日）在昆明以线上线下结合方式举行，联合国秘书长古特雷斯、俄罗斯总统普京、埃及总统塞西、土耳其总统埃尔多安、法国总统马克龙、哥斯达黎加总统阿尔瓦拉多、吉尔吉斯斯坦总统扎帕罗夫、巴布亚新几内亚总理马拉佩、英国王储查尔斯等以视频方式出席。

**国内简讯：**

甲：经中央军委批准，10月11日至12日组织全军思想政治教育创新集训。集训围绕深入学习贯彻习主席关于加强和改进人民军队思想政治教育工作的一系列重要指示和要求，聚焦坚持不懈用习近平强军思想铸魂育人，落实全军思想政治教育工作会议精神，突出提高灌输授课质效，学习授课新法、研究抓教难题、推广示范成果，为推进强军事业提供坚强思想政治保证。

乙：中国汽车工业协会10月12日发布数据，今年9月，我国汽车产销分别达到207.7万辆和206.7万辆，环比上月增长20.4%和14.9%。其中，新能源汽车产销分别达到35.3万辆和35.7万辆，产销再创新高。

甲：公安部10月12日发布，截至今年9月，全国机动车保有量达3.90亿辆，机动车驾驶人4.76亿人。

乙：中老铁路全线铺轨10月12日完成，静态验收全面展开。今年年底，全线将开通运营。

甲：太湖世界文化论坛第六届年会10月12日在安徽蚌埠开幕。来自30多个国家和地区的近500位中外嘉宾通过线上与线下相结合的方式与会。

乙：第七届中国国际"互联网+"大学生创新创业大赛总决赛10月12日开幕。今年大赛新设"本科生创意组"，并设置单独晋级通道，大赛同期举办创新创业成果展。自2015年首届大赛举办以来，已累计603万个团队、2533万名大学生参赛。

**国际简讯：**

甲：联合国大会负责法律事务的第六委员会10月12日就"国内与国际法治"议题举行一般性辩论。中国常驻联合国副代表耿爽在发言中强调，个别国家避而不谈国际法，反而鼓吹"基于规则的国际秩序"，是在搞移花接木、偷梁换柱的把戏，其实质是对法治精神的违背，体现的不是多边主义和民主正义，而是单边主义和强权政治。联合国应高举真正的多边主义旗帜，加强国际法治，完善全球治理，坚定维护以国际法为基础的国际秩序。

乙：世界卫生组织公布的最新数据显示，全球新冠肺炎确诊病例较前一天增加257 154例，达到237 655 302例；死亡病例增加4148例，达到4 846 981例。

根据美国约翰斯·霍普金斯大学的统计，截至北京时间10月13日5时21分，美国累计新冠肺炎确诊病例44 535 321例，死亡715 413例。过去24小时新增确诊病例111 273例，新增死亡病例1511例。

甲：国际货币基金组织10月12日在最新一期《全球经济展望报告》中表示，2021年全球经济有望持续复苏但势头趋缓，预计全年增长率为5.9%，较7月份预测值下调0.1个百分点。受持续的供应链中断和定价压力等影响，短期内发达经济体复苏增速受阻，预计2021年美国经济增速为6%，较前预测值大幅下调1个百分点。同时，报告预计中国经济今年将增长8%。

乙：美国皮尤研究中心10月12日发布一项调查报告称，过去十年间美国家庭数量的增长率达到历史最低点。

甲：本台消息，《生物多样性公约》第十五次缔约方大会领导人峰会昨天（10月12日）在中国昆明举行。国家主席习近平通过视频在峰会上发表了主旨讲话。中共中央政治局常委、国务院副总理韩正出席峰会并致辞。

韩正指出，地球是我们的共同家园，生物多样性是地球生命共同体的血脉和根基。当前，我们正处在加强生物多样性保护、推进全球环境治理的关键时期。我们有责任积极行动起来，大力推进生态保护修复，不断增强生态系统的韧性，守护好我们唯一的地球家园。期待各方在这次大会上以最大的政治决心，积极应对生物多样性面临的巨大挑战，共启全球生物多样性治理新进程，为共建地球生命共同体贡献智慧和力量。

韩正表示，在习近平生态文明思想的指引下，中国坚定不移走绿色、低碳、可持续发展之路。作为世界上最大的发展中国家，中国将全面推进人与自然和谐共生的现代化，采取更加务实有力的政策措施加强生态环境保护，积极承担与发展水平和能力相适应的国际责任，为全球生物多样性治理作出应有贡献。

乙：本台消息　国务院总理李克强10月12日下午在中南海紫光阁同蒙古国总理奥云额尔登举行视频会晤。

李克强表示，中蒙是山水相连的邻邦。两国关系发展良好，务实合作持续推进。今年7月，习近平主席同呼日勒苏赫总统通话，就深化中蒙关系发展达成重要共识。当前两国都面临抗击疫情、发展经济、保障民生的任务。双方加强合作对两国、对地区都有利。

李克强指出，中方愿同蒙方加强发展战略对接，拓展重点领域合作，扩大双边贸易，在有效防控疫情前提下便利口岸通关、增加口岸过货量。希望双方进一步落实防沙治沙合作，共创清洁美丽的生态环境。中方将一如既往支持蒙方发展经济、改善民生、抗击疫情，愿提供力所能及的支持。

李克强强调，能源安全事关国计民生。中国有丰富的煤炭资源，我们仍然希望开展多元化的能源合作，乐见两国扩大煤炭贸易规模，实现互利共赢。中方鼓励和支持两国企业按照市场原则和商业规则积极开展合作，以长期合理稳定的价格保证能源供应链通畅安全。

奥云额尔登表示,蒙中是命运共同体,蒙方赞赏中方奉行亲诚惠容的周边外交理念。感谢中方向蒙方提供疫苗,两国合作抗疫为国际社会树立了典范。希双方加强矿产、基础设施建设、沙漠化防治等领域合作,提高边境口岸过货量,推动蒙中关系实现更大发展。

甲:本台消息　中共中央总书记、国家主席、中央军委主席习近平《在纪念辛亥革命110周年大会上的讲话》单行本已由人民出版社出版,即日(10月12日)起在全国新华书店发行。

乙:本台消息　中共中央办公厅、国务院办公厅近日印发了《关于推动现代职业教育高质量发展的意见》。

《意见》提出,职业教育是国民教育体系和人力资源开发的重要组成部分,肩负着培养多样化人才、传承技术技能、促进就业创业的重要职责。在全面建设社会主义现代化国家新征程中,职业教育前途广阔、大有可为。

要坚持党的领导,坚持正确办学方向,坚持立德树人,优化类型定位,深入推进育人方式、办学模式、管理体制、保障机制改革,切实增强职业教育适应性,加快构建现代职业教育体系,建设技能型社会,弘扬工匠精神,培养更多高素质技术技能人才、能工巧匠、大国工匠,为全面建设社会主义现代化国家提供有力人才和技能支撑。

主要目标是,到2025年,职业教育类型特色更加鲜明,现代职业教育体系基本建成,技能型社会建设全面推进。办学格局更加优化,办学条件大幅改善,职业本科教育招生规模不低于高等职业教育招生规模的10%,职业教育吸引力和培养质量显著提高。

到2035年,职业教育整体水平进入世界前列,技能型社会基本建成。技术技能人才社会地位大幅提升,职业教育供给与经济社会发展需求高度匹配,在全面建设社会主义现代化国家中的作用显著增强。

甲:联合国生物多样性大会第一阶段会议部长级全体会议昨天(10月12日)举行,与会嘉宾就"共建地球生命共同体"等话题展开讨论,总台记者周尧、陈鸿燕报道。

联合国《生物多样性公约》缔约方大会第十五次会议主席、生态环境部部长黄润秋在会上表示,当前全球物种灭绝速度不断加快,生物多样性丧失和生态系统退化对人类生存和发展构成重大风险。

与会代表一致认为,生物多样性是人类健康和经济增长的基础,同时强调,要实现2020年后全球生物多样性目标,采取实际行动最为重要。

(黄润秋:要将生物多样性保护置于政策制定和实施的优先位置,在粮食系统、基础设施投资、能源、土地利用等方面采取有效措施,实现变革。要加强公共和私营部门的资源调动,建立公开透明的执行机制,扭转生物多样性丧失,实现与自然和谐相处的宏伟目标。)

第一阶段会议高级别会议将于今天(10月13日)下午发布"昆明宣言:迈向生态文明,共建地球生命共同体"。与会各方表示,期待本次大会能够形成生物多样性保护的清晰政策方向。

联合国环境规划署执行主任英格·安德森表示,"'昆明宣言(草案)'显示出非常雄心勃勃又非常明确的框架,我们的框架不是孤立实施的,它必须与更为广泛的整个文化的变化一并实现。"

乙:国家发展改革委昨天(10月12日)印发通知,进一步深化燃煤发电上网电价市场化改革。通知明确,要有序放开全部燃煤发电电量上网电价,扩大市场交易电价上下浮动范围,总台央广记者王逸群报道。

国家发展改革委印发通知明确,燃煤发电电量原则上全部进入电力市场,通过市场交易在"基准价＋上下浮动"范围内形成上网电价。

(国家发展改革委价格司司长万劲松:将燃煤发电市场交易价格浮动范围扩大为上下浮动原则上均不超过20％,高耗能企业市场交易电价不受上浮20％限制。)

通知还提出,要有序推动尚未进入市场的工商业用户全部进入电力市场,取消工商业目录销售电价;要保持居民、农业、公益性事业用电价格稳定。

(万劲松:此次改革确实是电力市场化改革又迈出的重要一步,核心是真正建立起了"能跌能涨"的市场化电价机制。从当前看,改革有利于进一步理顺"煤电"关系,保障电力安全稳定供应;从长远看,将加快推动电力中长期交易、现货市场和辅助服务市场建设发展,促进电力行业高质量发展,支撑新型电力系统建设,服务能源绿色低碳转型。)

国家发展改革委副司长彭绍宗表示,此次改革将在一定程度上缓解燃煤发电企业经营困难的问题。

(彭绍宗:让电价更灵活反映电力供需形势和成本变化,激励企业增加电力供应,抑制不合理电力需求,改善电力供求状况,更好保障电力安全稳定供应。)

甲:本台消息　中央依法治国办会同20多个部门组成的督察组,昨天(10月12日)起赴8省区市开展为期一周的法治政府建设督察。全面了解各地推进法治政府建设、解决法治领域突出问题、推进法治领域重点改革任务等情况,进一步压紧压实法治建设责任,推动法治政府建设率先取得突破。

乙:本台消息　本台播发央视快评《人不负青山　青山定不负人》。

甲:山西省昨天(10月12日)发布,10月2日至7日,山西省出现有气象记录以来最强秋汛。持续强降雨致山西11个市76个县(市、区)175.71万人受灾,因灾死亡15人,失踪3人,紧急转移安置12.01万人。抢险救灾工作正在有序推进,总台驻山西记者张说地、宋云屹、王曦报道。

截至目前,山西省累计发放救助资金2500.1万元;全省各级慈善会共接收捐赠款物共计2.14亿元,部分善款和棉衣棉被等受灾群众急需物资已紧急下拨灾区。

(山西省应急管理厅厅长王启瑞:一是尽力做好受灾群众救助工作;二是抓紧组织排险除患,尽快消除险情;三是加快恢复生产生活秩序,最大限度降低灾情损失。)

自10月2日强降雨以来,山西太原、晋中、长治、晋城、临汾、运城等6个市辖区内的部分生产煤矿受强降雨影响,自行采取了临时的紧急停产撤人措施。

(王启瑞:还有四个矿没有恢复生产,其他矿都已恢复生产,不会对山西省煤炭保供造成影响。)

此外,受降雨影响,山西省76个县在田作物受灾、秋收秋种秋耕推迟。

(山西省农业厅副厅长王进仁:千方百计加快秋收秋种秋耕进度,确保秋粮应收尽收、颗粒归仓,确保秋种应种尽种、面积稳定。)

乙:受连续降雨影响,陕西境内的渭河、北洛河水位上涨,致使沿线部分区县出现不同程度险情,当地正积极开展抢险救援工作,总台驻陕西记者温超、谭海梅、赵亮报道。

10月7日以来,由于北洛河长时间高水位运行,陕西省大荔县朝邑镇紫阳村、赵渡镇乐合村先后出现生产围堤漫堤决口,造成紧急险情。经过四天四夜加班加点的抢堵,昨天(10月12日)下午6点左右,北洛河朝邑镇紫阳村漫堤决口终于被成功封堵。

大荔县洛河防汛抢险指挥部现场抢险组工作人员李中虎介绍,另外一处决口点——赵渡镇乐合村生产围堤漫堤决口也有望在14日完成封堵,实现合龙。

(李中虎:乐合村缺口长80米,已经开始抢修了,堵住以后就再不进水了。)

自河水漫堤造成险情后,大荔县紧急转移受灾群众,设置了14个集中安置点,集中进行医疗和餐饮服务,保障受灾群众的日常生活。

(大荔县洛河防汛抢险指挥部生活救助组副组长高雪燕:我们每年都会对群众进行防洪抗险的安全应急演练。这次进行集中转移的时候,每一个村、每一户群众,都知道目的地会去向哪里,所以也保障了这次的转移是非常有序和迅速的。)

截至11日,陕西省防灾减灾救灾委员会先后派出17个工作组指导救灾,陕西省应急管理厅会同陕西省财政厅下拨4.3亿元救灾资金,发放救灾物资26.3万件。

甲:本台消息　中央气象台预计,今年第18号台风"圆规"将于今天(10月13日)下午到晚上在海南文昌到三亚一带沿海登陆,登陆强度为强热带风暴级或台风级。我国东南沿海地区加强监测,全力防范。

海南省政府昨天(10月12日)下午5时发布台风二级预警,这是海南今年首次启动预警信息全网发布。海南省气象局同时发布暴雨三级预警:预计文昌、琼海等13个市县的大部分乡镇将出现100毫米以上降水。海南省防汛防风防旱总指挥部将防汛防风应急响应提升至Ⅱ级。

从今天(10月13日)起,海南省内各大高校和海口、三亚等多个市县的中小学、幼儿园等全部停课,开学时间待定。

琼州海峡已全线停航,海南环岛高铁、海口市郊列车今天(10月13日)全线停运。

受台风"圆规"影响,广东省要求以最高标准做好台风防御工作,深圳、珠海等多地发布台风黄色预警,当地学校停课,客渡船停航、停运,部分地铁限速运行或暂停运营。

福建省气象台昨天(10月12日)发布台风橙色预警信号,福建多地瞬时最大风力已超过12级。福建省福州市、泉州市等地的多个县(市、区)已发布停课通知。沿海各在建滨海工地、海上作业平台、港口码头、滨海景区以及涉岛旅游活动场所均已关停或关闭。

(央广网《新闻和报纸摘要》2021年10月13日播出)

Xinwen Jiemu yu Boyin Zhuchi

# 第三章
# 新闻评述

# 第一节 新闻评述概述

## 一、新闻评述的定义

新闻评述又称记者述评或述评。它融新闻和评论为一体,兼有新闻报道和新闻评论的功能和作用。新闻评述可以说是一种边缘体裁。它介于新闻报道和新闻评论之间,兼有两者的优势。它既报道事实,又对新闻事实作出必要的分析和评价,有述有评,评述结合。从评述的篇幅看,往往述多于评,但它的重点是评,目的是评,述是为评服务的。

## 二、新闻评述的特点

### 1. 评述结合,以评为本

述是评的基础,评是述的目的,两者有机地结合。评述中对新闻事实的叙述,要从实际出发,根据内容的需要,有时述多于评,有时评多于述。叙述的方式也有所不同,有的是报道最新发生的事实,也有的是对一段时间内的事实的叙述;有的是具体的描述,也有的是概括的叙述;有的只报道一两个典型的新闻事实,也有的是概述整体情况等。有时在叙述新闻事实的过程中,已经包括了作者的倾向和分析,只要再加以画龙点睛的议论,就足以说明问题了。

### 2. 述中有评,评中有述

评述以新闻事实为基础。这些事实来自实际生活,反映实际生活。评述的评,或者说它所讲的道理,主要是来自对评述所提供的新闻事实的分析。因此,评和述的结合,可以体现由个别到一般、由具体到抽象、由现象到本质的认识规律,容易被人们所理解。述就是摆事实,评就是讲道理。评述中的事实不是随意选用的,因为它是评的依据,有些事实的选用就是有针对性的。评的目的是弄清客观事物的本质,阐明新闻事实所包含的带有普遍意义的新经验、新问题,而不能就事论事。许多评述采取夹叙夹议、边叙边议的方式,述中有评,评中有述,有助于从理论和实践的结合上,从事物之间的共同规律的高度提出问题和解决问题。

### 3. 由述而评,以评驭述

评述所讲的道理,是作者通过对大量新闻事实进行分析而得出的结论。这也是评述区别于某些推理性评论的要点。因此,评述更注重材料和观点的统一。评述所选用的事实,都是服务于评,为了说明观点,或者说要受观点的统帅。在一般的情况下,评述的述多于评,但并不是说事实越多越好。

# 第二节 新闻评述训练要领

## 一、训练要领

### 1. 评论为主
新闻评述要以新闻评论为主,尤其是对新闻事件本身以及相关问题的评述,这既是新闻节目组织的难点也是重点。

### 2. 叙述为辅
叙述为辅主要指新闻评论中包含对新闻事实的描述,对新闻事件的来龙去脉和关键细节要有简短的描述,这是阐发评论的基础。

### 3. 思路清晰
新闻节目主持人一定要逻辑严密、论证充分、言之有物,而思路清晰则是完成好这几点的保证。主持人要说开始语和结束语。开始语一般是对受众的问候,自我简短介绍和抛出新闻由头;结束语一般是对新闻事件的总结和对结论的概括、升华以及感受。最后说"感谢您的收听或者收看",这样有头有尾才不唐突,礼貌道别。

## 二、实践要领

### 1. 理清脉络
拿到新闻稿件首先要仔细阅读,弄清新闻事件的来龙去脉。

### 2. 提炼问题
能够在新闻事实中寻找问题、发现问题并提出客观公正的观点,这是新闻评述的重中之重。提炼问题一定要立场坚定、观点鲜明,要站在一定的高度,与主流媒体的观点相一致。

### 3. 辩证论述
辩证的思维在新闻评述中要始终如一,任何新闻事件的发生都有其偶然性和必然性。在评论中要言之有理、言之有物,客观辩证的评价才会让受众信服。

### 4. 深入浅出
对某一新闻事件进行评论的时候应该考虑受众的接受能力,而且说理也要讲究技巧,很少有人愿意听长篇大论的说教,因此,在评论时要深入浅出地从小处着眼,在高处点题。

## 第三节
# 新闻评述的要求

新闻评述可以从审题、立意、思维、结构、表达、交流等方面进行构思和准备。新闻评述的要求包括以下几个方面。

**1. 审题准确**

理解准确与否,决定了后面几项工作有效与否。审题准确,抓住题目的诉求点,抓住题目中的核心概念是关键。

**2. 立意新颖**

立意新颖是反映主持人观点鲜明、思维活跃、富于创造性的重要途径。立意新颖,主要是在对题目有充分理解的基础上,对题目作出不同于别人的进一步的阐释,并发表自己的见解。

**3. 思路清晰**

思路清晰,关键是把要说的语言的逻辑关系梳理清楚,这样,可以使受众跟着主持人的思路一同思考。

在评述时要把握好论点、论据、论证之间的关系,论点鲜明,论据充分,论证有力,这是最基本也是最重要的要求。另外,论证的方式也可以灵活多样,理清思路的工作在事先就要有所考虑,这样,评述起来才能心中有数。

**4. 结构完整**

结构的设计一定要简单明了,易于记忆和把握。还可以根据题目的要求和自己思维、说话的习惯采取由个别到一般或者由一般到个别等各种形式来设计结构,并且力求用最简单的方式概括和记忆结构线索。

**5. 内容饱满**

当完成结构的设计后,应该在纵向的每一个点上进行横向拓展,以丰富每一个点的内涵,否则,每一个点只是浅尝辄止,论证的力度会被削弱,也不能给人留下深刻的印象。

使评述内容饱满的方法,还可以将语言具体化、形象化。虽然抽象的说理也可以将道理说清楚,但是如果用形象具体的话语或者具体的事例来说明问题,则更适合新闻节目的口语表达。

**6. 语言流畅**

要做到语言流畅,至少应该从两方面入手:一是思维顺畅;二是表达连贯。

**7. 交流感强**

人们说话是要有听众的,失去了听众,往往也就失去了说话的目的和必要。可是在即兴评述的过程中,由于注意力大都集中在原来设计的腹稿上,因此,经常会出现自言自语的现象,可以在眼神、语气和说话的状态中不断加强。

**8. 有感染力**

说话非常重要的功能和特点是传情达意。达意虽然已经很不容易了,但那只是基本的要求,此外还要传情——传达说话者的情绪情感,表明态度,并且使听话人受到感染和鼓舞,这样的传达才真正发挥了语言的功能。

首先,自己的思想感情要调动起来。

其次,要考虑受众可能会产生的情感变化。

最后,要从语言表达的角度增强表现力。思想感情调动起来还属于内省状态,只是自己的感情汹涌澎湃起来,不一定能够在语言上表现出来,也不一定能够感染听众。

### 9. 和谐自信

和谐是一种美,要把各种要素协调地组合在一起。各种表现如果和谐,往往会给人以审美的享受,从而在和谐的表现中圆满完成节目主持。

首先,应该做到自信与谦逊辩证统一。其次,要做到思想感情和语言表达协调一致。再次,要做到有声语言和副语言配合协调。最后,要做到活泼与沉稳相得益彰。

## 第四节 新闻评述示例

▲《新闻周刊》之【电池警"爆"】

(**白岩松**):电动自行车电池在充电时发生爆炸起火导致人员伤亡的事件,在本周又发生了一起。本周一中秋节的前一天,北京通州区的一栋居民楼发生火灾,住在五楼的一家五口人全部遇难,事故的原因是,三楼的租户把电动自行车电池带回家中充电,电池爆炸起火,当时的时间是凌晨3点20分,大火和浓烟从三楼蔓延到四楼,窜到五楼,致使正在睡觉的一家人死亡。这样的事情已经不是第一次发生了,而且这个不幸的事件,距离8月1号我国颁布专门法规禁止电动自行车上楼还不到一个半月。车不能上楼了,就把电池拎上楼,悲剧依然上演,我们该怎么办?《新闻周刊》本周视点关注:就在身边的电池炸弹。

(配音)这栋五层高的建筑,就是本周一凌晨3点20分,北京通州区发生火灾的居民楼。外表面能够清晰地看到火焰从三楼燃烧到五楼的痕迹。楼的四层、五层是复式结构,住着遇难的一家五口,他们当时正在五层卧室休息。火灾过后,屋内已经成为废墟,两层之间唯一能逃生的木楼梯,也被完全烧毁。

(肇事者):当时在睡梦中,就听到那个阳台上,"砰"的一声响,然后就蹦出好多火花,客厅有几处着火点,大部分都在阳台,可能一开始觉得事不是很大,但是结果酿成这么大的事情。

(配音)目前,该租户已被警方采取刑事强制措施。或许他也知道,在家里给自行车电池充电并不安全,所以他放在了阳台上。但没想到,这类电池一旦燃烧就是爆炸式的,火焰高达1200℃,能迅速把家里的物品点燃,他根本就控制不了。

(**中国化学与物理电源行业协会秘书长 刘彦龙**):电动自行车一旦发生这些着火事故,首先一方面引起大量的有毒有害气体,造成人员窒息;另外一个往往是在半夜的时候发生这种过充电,这时人处于熟睡的状态,也会造成人员无法逃生,造成伤亡的严重事故。

(配音)中秋假期,许多人都为这五条被殃及的生命惋惜,他们之中两人49岁,两人70岁,还有一个孩子仅仅10岁。今年8月1日,《高层民用建筑消防安全管理规定》开始实施,明文禁止电动自行车在住宅楼中停放或充电,违者将处以高额罚款。为此,不少小区加装了警报系统,一旦电动自行车进入,电梯会自动报警并停止运行。有的小区还表示将探索升级,把带进来回家充电的电池也识别出来。冒着重重风险,也要把电池带回家,居民说,在一些小区,根本就没有电动自行车充电桩。但在一些已经设置了电动自行车充电桩的小区,记者发现,由于采用的是商业用电价格,比较贵,居民的使用率也不高。在海淀区知春路17号院,居委会最近为小区里的一百多辆电动自行车,新装了80个充电插头。电价每度仅收费0.51元,比居民用电还要便宜1分钱。最重要的是,按实际的用电量收费。

(北京市海淀区知春路17号院居委会工作人员　董乃宁):这是我这几次的充电记录,其中一次是充电了3小时56分钟,费用只花费了7分钱,充的是0.142度电,一度电是五毛一分钱。原来的话,我一个小时一块钱。因为电池容量不一样,(充满)有的是四个小时、六个小时,甚至八个到十个小时,这样的话充满一块电池要四到十块钱,但是其实充满的话可能用不了一度电。刚刚咱们在外面看到的,四个小时充了0.14度电,也就用了七分钱。在楼下充电和拿到家里充电,费用基本上是一样的,这样的话就不会去再麻烦把电动车推到家里去充。

(配音)达成这样的结果,一方面是海淀区向企业支付了相关的政府补贴,另一方面,也是居委会与物业、充电企业,近一年反复协调的功劳。物业最终给企业免去了场租,电费也按照民用电收取。

(北京市海淀区知春路17号院居委会工作人员　董乃宁):现在这个充电桩分两组,下面这组是我们2019年装的,它的收费标准是一块钱一小时,现在加装了这个便宜的,下面这个就没有人再使用了。

(配音)小董告诉我们,这些充电桩都是由智能监护系统控制,一旦检测到充满,就会立刻断电。每个车棚对面都有高清摄像头,消除大家电池被窃的担心。与充电有关的每件事都做到细微之处,这样的小区目前还是少数,越来越多的社区都把增加电动自行车充电桩列为接下来小区改造重要项目。

(北京市海淀区知春路17号院居委会工作人员　董乃宁):我们在居民楼的每一层都张贴了电动自行车安全隐患知识的宣传海报,其实如果电动车电池发生爆燃现象,(时间)比100秒要短得多。灭火需要好几台灭火器,同时快速喷射,一般的居民很难再把它熄灭,要提高对电动自行车电池的认识。把电池拿回家里去,不光是对你个人的生命财产安全是一种隐患,同时对你的家人、你的邻居也是一种不负责的行为。

(白岩松):电动自行车不能上楼,这个规定的背后,隐含着一个不得不接受的事实,那就是电池的质量还不能完全让人放心。电动自行车引发的火灾数量近几年呈现出明显增长的趋势,已经占到社会全部火灾总量的10%。据应急管理部消防救援局发布的数据显示,全国每年约发生2000起与电动自行车有关的火灾,其中80%为充电时引发。想想就郁闷,现在的生活离不开大大小小的充电电池,除了靠法规的保护,难道在质量方面就不能让我们彻底放心吗?

(配音)本周五,记者在北京一所幼儿园外遇到了要接外孙回家的李先生,电动自行车是他和现场许多家长的选择。而尽管李先生和家人挑选的是知名电动自行车品牌,但是由于最近的电池起火事件后,全家人很是困惑其安全问题。因为小区停车棚充电位有限,此前,李先生也会将电池带回家里充。

(李先生):其实最近几天都很困惑这个事情,因为电动车必须要充电,所以还在纠结这个事情。安全性,这个是最重要的,在安全上,可能还要专业人要再进行一些研究。

(配音)接送孩子、通勤、送货,包括李先生在内,许多人对驾乘电动自行车出行有需求。实际上,我国目前电动自行车保有量达三亿辆左右,也就是说,至少三亿块左右的电池进入寻常百姓家。而在北京通州居民楼内电池充电起火事件后,本周三,上海一家商务楼里的电池,居然在未充电的情况下也起火了。

(配音)该事件第二天,本周四,北京一辆正在行驶中的电动自行车突然起火。一周三起事件,特别是后两起分别在电池静置、被使用的过程中发生,这让很多人想不通原因。上海质检院新能源检验室对电池做了过充电保护实验,帮助人们更好地了解它。

(上海质检新能源检验室高级工程师　于小芳):我们对它做了一个过充电保护的测试项目,在这个实验开始40分钟左右这样一个时间内,电池就发生了冒烟,然后瞬间就发生了起火爆炸这样一个现象,那么我们分析这个原因就是保护电路失效了。

**(中国化学与物理电源行业协会秘书长　刘彦龙)**:首先这种电池肯定是锂离子电池,另外一方面就是说也可能是劣质电池,也可能是合格电池,但是如果保护线路,就BMS(电池管理系统)失效,可能长时间过充,也会造成这个电池的事故,比如说着火,甚至爆炸。

**(配音)**合格电池在保护线路等保护功能失效后,也会出现过充起火的现象。实际上,电池既可能成为火源,也可以是起火后重要的助燃剂,其本身的安全和保护措施不容忽视。此外,专家介绍,由于轻便、能量高等原因,锂电池目前更受市场青睐。但因为这种电池本身的稳定性、生产过程不规范、操作不当等,导致近年来,电动自行车使用的电池中,发生事故的也大部分是它。

**(中国化学与物理电源行业协会秘书长　刘彦龙)**:现在可能锂电池企业也很多,既有规范的企业,可能还有一些不规范的,甚至是三无的企业也在进入市场。从监管角度,可能要定期对电动自行车进行抽查,及时公布这种电动自行车存在安全事故的一些问题和主要企业名单。另外一方面,建议以后对电动自行车电池是不是可以实施编码制度,就是说一辆车它的电池必须和它的车辆编码是统一的。

**(配音)**目前在我国,关于电动自行车的安全规范有两个重要标准。一是强制新国标,《电动自行车安全技术规范》,简单理解它是针对整车制定的,对车体相关方面的电气安全、防火性能、阻燃性能等作出规定。第二个则是针对锂电池的《电动自行车用锂离子蓄电池标准》,但是该标准目前仅是一个推荐性的国标。

**(上海市消防救援总队火调技术处技术员　周明川)**:对于电动自行车蓄电池是一个国家推荐性标准,这就涉及如果这辆电动自行车买回来之后,我要换一块电池,那么换的这块电池,它因为不是跟着电动自行车整体走的,它可以不满足那个强制性的国家标准,只满足这个蓄电池推荐性标准,或者说不满足推荐性标准,因为推荐性标准是推荐企业执行的,可以执行,也可以不执行,这里面就存在很大的空间了。我们认为应尽快把电动自行车的蓄电池国家标准,从推荐性标准上升为国家强制性标准。

**(配音)**专家看来,提升电池本质安全,提升对电池的保护措施,需要从生产源头等环节把控。而相关部门需要强有力的电池强制标准,才能按章办事。此外,消费者也要严格遵守使用办法,不违规改装、尽量不长时间充电,定期检测电池等。保障电动自行车使用安全,需要各方参与者有所依凭,共同努力。

**(白岩松)**:充电电池不充电,放着是不就是安全的?可能很多人都是这么想,但是事实打碎了大家的幻想,就在这一次北京电动自行车电池发生爆炸的两天之后,本周三,在上海某单位的室内,一块放置着的电瓶,也就是电池,在没有充电的情况下便发生了爆燃,燃烧持续了近四分钟,还好没有酿成大的灾祸。但是现在这充电电池可是无处不在,比如说除了我们家用的电动自行车,外卖骑手一天甚至需要四五块电池的电量来支持送餐,那这暂时置换下来的电池又该放哪儿?高频率的充电又是如何安全进行的?最关键的是我们都安全吗?

**(外卖骑手　丁鸿志)**:我叫丁鸿志,是一名外卖骑手,每天的平均送单量应该在30到50单左右,工作时间是8到10个小时,每天跑大概一百公里。最开始干外卖,我通过一些工友了解,一开始都是自己买电池,自己在家充电,买那种铅酸的,比较沉重,续航能力还不是那么太强。如果车要没电的话,我们得返回固定点去更换电池,会耽误很多时间在路上。

**(配音)**在过去,像丁鸿志这样的外卖骑手,时常受制于电动自行车电池的续航,会省下部分电量,支撑自己返回家中,或是和同事集中在一起,来给电池充电。然而,这不仅花费了骑手们往返和等待充电的时间成本,在家庭这样人员密集的环境中充电,还存在着不小的安全隐患。丁鸿志这辆电动自行车的动力,是由一块可以正常拆取的锂蓄电池提供。长时间在沈阳街头奔走的他发现,部分街边巷角出现了一些可以供电动自行车替换电池的柜子。从那之后,每当电量快耗尽时,他便开始寻找这些柜子的身影。

(**外卖骑手　丁鸿志**):我们会在 App 上,查找最近的换电柜,到这来之后把缺电的(电池)放到柜里,在 20 到 30 秒之间,就能弹出来一块满电的(电池),整个换电过程不足一分钟,一天换五次左右。至少它解决了我在固定点更换电池的时间,甚至来讲我们以前用的电池都是比较沉重的,(换电)减轻了一些重量,给我们带来更多便捷。我要是用这个(换电服务),(需要支付)199 元一个月,全城随便换,(换电费用)都是由我们自己承担。

(配音)用一分钟左右的时间,就可以让车辆满血复活。电池在换电柜中充电,也不会对使用者产生安全威胁。这样的模式出现后,在外卖骑手圈里很受欢迎。事实上,目前换电柜运营商,多面向于这类企业端用户提供服务。原因在于,他们的电动自行车型号以及电池,基本上是确定的。本周,这样的换电柜,出现在杭州滨江的滨安小区。除了外卖骑手外,也吸引了社区居民的关注。

(**社区居民**):有时候(我在楼下充电处)充的也很多,不方便。有时候排不上队,就把电池拿出来,提到房间里面插上电充的。因为现在这些(电池)爆炸起火原因也很多,也有安全隐患,那现在用这种(换电柜)的话,比之前省了很多事,然后又相对而言比较安全。

(**杭州市滨江区西兴社区居民委员会党委书记　孙立燚**):我们小区目前是有 700 多辆车,但实际我们五处集中式充电桩,只有 150 个至 160 个充电口,要完全满足确实存在很大的难度。正好看到有这样一个新的产品,对于使用率高的群体来说,也是一个比较好的方式。作为我们充电桩桩位不足的补充,来满足他们的需求,也可以规避一些安全风险。

(配音)事实上,滨安小区安装换电柜,除了可以用来填补充电桩不足的缺口,也是为了让居民能够在室外集中的地方完成充电,让电池有一个相对安全的去处,减少将它带进居民楼充电,而埋下安全隐患。

(**中国铁塔浙江省分公司换电业务负责人　诸葛承琦**):我们在空间的选择上,会去找一个相对开阔的地方,人流密度不是很高,这样对于安全是有比较大帮助的。同时我们的换电柜是通过 7×24 小时的实时监控,每块电池和每个换电柜都配置了物联网卡,可以实时收集换电柜和电池的运行数据。每个换电柜都配置了独立的防火装置,具有电控和温控的双重保证。另外,电池的循环寿命也是我们考虑的重要参数,比如到达 2000 次之后,我们就一定会把电池进行更换。

(配音)小区负责人表示,目前换电柜还属于试水阶段。由于电动自行车品牌和型号的不同,不少居民都是利用换电柜来充电,真正换电瓶的现象还没有出现。专家表示,换电柜在让"车电分离"的同时,让充着电的电池也有了相对安全的去处。除此之外,未来在解决电动自行车安全隐患上,还需要更多社会共治方案。

(**白岩松**):电动自行车的充电电池,谈论起它来可不是在谈论一件小事儿,目前,我国电动自行车的社会保有量接近三亿辆,十年就增长了三倍。现在是不让车上楼了,可是拿上楼的电池充着电也会导致灾难事故,这又该怎么办?而同时,如何对相关的厂家追责,以便让它确保电池质量,恐怕还是一个治本的事儿,但愿我们能标本兼治。

(中央电视台《新闻周刊》2021 年 9 月 25 日播出)

### ▲"农把式"评职称助推乡村振兴(人民时评)　马跃峰

人才振兴是乡村振兴的必答题。进一步吸引人才、留住人才,需要打好产业基础,让乡村人才有地方施展才能。

种粮食的"田秀才"、育香菇的"土专家"、捏泥人的手艺人……不久前,河南省洛阳市 196 名符合条件的民间艺人、新型职业农民喜获"助理农艺师""初级艺术师"等初级职称。在职称服务进基层活动中,这些乡土人才在田间地头申报材料,现场领到证书,连说"没想到","评上了专业技术职称,更有信心扎根农村"!

习近平总书记强调:"人才振兴是乡村振兴的基础,要创新乡村人才工作体制机制,充分激发乡村现有人才活力,把更多城市人才引向乡村创新创业。"随着乡村振兴战略稳步推进,我国乡村人才队伍建设不断加强,但仍面临引才难、育才难、用才难、留才难等问题。活跃在基层的"土专家""田秀才"尽管实践经验丰富、实操能力较强,但囿于受教育程度,面临成长的"天花板"。有鉴于此,近年来,多个省份积极探索给"农把式"评职称,力求打破乡村人才发展瓶颈,引导激励农民更好掌握农业生产经营技术。

给"农把式"评职称,有助于吸引更多优秀人才留下来,在乡村形成人才汇聚的良性循环。为此,需要"专向"评价群体,"专设"专业称号,"专定"评价标准,"专列"组织评审,"专享"职称待遇。比如,吉林省为乡村人才"量身定制"农经师、农技师、农艺师等9个职称专业;山东省从2018年起试点新型职业农民职称评定制度,目前已面向全省全面推开;浙江省为农民打开正高职称的大门,除涉农事业单位、科研院所人员外,职业农民也可参评……打开职称参评通道,给乡土人才带来了职业荣誉感。获得职称的农民,有的每年享受相应政府补贴,有的可以享受技术服务、项目合作、银行贷款等政策倾斜,有的可以享受国情研修培训、专家休假疗养等政策服务。一系列政策举措,在农村竖起鲜明导向,带动更多大学毕业生、退役军人、返乡创业者、致富带头人投身乡村振兴。

人才振兴是乡村振兴的必答题。进一步吸引人才、留住人才,需要打好产业基础,让乡村人才有地方施展才能。一些地方的农村对人才吸引力不足,原因之一是产业基础较弱,人才发挥作用空间有限。在打赢脱贫攻坚战过程中,一批乡村特色产业成长起来,成为留住人才的重要基础。比如,河南确山县支持返乡创业,鼓励开办提琴作坊,从无到有发展制琴产业。60余名确山籍制琴师陆续回乡,带动更多农民一边种地、一边做琴。全县迄今开办制琴及相关企业150多家,年产提琴40余万把,带动2600多人就业。同时,要做优平台服务,加快城乡要素双向流动,建设一站式服务窗口、农村创新创业园区、孵化实训基地等,为创业人员提供优质服务,帮他们制定规划,解决创业中的融资难、技术难、用工难等难题,让乡村人才有创业保障。

乡村振兴,需要更多"土专家""田秀才"大显身手。为此,必须提供政策保障,营造良好环境,让乡村人才有发展空间,激励各类人才到农村一线干事创业。长远看,还需在福利待遇、创业扶持、公共服务、人居环境等方面下功夫。让身在基层的乡村人才工作更有干头、生活更有奔头,才能进一步夯实乡村振兴的人才基础。

(《人民日报》2021年11月25日05版)

▲**央视网消息(新闻联播)**:明天(9月26日)出版的《人民日报》将发表评论员文章,题目是《没有任何力量能够阻挡中国前进的步伐》。

文章说,9月25日,中国公民孟晚舟乘坐中国政府包机返回祖国。这是党中央坚强领导的结果、是中国政府不懈努力的结果、是全中国人民鼎力支持的结果、是中国人民的重大胜利。

文章指出,事实早已证明,孟晚舟事件是一起针对中国公民、旨在打压中国高技术企业的政治迫害事件。在孟晚舟事件上,中国政府的立场是一贯的、明确的。采取一切必要措施,中国政府坚定不移维护本国公民和企业正当合法权益。孟晚舟平安回到祖国,充分说明中国共产党、14亿多中国人民、伟大的中华人民共和国永远是中国公民最坚强的后盾。

文章强调,今天,实现中华民族伟大复兴进入了不可逆转的历史进程。我们深知,越是接近民族复兴越不会一帆风顺,越充满风险挑战乃至惊涛骇浪。我们坚信,始终站在历史正确的一边,始终站在人类进步的一边,不畏风浪、直面挑战,风雨无阻向前进,就没有任何力量能够撼动我们伟大祖国的地位,没有任何力量能够阻挡中国前进的步伐!

(中央电视台《新闻联播》2021年09月25日播出)

## 第五节 综合训练

▲事件

张艺谋曾对媒体感叹:"故事稀缺,我是等米下锅"。作为一位资深电影导演,他讲出了用影像讲故事,需要强大的文学基础作支撑,影视的兴旺必须以文学的兴旺为前提。无论艺术如何发展,花样如何翻新,"内容为王"是永恒不变的规则。

影视编剧要从文学母体中间接地汲取生活的养分。编剧如果生活底子薄,又不可能补充所写题材的生活,可间接地从成熟的文学作品中汲取动人心旌的养分。正如《人民文学》的一位编辑编发了王十月的《国家订单》后写信给他说:王十月,你是睡在一座金矿上,这是一笔巨大财富!要一锄一锄把它挖出来。《喇叭裤飘荡在1983》《国家订单》相继被改编成电影后,受到好评。

▲事件

14日晚,父母在重庆商界颇有影响的四位重庆籍驾驶员,各自驾驶新购兰博基尼、奔驰 SLS AMG 和两辆保时捷911豪华跑车,超越正在执行紧急任务的警车,不听交警拦阻,且兰博基尼驾驶员未悬挂机动车号牌。成南高速公路交警二大队派出两辆警车,将四辆跑车成功截获。高速交警对尹某、周某、张某、朱某进行了3小时的安全警示教育,责令他们写出书面检讨,并依法对其顶格处罚。

▲事件

因提出了拆散五一黄金周的建议,清华大学教授蔡继明随即遭到网民在百度贴吧的恶语谩骂。深感受到伤害的蔡教授遂将北京百度网讯科技有限公司诉至法院,要求删除贴吧中侮辱的言论,并赔偿精神损失费等共210余万元。日前,海淀法院驳回了蔡教授的索赔诉求。其代理人表示将上诉。

▲事件

新媒体在信息传播的方式、速度、广度上产生了革命性影响,以秒计算,加快了传播速度;几何级数传播,迅速扩展影响;图文声并茂,有图有真相,信息是海量的。但相比以纸媒为中心的传播,这种传播真假难辨,可信度大有问题。网络信息的发布缺乏传统媒体那样相对严格的把关程序,未经确证的消息很容易就被发布出来,假信息横行。此外,网络传播中大众是匿名参与,缺乏天然的责任约束,假消息正是在这种大众的盲从和集体的责任缺失中乘虚而入。在新媒体异常迅猛的发展背景下,以"金庸被逝世"为典型,近来假新闻有泛滥之势。

▲ 事件

岁末年初,不少学校都安排老师上公开课,目的是让老师有机会总结这一学期的教学经验,汇报成长心得。然而,据媒体报道,一些中小学公开课过于追求"新、奇、特",老师提前和学生打招呼"配合互动"。为了上好公开课,一些老师甚至集导演、编剧、美工等身份于一身,而学生就像演员。这种公开课俨然成了表演课,偏离了课堂设置的初衷和目的。

▲ 事件

1月18日,女星郑爽的前男友张恒发布微博,澄清近期遭遇的诈骗、借高利贷、逃避债款、携款潜逃至美国等一系列谣言,同时表示因为需要"照顾并保护两个年幼无辜的小生命",目前滞留美国,并在被曝出的录音记录中,涉及与郑爽及其父母关于代孕、弃养、打胎等伦理且违法信息,央视热评道:"法律难容,道德难容"。

▲ 事件

在"2021春晚"话题热度逐渐冷却时,河南春晚的舞蹈节目《唐宫夜宴》,却突然登上了热搜榜"火出圈",节目视频播放量超20亿,微博主话题阅读量4.9亿次。14名女舞蹈演员用婀娜多姿、秀逸韵致的舞姿,将大唐盛世的传统文化形象完美地呈现在舞台上,引发网民纷纷点赞。值得一提的是,该节目运用5G、AR等技术,将虚拟场景和现实舞台结合,为观众带来了一场独特的观看体验。

▲ 事件

自4月9日以来,云南15头野生亚洲象"一路北上"引发"全民观象热"。并由国内传播至国际,北迁大象已然成了国际"影星",众多外媒予以关注和传播。在象群的视频下,外国网友也纷纷留言称赞中方的做法。有网友说:"这个事情发展了这么久恰恰证明了人们的耐心。其他国家可能就直接把它们麻醉,移回丛林了事。"在国际上,这起事件成了中国保护自然环境和野生动物的有力证明。

▲ 事件

11月15日,枝江市董市镇曹店村卫生室23岁大学生村医黄婧忙了一整天。得益于曹店村67岁老村医杨正华的"传帮带",黄婧的工作技能日益娴熟,成为湖北省"乡村医生配备"的鲜活案例。截至2020年底,湖北省共有乡村医生3.9万余人,其中,大专以上学历占10%,中专学历占74.8%。大学生村医"接棒",实现村医队伍"血液"更新。农村是当前公共卫生体系薄弱环节。为深入贯彻落实习近平总书记参加湖北代表团审议时的重要讲话精神,织牢织密基层公共卫生防护网,让农村居民享有公平可及、系统连续的健康服务,省委主要领导强调,要拿出1万名事业编制补强基层医疗卫生岗位,让每个村都有1至2名大学生村医。

▲ 事件

11月11日,中南财经政法大学南湖校区菜鸟驿站,学生领取快递包裹后现场拆封,将包装纸箱交给驿站进行回收。据该菜鸟驿站网点负责人介绍,该校学生已养成回收快递纸箱的好习惯,网点每天可回收循环利用近500个纸箱,大学生在网购的同时为环保减碳出一份力。

▲ 事件

11月15日,"共和国勋章"获得者、"杂交水稻之父"、中国工程院院士袁隆平的骨灰安放仪式在湖南省长沙市唐人万寿园陵墓举行。"人就像种子,要做一粒好种子"这句袁隆平院士生前说过的话,被镌刻在墓碑上。15日9时,人们在陵园追思厅举行了追思活动。袁隆平院士的遗像摆放在大厅正前方,袁隆平院士家人和生前同事、学生以及好友一起深情回顾了他的一生。大厅里播放着乐曲《我和我的祖国》,四面的电子墙上显示着多个二维码,在场的很多人拿出手机,通过"扫描点灯"的方式,寄托对这位为世界和中国粮食安全作出巨大贡献的老人的哀思。

▲事件

日前,中国战队赢下全球性电竞赛事,冠军战队中包括一名湖北籍选手。一夜之间,"我们是冠军"刷爆许多年轻人朋友圈。虽然有很多人对电竞并不熟悉甚至存在误解,但不可否认,作为一项运动竞技,电竞已成为数字时代的新兴产业之一。从庆祝中国战队夺冠的盛况来看,电竞赛事对一些年轻人的吸引力、影响力,并不亚于一场世界级球赛。"打游戏也能一战成名?"由于电竞比赛载体是电子游戏,受众以年轻人居多,无形中容易与"网瘾"等现象相联系。事实上,电竞产业与"游戏沉迷"是不同的概念。早在2003年,国家体育总局就将电子竞技列为第99个正式体育竞赛项目,人社部2019年发布的新职业中,"电子竞技运营师和电子竞技员"也在列。并且,电子竞技已成为2022年杭州亚运会正式比赛项目。

▲事件

据中国载人航天工程办公室消息,北京时间2021年11月7日18时51分,航天员翟志刚成功开启天和核心舱节点舱出舱舱门,截至20时28分,航天员翟志刚、王亚平身着我国新一代"飞天"舱外航天服,先后从天和核心舱节点舱成功出舱。这是中国首位出舱航天员翟志刚时隔13年后再次进行出舱活动。王亚平成为中国首位进行出舱活动的女航天员,迈出了中国女性舱外太空行走第一步。两名出舱航天员将在机械臂支持下,配合开展机械臂悬挂装置与转接件安装和舱外典型动作测试等作业。其间,在舱内的航天员叶光富配合支持两名出舱航天员开展舱外操作。

▲事件

11月6日下午,武汉华侨城步行街上的某艺术培训学校里,几名孩子正在上油画课,孩子们身上沾了五颜六色的颜料,好可爱。据该学校负责人介绍,教育"双减"政策后,艺术体育类培训成为"香饽饽",今秋,该艺术培训学校的舞蹈、书法、美术等科目招生总体数量一直稳中有升,特别是美术班,可以说是迎来了爆发性增长。

▲事件

神舟十二号载人飞船搭载党旗交接仪式11月4日在中国共产党历史展览馆红色大厅举行。中央宣传部、中国载人航天工程空间站阶段飞行任务总指挥部、中国共产党历史展览馆负责同志,工程参研参试单位人员代表、航天员代表参加。此次交接的神舟十二号载人飞船搭载党旗,在中国共产党成立100周年之际进入中国空间站内。"七一"前夕,聂海胜、刘伯明、汤洪波3名航天员在空间站祝党"生日快乐",航天员身后的这面党旗引发社会广泛关注。这面党旗经历了我国空间站阶段首次载人飞行任务取得圆满成功的全过程,见证了中国航天载人飞行达到新高度,体现了广大航天工作者对党的忠贞不渝、坚定的理想信念、高昂的爱国热情、强烈的责任担当、良好的精神风貌,具有重要的政治意义和历史价值。

▲事件

一家书店就是一座城市的灯光。近日,西西弗书店在武汉新开了第10家分店,成为江城新的"打卡坐标"。除了西西弗,时见鹿、钟书阁、卓尔、物外等一批知名民营书店近年来在汉如雨后春笋般涌现,为城市增添了不少书卷气。截至2021年初,全国超过7万家实体书店已成为大众日常生活中的新型阅读场所。网红书店大多环境雅致、书目繁多,除了阅读区,还包括自习区、咖啡区、品茶区、文创区等。以书店为载体,多种多样的休闲娱乐活动在这里向外延伸。这里既是新型的城市空间,也是一座城市的文化表达。

▲事件

10月29日,中央宣传部、国家广播电视总局就卫视节目存在的过度娱乐化问题,对上海、江苏、浙江、湖南广播电视台进行约谈,4省市党委宣传部参加。约谈指出,近年来,4省市广播电视台积极推动媒体深度融合发展,在弘扬主流价值观、传播正能量方面作出了积极贡献。但各卫视频道也不同程度存在过度娱乐化、追星炒星等问题,必须坚决整改。约谈强调,4省市广播电视台要深入开展文娱领域综合治理工作,坚持政治家办台,坚持社会效益优先,大力弘扬社会主义核心价值观,更加聚焦新时代火热生活,聚焦新时代奋斗者、劳动者,当好省级广电转型发展排头兵。4省市广播电视台表示,要认真落实约谈要求,全面加强整改,加快转型发展,用更多高品质的电视节目丰富和引领人民群众的高质量精神文化生活。

▲事件

教育部等六部门29日发布通知,部署各地做好预防中小学生沉迷网络游戏管理工作。根据通知,网络游戏企业要加大内容审核力度,确保内容优质健康干净。通知要求,要严格落实网络游戏用户账号实名注册和登录要求,将未成年人用户纳入统一的网络游戏防沉迷管理,不得在规定时间以外以任何形式向中小学生提供网络游戏服务。通知指出,学校要严格校内教育管理,做好中小学生手机管理和校内互联网上网服务设施保护工作。要推动家校协同发力,督促家长履行好监护责任,发挥好榜样作用,帮助孩子养成健康生活方式。通知强调,相关部门要加强对网络游戏企业的事中事后监管,及时处罚或关停违反相关规定的网络平台和产品。

▲事件

9月25日晚,在党和人民亲切关怀和坚定支持下,孟晚舟在结束被加拿大方面近3年的非法拘押后,乘坐中国政府包机抵达深圳宝安国际机场,顺利回到祖国。这是中国的一次重大国家行动。这是中国人民取得的一个重大胜利。21时50分许,飞机稳稳降落,机场灯火通明,机身上的五星红旗格外醒目。舱门打开,着一袭红裙的孟晚舟向等候在这里的欢迎人群挥手致意,现场爆发热烈欢呼。"经过1000多天的煎熬,我终于回到了祖国的怀抱,异国他乡的漫长等待,充满了挣扎和煎熬,但当我走下舷梯,双脚落地的那一刻,家乡的温度让我心潮澎湃,难以言表。"由于疫情原因,现场没有握手,没有拥抱,人们却从孟晚舟微微颤抖、略带哽咽的声音里听出最深沉的情感,"祖国,我回来了!"

▲事件

记者23日从中央网信办获悉,为进一步加强娱乐明星网上信息规范,维护良好网络舆论秩序,中央网信办近日印发《关于进一步加强娱乐明星网上信息规范相关工作的通知》,提出对违法失德明星艺人采取联合惩戒措施,全网统一标准,严防违法失德明星艺人转移阵地、"曲线复出"。近年来,网上泛娱乐化倾向、低俗炒作现象屡禁不止,流量至上、畸形审美、"饭圈"乱象等不良文化冲击主流价值观,一些网上有关明星的宣传信息内容失范,绯闻八卦、隐私爆料占据网站平台头条版面、热搜榜单,占用大量公共平台资源,人民群众反映强烈。通知从内容导向、信息呈现、账号管理、舆情机制等4个方面提出15项具体工作措施,要求严把娱乐明星网上信息内容导向,加强正面引导,建立负面清单,禁止娱乐明星网上信息含有宣扬畸形审美、低俗绯闻炒作、恶意刷量控评、虚假不实爆料、诱导非理性追星等内容。

▲事件

　　河南省商务厅、河南省家政联盟联合家政企业把"家政公开课"送到乡村,引导农民转变观念、参加培训、持证上岗,使许多农民成为家政服务员,实现脱贫致富。河南省家政联盟理事长薛荣说,2019年,河南省家政联盟开始推广"星空计划"即"一个姐妹上岗、一个家庭脱贫致富、点亮一片星空",联合各地的家政协会,挑选专业老师,到乡村开设"家政公开课",组织有意愿的村民免费听课。"公开课主要是解决一些村民的观念问题,让她们解放思想,为村民们答疑解惑。"薛荣说,"村民如果有意愿从事家政服务,我们会对她们进行培训,人数够的话就在乡镇开班,不够就到县城开班。"经过两年的实践,河南家政的"星空"更加明亮,一个人从事了家政服务挣了钱,往往能带动一个村甚至一个乡的更多人加入进来。同时也解决了许多家政企业"招工难"的问题。

Xinwen Jiemu yu Boyin Zhuchi

## 第四章
## 新闻读报

"新闻读报"是以报摘为主要特点的新闻栏目。栏目将汇集当天或最近一段时间本埠以及全国各地的报纸,通过主持人将有关信息有机地串联在一起,并进行相应的点评,使观众从中获得有效的新闻信息。

广播电视读报新闻的崛起始于2003年凤凰卫视开办的《有报天天读》,《有报天天读》以新颖的格局开创了当年的收视热点,一时间广播电视读报新闻似乎成为新的方向标,在香港的良好收视的影响下,中国内地也开始了对广播电视读报新闻的探索。首先大胆尝试的是中央电视台的《第一时间》,在中央台的良好带动下,地方台更是大胆地开始了探索。《看东方》《早报早知道》《打开晚报》等栏目如雨后春笋般迅速成长并被百姓所接受。一种新颖而传统的广播电视读报新闻节目由此发展开来。

### ▲ 示例1

大家好,欢迎来到今天的《新闻早早报》节目,每天十分钟,天下大事早知道。

新华社北京10月16日电(记者王逸涛、郭明芝)据中国载人航天工程办公室消息,在神舟十三号载人飞船与空间站组合体成功实现自主快速交会对接后,航天员乘组从返回舱进入轨道舱。按程序完成各项工作后,翟志刚开启天和核心舱舱门,北京时间2021年10月16日9时58分,航天员翟志刚、王亚平、叶光富先后进入天和核心舱,中国空间站也迎来了第二个飞行乘组和首位女航天员。后续,航天员乘组将按计划开展相关工作。

中国女航天员王亚平将首次进驻中国空间站并实施出舱活动,这对于女性宇航员,以及中国的太空发展计划具有里程碑式的意义。真是感到无比的骄傲和自豪。祝神舟十三号圆满完成任务,胜利归来!

近日"风吹过稻田,我就想起你!"网友想念袁爷爷冲上热搜,10月16日是第41个世界粮食日。许多网友也是想起了已经去世的袁隆平老爷爷并且铭记嘱托:把饭碗牢牢端在自己手上!珍惜粮食,好好吃饭。传递,承诺!如今,大家在家门口就能品尝来自全国乃至世界各地的美食。每一粒粮食背后都凝结着广大劳动者的千辛万苦。谁知盘中餐,粒粒皆辛苦。每个人都应牢记:丰年不忘灾年,增产不忘节约,消费不能浪费。

中央气象台10月16日发布寒潮蓝色预警,受强冷空气影响,我国中东部地区有大范围大风降温天气。全国部分省会城市,降温如"蹦极"。受冷空气影响,我国中东部地区将有大范围大风降温天气,风力有4~6级,阵风7~9级;华北中南部、黄淮、江淮、江汉、江南大部及贵州、黑龙江东部等地气温下降6~10℃,其中,山东南部、河南东部、安徽北部、江苏北部以及浙江中西部等地部分地区降温12~14℃,局地可达14℃以上。不经一番寒彻骨,怎能想起穿秋裤!颤抖吧!冷空气是真的来了!

中新网10月16日电 据国家卫健委网站消息,10月15日0至24时,31个省(自治区、直辖市)和新疆生产建设兵团报告新增确诊病例14例,均为境外输入病例(上海4例,河南3例,湖北3例,浙江2例,云南1例,陕西1例),含5例由无症状感染者转为确诊病例(河南3例,浙江2例),无新增死亡病例,无新增疑似病例。现在新冠肺炎疫情还不稳定,我们仍然不能放松对疫情的防控,积极响应国家号召,打好这场攻坚战!

改身份证上的名字不奇怪,但你见过要改身份证上"出生"二字吗?近日,四川泸州就发生了这样一件奇葩的事情。近日,四川泸州。男子认为身份证上"出生"两字与"畜生"谐音,是对其人格上的侮辱,要求民警将"出生"改为"生出"。得知无法满足改字的要求后,男子竟谩骂殴打民警。真是什么样的人都有,网友直呼要求太奇葩。

近日,安徽蚌埠文化市场综合执法支队接到举报称李代沫将在某酒吧演出。随后,执法人员责令停止违规营业性演出。央媒:舞台有限,留给更优艺人。大家知道李代沫曾因为参加了《中国好声音》一炮而红,但在2014年的时候,李代沫被查出涉毒,然后因为自动认罪,态度比较好,所以就轻判了9个月。现如今已经过去了这么多年,李代沫再次进行商演也不奇怪,但这次,因为被举报,相关工作人员也是迅速前去了解,而该酒吧的负责人也无法出示演出活动的相关批文,所以这场演出最后也是被叫停了。正是因为大家的举报,执法人员才能够及时发现一些违规演出活动,而这一措施,也将给娱乐圈的明星们敲响警钟,一旦成为劣迹艺人将受到市场和广大人民的抵制。娱乐圈之所以这么乱,归根到底还是资本在运作,而监管的力度不够。错了就是错了,希望作为公众人物,艺人们要守好自己的底线。

日前,"整形机构女老板殴打顾客"一事引发社会关注。15日,济南市高新技术产业开发区人民检察院对犯罪嫌疑人刘某明以涉嫌非法拘禁罪批准逮捕。9月7日,一则"济南一整形机构女老板殴打顾客"的视频在网络流传,引发公众关注。网传视频显示,在济南高新区喜悦整形医院内,一名女顾客声称整容手术失败,要投诉至市场监管部门。随后,她遭到一名白衣女子殴打,还被威逼签订和解协议。这件事情当时轰动一时,现在最终结果已经公布,给了受害者一个完美的答复。

2021年10月15日14时50分许,平山县发生一起刑事案件。犯罪嫌疑人张某某(邮政公司职工)因对工作不满,持刀将三名同事扎伤,伤者经送医抢救无效均不幸死亡。案发后,犯罪嫌疑人张某某到公安机关投案。目前,案件正在进一步侦办中。人们要克制自己的情绪,不要意气用事,免得后悔莫及。

观众朋友们,以上就是这期《新闻早早报》的全部内容,感谢收看,我们下期再见!

▲示例2

家事国事天下事,事事关心,欢迎您第一时间收看《天天读报》。

今日头条我们说一个现代版的"农夫与蛇"的故事。先给大家看张照片。这是一条广告,我给您仔细读一下内容:"寻找现场证人,希望现场目击者、围观者、给卫生纸者、扇扇子者,到现场第一个认识老太太的邻居等等,勇敢站出来说句公道话,以便弄清事实真相。"这是《大河报》的一幅照片。原来,平顶山市的李先生在菜市场买菜,只见一位老太太摔在地上不省人事,头上还流着血。李先生喊了几声没反映,掏出手机拨打了120。当时,还有不少好心人照顾老太太,有人扇扇子,有人拿卫生纸,有一位正好是老人邻居,通知了她的家人,大伙儿一块帮忙,把老人送到医院。没承想,随后的事情却大出李先生的预料:老人家属认定他是肇事者,非让赔偿医药费不可。实在无奈,李先生才出此下策,贴出了这无奈的告示。

《法制晚报》的评论叫《别总让好心人自证清白》。不让他们孤独地自证清白,文章给我们一个提示,它说,目前我国不少检察机关都有一项正名制度,完全可以借鉴一下他们的做法,具体来说,就是有关部门在接到公民要求,对所做的好事正名的申请后,由他们出面,而不是当事人自己去调查取证。解决了后顾之忧,会激励更多的人去做好人好事。

今天的《南京晨报》也做了评论,《谁来为救人者颁发一张"清白证"?》是啊,做了雷锋,反被诬陷,这"清白证"谁来发啊?评论说,应该是各级官员。我们社会每个人都应该引领风气,树立榜样,倘若如此,长期下去,风气正淳,人心向善,自然就是一张最好的"清白证"。

电影《离开雷锋的日子》乔安山做好事被诬陷的情节历历在目,李先生救人被索赔偿又再次发生。"事不关己,高高挂起",人和人之间缺乏基本的信任,以至于贴广告、找证人,这是一个危险信号。咱别再让好人孤独地流泪了。

换个话题。

银川的苗大爷最近比较烦,他要喂小孙子吃药,可是拿着这药的说明书,真是越看越糊涂了。咱一起来听听这说明书:每千克1.5到2.5毫克,小儿剂量2到3毫克,也是每千克。这苗大爷就不明白了,以前吃药说明书上都写着一次几片,一天几次,现在可好,还弄出个单位——每千克。苗大爷问了大夫才知道,好家伙,这每千克是指人的体重!《工人日报》的文章,"药品说明书:以体重来确定剂量让人糊涂"。文章就质疑了,说有文化的人,兴许能计算出这是怎么个吃法,可那些不懂算数的人该怎么办呢?虽说从医学上讲,这按体重吃药有科学依据,但是要是药品说明书上不说清楚、不讲明白,那不就容易延误病情吗!而且现在的说明书,太重疗效,禁忌啊,不良反应啊,那更是披着藏着,让人看得云里雾里。这药品说明书,岂能越看越糊涂!

《中国教育报》把目光投向了参加大学游的孩子们。文章叫《大学游,孩子是否真受益?》,每到假期,清华、北大就成了旅游景点,一天多则三四十个学生团。而这样的旅游团,最多转2、3个小时,也就在北大未名湖、清华荷塘月色停一停。您想啊,偌大一个校园,这么短时间,也就是个走马灯。有的小孩,除了觉得累,啥都没感受出来;有的是就觉得漂亮,西安一位初中生说,"这跟颐和园似的,好玩!"对他们来说,这和故宫也没什么区别。加上有的导游现在是"惜字如金""言简意赅",想感受高等学府深厚的文化底蕴?悬!而且有人认为,让孩子游大学,会给他们造成"非清华北大不读"的压力,对孩子成长未必是好事。我觉得,如果您孩子成熟了,再来转转,那会更有效果。

《光明日报》说,要开学了,《印刷豪华装帧精美的豪华课本进入校园》。现在的课本,印刷那叫一豪华,16开铜版纸,比我周末给您读的杂志装帧还精美呢;书好价格也好啊。于是,一本教材,动辄几十,多的上百。正上大二的小绢说,一本教材68.5,是她一个月的午饭钱,他感叹说:我用不起这么好看的课本啊。文章最后还做了一个统计,减少豪华装,按每个学生省5元算,就能让500万失学儿童重返课堂。我们一直反对过度包装,书本也没理由免责啊。

今天的《竞报》也以《提倡节约,呼吁"平民"课本》为题作了评论。文章说,好教材确实有利于求学效果,但用黄版纸做课本的时代,一样培养出了许多数学大师。可见课本的纸张和教学质量没有必然联系。呼吁"平民课本",关键是降低课本价格。这一方面是建设节约型社会的需要;另一方面,也是在为贫困生减负做努力。

接着往下看。

想搞科研就别做官,做官就不要搞科研。

这是《中国青年报》引用前科协主席周光召的话。目前,很多科技工作者实际待遇无法落实,往往是担任了行政职务才能享受待遇。手里无权,职称再高也兑现不了应有的待遇。所以,大量科研工作者千方百计要混个官当当。而目前有人既做官又科研,做官不好好服务,科研弄不出成果。最后是利用职务之便,把经费留在自己的研究所,使真正搞科研的人没有经费,严重影响科研事业发展。周主席的话掷地有声,也希望能给个别人敲响警钟。

再来看国际方面的消息。

最近美国哈佛大学有一项研究发现,女性体内在晚间会产生一种用来调节睡眠节奏的黑色素。如果女性在晚间工作,受到人工照明的光线干扰,这种黑色素的产生就会大幅减少,荷尔蒙雌激素则上升,这时候危险就来了。《联合早报》文章标题是"雌激素上升,女夜猫族,乳腺癌飚高50%"。文章说了,女性若长期在晚间或通宵工作,得乳腺癌的概率会比一般女性高出近50%。哈佛大学的医学专家调查了1万名女性,而调查结果显示,原因就是调节睡眠节奏的黑色素减少。黑色素减少雌激素上升从而导致胸部长出肿瘤的风险。熬夜不光容易得乳腺癌,还容易衰老。为了青春永驻还是不要熬夜的好。

今天的《天天读报》就是这些内容,就到这里吧。

▲示例3

全球舆论大动态,尽在《有报天天读》。大家好,我是主持人。今天世界媒体都关注什么样的新闻呢?

进入节目一起看。

首先进入今天的中华聚焦,我们先来看看香港《信报》以及《青岛日报》注意到的是,中联办主任骆惠宁在国庆前去哪儿了?没错,再次落区,的的确确呢,骆惠宁前段时间,包括香港的选举之前,他也是到基层去看看究竟是什么样的情况,听听民意,把中央的政策传达下去,也把从香港基层得到的一些真实情况传达给中央。

所以啊,现在中联办事更加重视直接听取基层的呼声。他甚至还上了渔船,有渔民就说:"我过去20多年,从来没有中联办主任上渔船的,真是接地气啊。"而且这次肯定也是谈到了住房问题,毕竟住房问题一直都牵动着中央的心,其实之前早就提出,今后笼屋汤房是不可以再有的。

而且我们都知道,今后中国的发展也离不开香港这样在中国内地和国际之间的连通器。所以说,像骆惠宁主任下基层去访一访是很有必要的,他能够很真实地看到香港现在还有什么样的问题,需要怎样来解决,比如说住房问题,要想推动整个香港爱国、爱港,就要让老百姓心里有一颗定心丸,住房问题也好,老百姓的福祉问题也好,一定要放到很重要的位置上。

再来看《信报》关注到的消息,能源大企业奉命,要不惜代价保冬季供应,最近太缺油也太缺电了,《经济日报》《信报》的媒体都在关注,现在广东已经在找一个办法,那就是把高峰期的电价上调25%,这就鼓励大家在低峰期用电。但放心啊,这是不涉及居民以及商户用电的,针对的是企业。那我也看到有一些港商这个时候就说:那行啊,我多掏点电费都没关系,别让我停产就行。

接下来我们再看看人民网关注到的消息,标题是这样的:"坑人的'网红景点'越来越多?网络'滤镜产业'是不是该整顿了?"

说到这个我想问一下,你有没有这样的经历:看到网上推荐的小众"网红景点",照片中酷似某著名景点一样优美的画面、舒适的光影,或者是一个惬意的表情,你会以为自己发现了新大陆。可是当自己兴冲冲跑到现场一看,"就这?"所以不少人乘兴而去,败兴而归,大呼上当。

"网红景点"套路深,莫要太当真。有些"网红景点",一开始籍籍无名,但加上各种滤镜后,似乎便有了"养在深闺人未识"的气质。大多数"网红景点",是景区商家有意为之。他们或自己操刀上阵虚假包装,或找博主发"照骗"推广,通过滤镜过度美化景点,或通过社交平台夸大宣传以迅速提升景点知名度吸引客流,谋求短期内的高额回报。

我们可以看到去年湖南一网红"天空之镜"景点就曝出造假拍摄事件,因虚假宣传被罚款12万元。

当"网红景点"推动的打卡式旅游开始流行,能否拍出一张好看的照片成为旅游的出发点和落脚点时,旅游景区更深层次的自然、历史、文化等方面价值就会被掩盖,浅薄虚假的"网红景点"就会大行其道。此刻,我们应该反思,难道我们旅游的初衷就是一张加了滤镜的照片吗?

旅游业的稳固发展,最终拼的还是产品和服务。滤镜包装出来的"网红景点",是"一锤子买卖"的短视行为,注定不会走远。更重要的是,一味追逐此类虚假繁荣,可能给当地旅游环境带来不可估量的损害,让那些诚实经营的优秀景点成为牺牲品。说到底,不加滤镜、纯天然,才应该是我们推崇的"网红"地!

再来看其他方面的消息。网上购物当然方便,不过过度依赖可就容易出问题了。《信息时报》说,最近,热衷网络购物的大学女生小李又在网上定了商品,快递员直接把商品送到校门口,她这次在网上订的是一支牙刷。有人就问了,连牙刷也要上网买是不是有点小题大做?可小李认为,商店的牙刷种类单一,自己不一定喜欢,而鼠标一点网上就找到十几种,价格合理还送货上门,省事、省时、便宜、种类多,一连串的优势让网络购物成了很多大学生的主要消费渠道。除了生活用品,像手机、MP4甚至零食也都成了网上购物的热门选择。而过度依赖网上购物还催生了许多整天待在宿舍伴着电脑的"宅男宅女们"。他们说,上街采购人多又混乱,还是在网上鼠标一点就解决了。网上购物是方便,可要是为了这个让你连交际能力也退化了就得不偿失了。毕竟,小花小草还要透透风见见太阳,人老待在房子里那怎么行。所以说,还是出去走走吧。

好,感谢收看今天的节目,我们下周再见。

▲**示例 4**

观众朋友大家好,今天是 10 月 15 日,星期五,农历九月初十,我是《学习强国》主播刘兰惠,一起来看今天的报纸。

中央人大工作会议 10 月 13 日至 14 日在北京召开,中共中央总书记、国家主席、中央军委主席习近平出席会议并发表重要讲话。今天人民日报头版发表文章《习近平在中央人大工作会议上发表重要讲话强调坚持和完善人民代表大会制度不断发展全过程人民民主》,打开第五版来看这篇现场评论,《携手构建共同发展的地球家园》作者吕晓勋:确定目标,并且有能力达成目标,保护生物多样性的愿景就不会落空;命运与共,推动各国共同治理,才能在保护的基础上构建共同发展的地球家园。习近平主席在《生物多样性公约》第十五次缔约方大会领导人峰会上指出:"前段时间,云南大象的北上及返回之旅,让我们看到了中国保护野生动物的成果。"实践证明,坚持尊重自然、保护优先,坚持绿色发展、持续利用,才能更好保护重要自然生态系统和生物资源,促进人与自然和谐共生。

中俄海上联合 2021 联合军事演习开幕式 14 日下午在俄罗斯彼得大帝湾附近海域举行,打开《解放军报》第三版我们来看配发的评论文章《利刃海天间》,记者韩成、孙飞:这是一次老朋友的重逢……多年的交流协作,让中俄官兵彼此之间结下了深厚的友谊。这是一次崭新的出征,新型战舰驶出国门,充分展示了中国海军的开放与自信,在横渡过程中,官兵始终着眼实战要求,保持战备状态,远海行动能力得到充分检验。

打开《光明日报》第八版,关注我国首颗太阳探测科学技术试验卫星"羲和号"成功发射,记者崔兴毅,通讯员张末、刘庆峰。10 月 14 日 18 时 51 分,我国在太原卫星发射中心采用长征二号丁运载火箭成功发射首颗太阳探测科学技术试验卫星"羲和号"。"羲和"起驾,我国进入探日时代,这颗卫星将填补太阳爆发园区高质量观测数据的空白,提高我国在太阳物理领域研究能力,对我国空间科学探测及卫星技术发展具有重要意义。

视线转到《科技日报》,关注第五版这条消息,最高 1419 亿元,2021 民企研发投入榜单发布,记者龙跃梅。全国工商联日前发布了 2021 民营企业研发投入 500+和 2021 民营企业发明专利 500+榜单,2021 民营企业研发投入 500+榜单入围企业研发费用总和 7429 亿元,其中研发投入最高的企业研发费用达 1419 亿元,2021 民营企业发明专利 500+入围企业累积拥有有效发明专利 33 万件,其中有效发明专利最多的企业共拥有九万件发明专利。

国庆期间,一位网名为小哥的下水疏通工,凭借一句"这份通下水钱我就不收了"赢得了十五余万点赞。一起来看《工人日报》第五版的这篇报道。疏通下水的小哥为用户免单被网友称赞"干最脏的活有最干净的心",记者张世光。这位小哥本命李海玉,1990 年生人,10 月 3 日晚上九点多,李海玉为一家住户疏通下水,发现住户家中生活困难,结账的时候决定为用户免单。他在现场拍摄了一条证明免费原因的视频,本想发给公司领导看,没想到在网上得到了十五余万个点赞。在众多留言中,他最喜欢的一句话是"干最脏的活,有最干净的心。"

视线转向《中国青年报》,一起来看第七版的这篇文章《推动文明互学互鉴,构建人类命运共同体》,记者夏瑾。在 10 月 11 日至 13 日举行的太湖世界文化论坛第六届研会上,来自世界各地的中外各界人士就促进世界文化多样性、构建人类命运共同体等重大议题,通过线上线下相结合的方式进行了深入交流。必须加强不同文明的交流对话,加深相互理解和彼此认同,必须坚持求同存异、和而不同,坚持开放包容、互学互鉴,坚持美人之美、美美与共,坚持与时俱进、创新发展。

如果您接到这样一个电话,说,现在我行有个一个月回报30%的基金理财项目,因为您是我行的高信用客户,现在限时向您开放,这个项目的手续费是购买金额的5%。您会相信吗?其实这是一通模拟诈骗电话,在《法制日报》第四版的报道《群众与骗子过招积累防骗经验》中,记者李光明、范天娇带您实地探访位于安徽合肥的沉浸式防骗展馆,揭秘各种令人上当的骗局。

最后关注《内蒙古日报》第六版的文章《"两山"理论实践创新的"兴安盟模式"——兴安盟创建"绿水青山就是金山银山"实践创新基地综述》,作者呼日查、高敏娜。10月14日,在2020年联合国生物多样性大会上,内蒙古兴安盟被命名为全国绿水青山就是金山银山实践创新基地,是内蒙古唯一获全国生态文明建设示范市,全国绿水青山就是金山银山实践创新基地两项殊荣的蒙市。稻田金黄,枫红似火,林海层林尽染,看看这些美丽的图片,一起来领略一下这里的美景吧。

以上就是今天的每日读报,感谢您的收看,想要了解更多相关内容请打开学习强国查看。

(学习强国《每日读报》2021年10月15日播出)

▲示例5

家事国事天下事,事事关心。欢迎您第一时间听××读报。

先看这张照片,他是一个传奇,从9岁入学、14岁便辍学的穷孩子,到享誉全球的"玻璃大王"。蹬三轮起家,而如今中国人开的每两辆轿车中就有一辆的车玻璃是他的企业生产的,他就是"福耀玻璃"的董事长——曹德旺。

《每日经济新闻》报道:前几天,曹德旺宣布要把他和家人持有的"福耀玻璃"股份的百分之七十约为7.56亿股用来成立慈善基金,按昨天该股收盘价5.99计算,市值差不多有45亿。基金会将用这笔股票的年底分红和一定比例内通过高抛低吸运作投资股票来获得慈善款项。而为了维持股价稳定,基金会章程上将规定基金所持股份比例必须为入股时股份上下浮动的10%。也因此有人就说,曹德旺捐股给慈善事业,最终基金会能动用的不是几十亿的市值而只是几千万分红,这是为了拉高股价的秀。

《第一财经日报》注意到,就在曹德旺公布捐股计划的同时,福耀玻璃正在遭受金融危机的打击。4条建筑玻璃生产线因为亏损被关闭,账面上预提数亿元的资产减值损失。而曹德旺宣布捐助计划的当天,福耀玻璃股价上涨到6.32。对此曹德旺回应说,福耀玻璃目前持股人已达6万多人,把流通股集中到基金会运作,限定持股比例是对广大持股人最好的保护方式。

《辽沈晚报》也说《曹德旺不该怕慈善之路被扭曲》。不否认,捐股的壮举,使福耀玻璃这家上市公司获得声誉,也注定会吸引资金关注。曹德旺成为新闻人物,让人赞赏佩服也好,让人猜忌质疑也罢,在金融危机大背景下,这总比资本市场一潭死水要好得多。更何况,如果曹德旺怀揣高尚的道德理念,那就坚定地走自己的慈善之路,不用管别人说些什么!

据说福耀玻璃上市以来,向上市公司股东共募集资金6.96亿元,派现12.16亿元。对于任何一个崇尚商业文明的社会来说,人们最希望看到的是:企业危机之中,企业家精神能够熠熠生辉。如今每个中国企业家都面对这样一份考卷,而曹德旺已经交卷了。

经济适用房、廉租房等政府保障性住房制度已经实行很久了,可还有一些"夹心层",他们既不符合经济适用房和廉租房的申请标准、又暂时无力购买商品房,针对这批人广东省计划出台一个新举措。《新快报》报道,广东今年将开展政策性租房制度试点,也就是说政府新建或者买房,以低于市场价格租给拆迁户、新参加工作过渡群体,解决更多"夹心层"住房困难。政策性租房的租金会高于廉租房,但会低于周边楼盘租金的市场价。而且最关键的是,这项政策不仅针对本地人,外来务工人员也可以享受。

听着不错,解决了咱老百姓最关心的住房问题,可这个关系民生的好政策能不能落到实处,造福于民呢?《西部商报》对此提出质疑,《政策性租房是在给住房保障添乱》,首先,所谓的"夹心层"数字实在庞大,可不是一朝一夕就能实现的,政府财力也无法承受;其次,"夹心层"怎么界定也是一个难题。新参加工作人群里也有高收入的,如果把高收入的也纳入"夹心层"范畴,明显有失公平,而且今天是"夹心层",可能明天就不是了,不可能做到密切跟踪、照顾周全。

有了经济适用房,又请来了廉租房,如今又要实行政策性租房。为了让更多人住上房政府确实动了不少脑筋,虽然现在还看不到效果,但摸着石头过河,只要是造福百姓的举动,就允许试,试试何妨?发现问题修正就是了。

来看国际方面的消息。

前段时间我们说过,美国加州为填补财政赤字,提议让企业员工每个月多休息两天,貌似荒唐。可如今纽约州长的提议,更加雷人。《北京晨报》说,美国纽约州长为填补纽约150亿美元的财政赤字,提议对下载任何网络资源征税,也就是说,您以后要下载音乐、软件、视频等都要交4%的税金。"下载税",消息一出,争议是铺天盖地迎面而来,反对者认为这个提议有可能还没挣到钱呢,反而促使利益丰厚的网络行业走出纽约州,收入就更少了。这样下去,保不准将来还会有人提出什么"上网税""搜索税""网络交易税"。一缺钱,就征税,就不怕把人吓跑吗,跑了人,钱从哪里来?

你听说过"食草男"吗。《环球时报》报道,所谓"食草男"是专指20岁至30岁左右的未婚男性,他们性格温和稳重,满足于单身生活。对于婚姻恋情,他们更是有独到的见解,采取"敌不动我不动"的策略,从不积极追求恋爱和婚姻,只喜欢保持不温不火的步调和女朋友相处,少了些男子汉应有的主动。最为关键的是,他们的消费观念务实环保,就拿代步工具汽车来说吧,相对于费用高而且不环保的跑车,他们现在更喜欢乘坐实用舒适的轿车。看来食草男的消费理念还不错,不过婚姻理念我们可别学他们!

《新民晚报》说,春节前后在北京平谷花卉市场上,一种栽在盆里的"苹果树"因取"平安果"之意而热销。要说这盆栽水果的由来,还得从它的发明人宋华兴说起。在1993年宋华兴决定栽20亩苹果树,最后都种完了还剩下8棵树苗。于是,宋华兴找来8个营养钵,把树苗都种了进去,放在窗台上当花儿养,3天一浇水,这一养就是6年。没想到的是,这8盆苹果树竟然在1998年都开花结果了,而且这盆栽的苹果和果园里种的苹果竟然一样味道好。宋华兴就想,这是一个商机呀,于是在2003年就将盆栽水果树的规模扩大到4万盆,还为此专门建起了6个水果大棚。现如今,宋华兴的苹果盆栽卖到了1000元一盆,而这盆栽的苹果也不便宜,每个要卖100元。这真是无心插柳柳成荫,无心之举铸就了致富的商机。

这正是:

苹果能当花儿养,盆栽水果购销旺。

商机处处待发现,智慧树下好乘凉。

今天的读报就是这些内容,就到这里吧。

### ▲ 示例6

各位好,这里是报读天下,我是主持人××。首先来浏览一下国内各地的报刊精华。首先来看人民日报的消息。文化应是"有操守"的,而非"无底线"的。当今文化的快餐化、浅表化和泡沫化,是整个社会的损失——把文化搞得面目全非、庸俗市侩,恰恰是没文化的表现。

一瓶普洱老茶卖到几万、几十万，因为它是"能喝的古董"；做支"胎毛笔"要几百上千块，叫作"生育文化"；在旅游景区体验"抢婚"被"抢钱"，还美其名曰"民族文化"；花十万泡个温泉，您别嫌贵，这可是"帝王浴"文化；至于开发房地产建成的"文化街区"，也能算是"文化产业"，如今啊，许多平常事一和文化"沾亲带故"，"乌鸡"立马成了"凤凰"，身价也跟着涨。这是文化的"特异功能"吗？不然，是"吸金术"穿上了"文化马甲"，你要道破其中玄机还得掂量掂量，会不会被讥为没文化品位，吸金之"术"虽层出不穷，其"道"则一以贯之：文化"编故事"，赚钱"唱主角"。毫无疑问，文化产品也是商品，文化含量亦能增加产品的附加值。文化市场里，既能"炼金""淘金"，也能"点石成金"。但有些人却打起了歪主意，故意搅浑文化这池清水。

从曾经的"文化搭台、经济唱戏"，发展到"文化是核心竞争力"，人们对文化的认识不断深化。但不可否认，在一些地方和个别人眼里，文化，只不过是发展的工具，功利和实用仍占着上风，而文化一旦"现实"起来，就像得了"软骨病"，立即斯文扫地、颜面无存。

文化需要被尊重，而不只是被消费。对于我们每个人来说，擦亮眼睛，分清好坏，对拿文化"吸金"的不良现象嗤之以鼻"绕开走"，就是对文化的薪火相传尽一份力。

好，咱们接着来看光明日报的消息。

北大招生工作日前结束，该校招办负责人表示，今年，少数高考状元利用高分，索要巨额奖学金被拒。北大欢迎高考状元报考，但绝不会为争取他们选择北大而讨价还价。对此，有观点盛赞北大傲骨，厉责部分状元功利。北大不以招揽高考状元为圭臬，对索要巨额奖学金者断然说"不"，确实体现了自己的"性格"。但是，将考生索要奖学金用"讨价还价"这样明显带有贬义的词汇形容，会不会遮蔽其中的正当诉求呢？在这个开放和多元的社会，每个人都有自主选择最优路径的权利，上大学亦然。考生与大学之间，其实暗含着某种平等的准契约关系，即大学可以按照自己的标准选择考生，考生也可以根据自己的预期选择高校。

近几年，港校、国外大学的频频介入，为考生的自由选择提供了更大空间。在此背景下，考生主动和大学协商，争取更优渥的求学条件，是可以理解的。一些高考状元主动与北大"讨价还价"，让大学露出了平易近人的本貌。大学应该有足够的耐心，坐下来和优秀考生聊一聊，对他们提出的条件，能满足就满足，不能满足就以其他优势去说服，比如，学术大师、学科优势等，实在谈不拢也只能说声"sorry"。这样做并不会折损大学的清高和风骨，相反，能让人们看到一所大学以学生为本的情怀和诚意。

大学之大，贵在盖之如天，容之如地，有包容胸怀。大学真的不必排斥状元讨价还价，状元们呢，当然也不能恃分而骄，忘却讨价还价的最终目的还是求学。如此，大学才能少一些错失美玉的遗憾，揽英才而教之；状元们才能避免沦为"布利丹的毛驴"，左挑右拣，无所适从，最终一无所就。好，接下来咱们再看武汉晨报的消息。

原本应该变成美丽天鹅的丑小鸭却成为烤鸭大餐。"太可怕了，现在的幼儿读物延续了黑暗的传统。"近日，一名网友在微博中晒出一组新版丑小鸭童话故事，故事结尾丑小鸭并没有变成美丽的天鹅，而是在离家出走后被宰杀，成了"烤鸭"。该故事一出，引发了网友们的广泛关注。

当篡改经典成了一种时尚，就连童话故事也不例外。时下，雷同的黑暗系童话故事还真不少，甚至为大家所熟知的"灰姑娘""白雪公主"等经典童话也被"黑暗"化。丑小鸭被无辜宰杀而沦为"烤鸭"，灰姑娘遭遇火刑而成为王子的陪葬者，原本美好的经典结局清一色地向悲惨遭遇的路数上走，这或许是一种另类的安全教育，但过分的重口味很可能已经伤害了孩子幼小的心灵。说这样的结局"毁三观"或许言重了些，但若想让孩子通过童话来感悟和接触社会，未免太过简单化了。

好了，今天的节目就要和大家说再见了，下周同一时间我们不见不散！

# 第五章
# 新闻连线与演播室对话

## 第一节
## 新 闻 连 线

追溯起来,连线报道最早出现在我国的电视节目中是在20世纪90年代中期,连线报道主要运用在重大活动和事件的大型报道与特别节目中。进入21世纪以来,连线报道更广泛地进入新闻类节目中。除了央视外,省级台以及城市电视台也大量运用这一报道形式,各种连线报道缤纷荧屏,中央电视台的《时空连线》更是把连线作为整个栏目的主要采访和表现手段,而且由原来的单点连线发展到了多点同时连线。目前,连线报道已成为电视新闻节目中经常运用的一种报道形式之一,并且在实践应用中获得了长足的发展。

"连线"作为一种技术手段,一种新的节目形态,得到了广泛而有效的运用,并以其迅捷方便、形式新颖、信息量大以及充分调动受众积极性等特点,深受大众的喜爱。

电视新闻连线报道指的是以主演播室为中心,通过电话、微波、光纤、卫星、网络等传输技术手段,在同一时间不同空间里,单线、复线或放射线状与其他分演播室主持人或外景地记者或采访对象相互串联,共同完成信息传输的一种报道方式。

多点连线直播,则在报道手段上有新的突破,包含的元素有事件现场、多路记者、后方演播室(总主持人、嘉宾、专家等)、背景资料(文字、镜头资料、专题、人物采访等)、节目包装(总片头、小片头、宣传片等),形成全方位追踪事件的立体报道方式,克服了单个现场报道的先天不足,呈现多重优势,实现电视表达的创新。

新闻连线示例如下(根据音视频资料进行少许加工处理)。

▲示例1

**美或会采取清晰的台海政策**

**主持人:**台湾"立法院"通过"公投法"后,12月2日,美国国务院发言人鲍彻表示,美国反对台湾举行任何会改变台湾地位或走向独立的公投。12月3日,白宫发言人麦克莱伦重申,美国反对任何单方面改变台湾地位的行动。有人分析认为,鉴于两岸目前的紧张局势,美国或会采取清晰的台海政策,您对此如何看?

**吴心伯(复旦大学美国研究中心教授):**美国的对台政策本身就充满矛盾。一方面它支持"一个中国",不同台湾发展官方关系;另一方面也向台湾方面提供军事上的支持,而且在近年来也提升了和台湾的政治关系。"台独"势力事实上是在利用美国政策本身的矛盾、利用美国的支持,在推动其"台独"议程。但是,美国的对台政策有一个限度,就是希望不要在台海地区发生一场大规模的冲突。如果台湾要走向独立的话,冲突不可避免,这就挑战了美国的政策底线。在这种情况下,特别是最近我们在台海问题上做了一些很明确、很充分的立场表达以后,美国开始认识到问题的严重性,然后也做了一些口头上的表态,包括一些外交上的运作,向台湾传达了一个信息,不支持陈水扁推动"台独"的公投。

尽管美国作出了这种姿态,我们看到还有几点是不足的。一个就是在布什政府内部还存在着很强大的亲台势力,这批人实际上支持台湾甚至包括支持台湾独立,而且在美国的公开表态里我们看到,没有用"反对""台独",而是用"不支持"的措辞。更重要的是美国与台湾之间的军事交流还在继续进行,一点儿都没受到影响。这样的话,美国事实上没有实质性的行动来体现它不支持"台独"的立场。

今后一段时间,美国的对台政策如何变,我想一方面取决于台湾岛内的形势发展,是不是陈水扁推动

"台独"的意愿有所下降,如果没有的话,美国必须在这个问题上有更加明确的表态和实质性的动作。另一方面取决于中国大陆的反应,特别是这次温家宝总理访美,台湾问题应该是个很突出的问题。中国方面已提出要美国明确反对"台独",停止对台军售,不同台湾发展官方性质的关系。

**主持人:**今后美国会不会对中国的要求照单全收?

**吴心伯(复旦大学美国研究中心教授):**鉴于美国过去的做法,我认为不可能。在台湾问题上,美国对中国更多的是"口惠而实不至",美国在今后还是会保持一种模糊立场。

▲示例2

**香港经济回暖与内地实现双赢**

**主持人:**香港特首董建华12月3日赴京述职时称,香港经济已复苏。同时,我们关注到,在11月下旬香港财政司长唐英年到上海、浙江走了一圈,12月2日,香港主办的"CEPA中小企商机博览"也广受关注。这些说明CEPA(《内地与港澳关于建立更紧密经贸关系的安排》)已步入实质操作阶段。那么,香港的经济前景究竟如何,与内地在多大程度上能实现双赢?

**石齐平(香港中文大学香港暨亚太政策研究所研究员):** 首先看一些比较主要的经济指标,如失业率、股市、经济增长率,这些指标在最近一两个月来相对于三四月以前来讲在好转之中。从这个层面讲可以认为香港经济确有复苏的迹象。但是如果从长期来看,就是说香港是否可以从这几年来经济衰退的谷底往上上升,还有待观察。

CEPA的签署,对香港或者内地各省市而言都是好事,因为它提供了双方更多经贸往来的可能性。如果说在CEPA之前,香港与内地存在着资本移动、人员往来或产业投资上的一些限制、障碍,CEPA就意味着这种限制和障碍在松绑、放宽。CEPA提供了一种可能、一种架构。至于具体来讲究竟会好到一个什么地步,也就是说究竟会给香港或内地省市创造出多大的双赢,要看双方在经贸结构上的互补性而定。

具体地讲,上海与香港之间,从上海的角度来看,肯定有与香港在很多领域合作的意愿。因为上海发现香港具有不少上海缺乏的东西,比如高级人才、服务人才。上次上海市市长来到香港,就表示上海欢迎香港在服务领域上同上海进行更多的合作,包括机场管理、货柜港运作、金融专业等人才的引进。这个上海看得很清楚,对其是好事,对香港来讲也未尝不是好事,这可以为香港拓展更大的空间。但就香港本地市场的繁荣和就业机会的增加的作用并不大,因为它没办法刺激香港的需求和带动香港的就业。

内地其他各省也和上海一样有这种意愿,但其关系能发展得如何,要看内地某省市的经济结构与香港经济结构之间的相对关系而定。所以,短期的景气,表现在数字上有好转的迹象,反映出中央释放出相关的经济上的"大礼"对香港经济的恢复多少取得了正面推动作用,个人游也带来了活络的气氛。但是从长期看,香港的机会必须回到CEPA这个架构之中去找,也就是说,在一个更大的空间中找出新的核心产业。现在这个架构启动了,某些地区的合作也给香港提供了一些新的出路,原有的香港经济结构中的空间可能会变得更大一些。但是总体来讲,我们还看不出来有什么更值得注意的巨大机会正在形成之中。

▲示例3

**白岩松:**我觉得首先要关注你的位置,现在你离爆炸点,也就是核心的这个地方有多远?你的报道现场。

**蒋林:**我今天离爆炸现场最近的时候,直线距离不超过一公里,透过天津海关的大楼,我爬到这个楼15层的时候,可以非常清晰,就像刚才通过无人机所看到的这个画面。其实站在这个窗口我也一度觉得很刺痛,蒸腾起来的浓烟,我们在15层的这种大楼上也可以闻到。

我现在的这个位置，在今天下午有了一次向外的撤离，其实这是因为今天的风向有了一个小小的变化，从面向海关大楼右侧的方向调整到了海关大楼的左侧，其实可能修正这一点小小的角度，但是对于周边不少的救援抢险，包括我们现场报道人员来说，可能又有了新的危险，所以在今天下午，大概4点钟的时候，我现在到达的这个位置，距离核心现场是1.3公里，但是并不遥远。

**白岩松：** 蒋林我要打断你一下，因为其实我并不希望此时此刻你离的距离非常近，1.3公里也已经足够近了，我也注意到你在准备期间的时候，就没有戴口罩，现在连线也没有去戴，那么是否接到相关的信息，比如说空气是否安全的，是否有一些有害的物质，你们有过这样的采访或者说得到这样一种提醒了吗？

**蒋林：** 那我就把今天下午的感受去做一个梳理。在到达核心现场，也就是说最近大概一公里这个位置，因为当时的风向是和我们身边擦肩而过的，所以其实浓烟是从我身旁大概50米的地方过去，那么在这个时候是闻不到现场有任何的爆炸或者燃烧之后的味道，但是当我爬到海关大楼上的时候，风向发生了变化，能够非常清晰地闻到，而且直到现在其实会觉得自己的鼻腔或者自己说话的时候，嗓子会有一点小小的刺激感，因为这毕竟是一个堆放化学品的仓库。

而我现在所站的这个区域，其实是和现在的风向成一个平行的状态，风是朝偏向于渤海这个位置继续吹，那么我们距离它的一公里的时候，其实就是平行于现在烟所飘的方向。

在今天下午6点钟的时候，得到过一个消息，就是北京军区防化团在相隔500米的范围之内，他们没有检测出氰化物，但是这个消息其实停止在了今天下午的6点钟，我们也希望随时更新空气检测的信息。他们派出了很多的流动观测车，形成了一个环状围绕着现在仍然在燃烧的区域，但是现在现场仍然在开一个会商会，所以没有能够拿到最新的消息，但是在这个平行的风向，我是闻不到任何的气味的。

▲ **示例4**

整点新闻，我们继续关注台风"凤凰"。最新消息，今年第八号热带风暴"凤凰"昨晚8点离开福建，进入江西境内，外围最大风力依然有9级，受此影响，江西30个县市出现了暴雨天气。接下来，我们首先连线一直守候在中央气象台的记者，看看最新的台风预报。

**主持人：** ××，你好，现在请给我们介绍一下最新的台风情况。

**记者：** 好的，主持人。观众朋友，现在是上午11点，据最新的气象云图显示，今年第8号热带风暴"凤凰"的中心今天上午10时已经到达了江西省鄱阳县境内，估计在傍晚才会离开。我们来看卫星云图，现在外围最大风力已经达到了8级。预计"凤凰"将以每小时10公里左右的速度向西北偏北方向移动，逐渐减弱为热带低压。虽然已经减弱，但是专家强调，各地一定要做好相关的准备工作，特别是江苏、安徽、浙江、江西、福建、广东等省市，大部分地区会有大雨或暴雨，可能会对交通产生一些影响，请部分居民做好准备。台风下一个经过的省市将是安徽。好，现在把话筒交回给演播室内的主持人。

**主持人：** 感谢前方记者的报道，可以说此次台风来势凶猛，现在的中心正位于江西省鄱阳县境内，希望有关部门及时做好防范措施，我们接下来即刻连线前方记者，他此刻正在江西省境内，我们一起来了解当地的情况。××，你现在在什么地方，那边情况怎么样？

**记者：** 好的，主持人，我现在正在江西省上饶市一个非常普通的道路上，现在台风中心就在上饶市波阳镇。从昨天晚上开始，这里就下起了大暴雨，而且没有停过。像前几天，我们这里还是37度以上的高温，现在一下子就降了下来。现在外面雨下得也非常大，打到我脸上非常疼。我们看到现在道路上车已经不多了，因为台风来袭，很多部门、单位都紧急放假，很多商场也都停止了营业，大部分居民现在都待在家里。现在风也非常大，大概是6、7级左右，你们看现在道路两旁的树也是给吹得东倒西歪了。

**主持人**：那么，现在你所在的市交通、供电情况怎么样呢？有没有中断？

**记者**：这次台风，江西省有关部门已经提前制定了很多应对措施，到现在为止，一切都还正常，我现在所在的上饶市，供水供电还是正常的。

**主持人**：好的，那么针对这次台风袭击，当地政府采取了哪些措施呢？

**记者**：据我了解，现在各个防汛部门都已经进入了紧急待命的状态，很多地方还进行了紧急疏散，寻乌县，现在已经提前转移下游沿河群众5836人，因为考虑到现在持续下雨，有可能文峰乡下坪水库大坝附近会存在一些安全问题，所以进行了人员的提前疏散。

**主持人**：好，非常感谢前方记者，你辛苦了。现在台风依旧在江西境内，虽然有所减弱，但是附近居民还是应该小心应对，尽量待在家中，不要出门，以缓解当地交通压力。详细的情况，请继续关注我们的节目。

▶ **示例5**

**演播室口播**：观众朋友们，大家好，欢迎收看《第一时间》，我是主持人××。

今天是10月8号，是国庆中秋双节假期的最后一天。今年的假期比较特殊，赶上了国庆中秋双节日，放假时间长，中秋节又是团圆的日子，出行的人比往年多，那么大家最关心的就是出行的路况了。接下来我们连线一下本台记者，一起看一看现场的情况。

**现场报道**：主持人好，大家好，我是记者××，现在是北京时间的下午一点钟，我现在所在的位置是在天津市公安交管局的指挥大厅，为大家发回现场报道。大家可以看到我身后的屏幕，非常直观地可以看出，总体来说通行还是非常顺畅的，这个假期由于中秋国庆双节一起放假，时间比较长，高速公路的出行是免费的，又加上疫情的原因，大部分人愿意选择自驾的方式出行。所以这次假期对于高速公路来说是一个非常大的挑战，也给我们的交警带来了很多的难题和压力，途经天津各高速的流量为950.1万辆次，同比上涨64.8%，但是在十一期间途经天津的14条高速公路通行还是非常顺畅的。我们也采访到了天津市公安交管局高速公路第二队秩序管理大队队长，他告诉我们："今年的国庆假期，在9月30号晚上有一个出城的高峰期拥堵，那么途经天津的各高速返程高峰出现在6号下午四点钟左右，今天的车流量已经被分散，所以目前看来通行比较顺畅，那么在十一之前已经在高速路上部署了无人机、电子警察，全方位保证大家的出行是顺畅的。同时，治安、路政、119、120、清障救援多部门联动24小时保证大家的出行安全。"

好的，以上就是本台记者现场报道的全部内容，在这里也要提醒广大观众朋友们，道路千万条，安全第一条，出行期间一定要安全驾驶。

# 第二节
# 演播室对话

演播室对话，即电视新闻播音员（主播）通过电话连线及视窗对接（有时是双视窗，有时是多视窗），与新闻现场的记者、有关人士进行直接对话，向他们提出问题，请他们介绍有关情况；或在演播室就某一重要新闻、新政策、新精神等，请有关专家进行内容分析、背景介绍、知识讲解，做较为深入的探讨，帮助受众更好地了解它们的背景、实质、意义。

演播室对话具有以下几个特点：

（1）它无完整的文字稿，只有编辑事先给出的谈话提纲与自己的对话思路，并以腹稿形式发挥作用。

（2）它的语言样态不是宣读式、播报式，而是谈话式。这就需要电视新闻播音员（主播）在演播室对话时，要从新闻播报状态转换到谈话状态。

（3）它的交流方式是与对象"面对面"的直接交流，不同于一般新闻播报是"独白式"的想象交流。

（4）它的工作进行中，需要主播把握、分配时间。

（5）它的体态语比新闻播报放松、动作幅度大，相对自由。

演播室对话，不等同于完全意义上的主持人节目，它仅是新闻播音的一种形式，是新闻报道的一个手段，但也要求电视新闻播音员（主播）具备一定的主持能力。这种对话，既有很强的新闻时效性、现场感，又有一定深度，是丰富新闻报道的有力手段。

## 1. 电话连线

电话连线，通常是为取得一个新闻事件的最新动态而采用的传媒手段。它的播出形式，一般是屏幕上出现连线记者的图片、地图等静止画面，但受众可以听到现场传来的声音，有时，还带有现场同期声，更显其真实、有现场感。同期声是电话连线的生命。

## 2. 视窗对接

视窗对接，观众可以从屏幕上看到对方说话的情形和与之相关的镜头，相比之下，更具真实性、现场感和生动性。它不但可以闻其声，还见其人、睹其景，可从视听两方面，提供给观众更多的现场信息。

## 3. 专家访谈

专家访谈，是借用主持人节目形式的一种新闻深度报道方式。每逢重大新闻发生、新政策出台、针对当前社会上人们的关心与不解，为使受众对有关背景、知识有更全面、深入的了解，特请有关专家来演播室回答新闻主播代表广大观众向他提出的相关问题。这种专家访谈一般时间不长，内容单一，以专家讲解为主。

演播室对话示例如下（根据视频资料进行了少许加工处理）。

▲《新闻周刊》（2021 年 08 月 14 日）

**开篇语：**您好，观众朋友，欢迎收看《新闻周刊》。延迟了一年举办的东京奥运会八月八号正式闭幕了。这一个几乎没有时差的奥运会让中国的观众看得也是非常高兴，因为我们不仅成绩好，脸上的笑容也多自信满满。众多的亮点当中有两个是让我特别有感触的。第一个是苏炳添以九秒八三的成绩代表中国、代表亚洲，以半决赛第一的荣耀冲进了百米的决赛，这在奥运的历史上从来没有过。因此他告诉我们，只要几代人持续不断的努力，同时走出去、引进来，每天都进步一点点，累加起来就会是重大的突破。第二，在本届奥运当中，中国 00 后选手已经开始全面展现才华，像射击的四块金牌全都有 00 后参与并主导，更不要说十四岁的全红婵以三个动作满分的惊艳表现，拿到了这个项目有史以来的奥运最高分。毫无疑问，未来的主角已经开始站到领奖台上，而且不仅仅是在体育的赛场上，为他们加油。

……

**本周视点**

**白岩松：**本周，南京每天新增确诊的病例数，降到了 0 至 2 例，多个地区调整恢复为低风险。此轮疫情最初的风暴眼开始趋于平静，距它 100 公里外的扬州，却成了绝对关注点。从 7 月 28 号扬州出现第一例南京关联病例，到今天，2 周多的时间，扬州的确诊病例已经突破了 500，并且还在以每天超过 30 例的速度快速增长。这轮疫情如此凶猛，一个很重要的因素是，它是由"德尔塔"变异株引发的。目前，全国已有 16 个省份发现本土疫情,周二开始,此轮的确诊病例数已经突破了 1000 例。毫无疑问,这是常态化防控以来,最大的一次挑战。我们还需要多长时间解决问题?面对新型毒株,接下来无论是疫苗接种还是防控手段,又将如何进行或者改变?《新闻周刊》本周视点关注:这一波疫情。

(配音)来势凶猛的"德尔塔"变异株,让即将步入尾声的夏季,格外令人焦灼。本周四,郑州开始了全市范围第三次全员核酸检测。而扬州主城区内的大规模核酸检测,也进行到了第七轮。目前,全国新发现的本土确诊病例,绝大多数都是从封闭区和隔离点中筛查出来的。上周,国务院联防联控专家曾预测,疫情可能将在两到三个潜伏期内,也就是 4 到 6 周得到控制。

**上海市疫情防控领导小组专家组成员　复旦大学上海医学院副院长　吴凡**:为什么这个人群会扩得这么大?一个问题就是发现的时候比较晚,一发现就已经是一窝了,第二个就是追溯慢。(如果)前期才传了三五个人,就把它搞清楚了,这种时候是可以追溯的,等它发现晚的话,(追溯)就非常难,已经搞不清楚谁传给谁的了。但是又要在短期内,赶紧要控制住(疫情),所以就做一个封闭,然后逐个排摸,做核酸检测来发现它。

(配音)两个多月前,"德尔塔"变异株就在广州引发过疫情,但大规模地席卷全国还是第一次。去年 9 月,"德尔塔"变异株最早在印度被发现。今年 5 月,被世界卫生组织列为需要全球关切的变异毒株,已在 130 多个国家和地区流行。研究发现,"德尔塔"的传染能力已经超过 SARS、埃博拉、天花,与水痘持平,一名感染者可以传染 5 到 9 人,是原始病毒的 2 到 3 倍。"德尔塔"的传播速度非常快,感染者与他人靠近,即使无交谈、无接触,也能完成传播。而最让人担心的是,已有多地报告,有接种过新冠疫苗的人被传染。

**上海市疫情防控领导小组专家组成员　复旦大学上海医学院副院长　吴凡**:疫苗虽然不能百分百阻断感染,但是它能有效减少重症的比例,这点也是非常重要的。也因为这一点,给我们带来了一些新的挑战,就是说轻症变多了,有很多人是无症状的感染,这种比例可能在今后疫苗人群普及百分比增长的情况下会增多。那么也就是带来另外一个问题,早发现(疫情)就变得更难。

(配音)据统计,这轮疫情影响最大的南京机场传播链,已至少波及了内地 13 省份 29 市。去年,该机场的吞吐量在全国排名第十二,人员流动本就很大。成为此轮疫情第二中心的张家界,最初的感染就来自于一对在南京中转的旅客。她们在南京 T1 航站楼的卫生间内感染病毒,随后在张家界观看《魅力湘西》演出时,引爆了疫情。而接待她们的导游,又将病毒传播给一个来自江苏淮安的 10 人旅行团。该团在荆州高铁站候车时,又分别传染给了来自武汉、荆州、海口的乘客,导致更大范围的扩散。这一切都源于南京禄口国际机场在境外航班管理上,存在严重的漏洞。

**南京市疾控中心副主任　丁洁**:经过调查发现,保洁员工参加了 CA910 航班的保洁工作,由于防护洗脱不规范,可能造成了个别保洁人员感染,进而在保洁员人群当中扩散传播。该公司保洁员同时负责国内和国际航班垃圾清运。

(配音)CA910 是一架由俄罗斯入境的国际航班,此前曾因出现境外确诊病例而被民航局熔断过十次。但南京禄口机场却把本该分开运营的国际、国内航班,变为混合运营,不但保洁员交叉执勤,清洁工具也共用。病毒就这样经过保洁员传染给中转的旅客。此外,南京从 7 月 20 日发现疫情,到宣布国内国际航班全部暂停,间隔了整整 10 天。

**上海市疫情防控领导小组专家组成员　复旦大学上海医学院副院长　吴凡**:病毒传播,如果发生在交通枢纽,那就是一下子就可以带到全国各地,而且这种带没有一定的规律性,完全有一些偶然因素,就是要把常态化的情况下,我们所有的措施要落实。像机场,那就是人、场、物分级分类管理,加上外面有病毒接触的风险人群的闭环管理,这个来不得半点漏洞,这个相当于守国门的第一道。

(配音)眼下,国际航班与货物运输,已经成为变异毒株潜入我国最主要的途径,也是在国内再度点燃疫情的最大风险,为堵住漏洞,民航局提出了更进一步的防控要求。

**民航局飞行标准司副司长　韩光祖**:加密所有一线工作人员核酸检测频次,从事国际业务的一线工作人员,要求做到隔天核酸检测,其他服务保障人员要做到每周两测,工作期间集中住宿、封闭管理,避免与家庭成员和社区普通人员接触,避免交叉作业。

**白岩松**:在内防反弹、外防输入的防控背景下,陆路口岸以及机场海关就成了高危之地,当然也是重点防控的场所。像南京禄口机场这样大量接触进口货品、入境人员,那么我们的工作人员应该进行怎样的管理?这的确是个精细活儿。稍微马虎和松懈,一传十,十传百,就又酿成了这一波来势汹汹的疫情,那么"德尔塔"变异毒株与以往已经有了很大不同,我们相关的防御策略是否也需要改变?

(配音)正值夏季,密不透风的防护服、双层手套、N95 口罩、护目镜一个都不能少。全国多地因为新一轮疫情再度紧张。多地核酸检测覆盖规模大、频次高。一些重点防疫地区的核酸采样现场、样本检测实验室几乎昼夜不休,为的是把近期引发国内多地疫情的新病毒——"德尔塔"变异毒株可能带来的危害降到最低。不久前,中国工程院院士钟南山,在一次论坛上分享了国内城市初次遭遇"德尔塔"的经验,他提出,由于"德尔塔"变异毒株的特点,原有密接者的概念可能需要改变。

**中国工程院院士　钟南山**:我们平常讲密切接触者就是家人,一块吃饭,同一个办公室的,一米之内一块吃饭开会的,这就是密切接触者,这个概念已经不大适用,"德尔塔"病毒不大适用。我们现在初步看法,不一定很对,但是通过经验,六七天的观察和追踪,我们发现应该是这么考虑的。所以后来广州就采用这个,你在同一个空间,比如你在这栋楼里头,有一个人得了,你这栋楼都要注意,都是密切接触者。同一个单位、同一个学校、同一个建筑,而且在发病前四天就要考虑,是要进行分级封闭或者封控。

(配音)5月,我国初次遭遇"德尔塔"的经验,为如今国内其他城市提供参考样本。扩大密接者或许是众多防控方法中的一个。实际上,截至8月4日上午9时,我国中高风险地区144个,为常态化防控以来最多;但在一周后,本周三,该数据超过两百个;本周五,这一数据回落到一百五十多个。数据加加减减,一方面,近期个别受"德尔塔"波及的城市,曾出现核酸检测点因现场组织混乱等原因导致感染的事件,这势必会提升地区疫情风险;而另一方面,在一些防控有效的城市中,风险地的数量在减少。这又说明,"德尔塔"并非不可防。

**上海市疫情防控领导小组专家组成员　复旦大学上海医学院副院长　吴凡**:它(德尔塔)还是没有跟原来的病毒,有一个本质上根本的变化,它还是跟原来是一致的,只不过它是传播能力更强一些,我们之前所有的有效措施,还是适用。针对它传播力强这一点,更要提醒我们,就是不能有漏洞,一有漏洞它就可能钻这个空子。

(配音)此外,作为受此轮疫情波及城市的疫情防控领导小组专家组成员吴凡看来,疫情突发时,防控工作做到早发现、快速管控,才可能在与疫情的对抗中抢占先机。

**上海市疫情防控领导小组专家组成员　复旦大学上海医学院副院长　吴凡**:那么我自己参与这些疫情防控的过程中,最重要的两个字,一个是"早",一个是"快"。早就决定了你刚刚有几个人,那么接触的人还没呈几何级增长时候,你把涉及高风险的密接、次密接都给找出来。还有一个就是快,在所有这些疫情处置过程当中,工作是以小时计的,也就是说最早的时候发现小范围,然后最快的速度,把涉及人群管控住,以最小的社会成本,最小的社会影响来处置这个疫情。

(配音)此次"德尔塔"来袭,上海出现的一例确诊病例在机场从事外航货机机组闭环运送的车辆驾驶工作,他的密接者因接种疫苗等原因,目前无一例感染,无本土新增。截至本周五,上海中风险地区一个,无高风险地区。原本出现在交通枢纽、可能波及更多人群的疫情短期被消弭。然而,不是每个城市和地区都具备上海的经济、人才等优势,要实现更多区域在抗疫中的早和快,吴凡建议各地可因地制宜、立足长远,结合社会经济等方面,在建设更强的公共卫生体系和有效的疫情常态化防控机制等方面下功夫。

**上海市疫情防控领导小组专家组成员　复旦大学上海医学院副院长　吴凡**:今天是"德尔塔",明天可能就是别的,你千万不要有一个短暂的想法,我赶紧把这事弄完了,清零了我就结束了,只要全球不清零,这个事就结束不了,你的措施都能扎扎实实落地。这样的工作就是不厌其烦,我们能做到位,如果这些都能做到位,我觉得我们的生活仍然可以呈现一种常态的,该是什么样是什么样,该开会开会,该旅游旅游。

**白岩松**:8月2号,上海浦东的一个医疗机构报告,浦东机场货运区一名外航货机服务人员,新冠病毒核酸检测呈阳性,这位机场员工作为高危人群,此前是接种过疫苗。因此,专家也在警告,德尔塔毒株可能颠覆大家对新冠疫情的设想,面对这样的毒株,并且可能还会有新的变异毒株,疫苗又将怎样起作用?

(配音)截至本周五下午,全国累计接种疫苗18亿剂次,完成全程接种人数超7.7亿人。然而,上海某机组服务人员作为重点人群已接种疫苗却依然因"德尔塔"变异株感染,还是引起很多人对疫苗接种能否抵御变异株的极大疑虑。

**复旦大学附属中山医院感染病科主任　胡必杰**:在去年的时候,我们对疫苗寄予厚望,希望疫苗来了以后,我们从此可以摘掉口罩了。但是从目前近期情况来看,可能完全摘除口罩还是为期过早,这次的德尔塔变异株,我们给它一个名称叫突破性感染。尽管打了疫苗,但是依然被突破,发生了疾病,但是我们可以从另外的角度讲,如果不打疫苗,那么可能感染的(病)例数更加多,同时如果不打疫苗,可能病情更加严重,需要住院的比例更加多。

(配音)国内公卫专家曾在不久前警示,作为防疫效果最好的国家之一,倘若不提高疫苗接种率,恐成免疫洼地而后果惨重。如今从全球看来,疫苗虽然接种率高了也不能百分百防住病毒,突破感染成常态,但占比极小。眼下,依然处于确诊高位的扬州,成为疫苗接种效果的观察地。有数据显示,早在20世纪80年代,扬州就已率先步入老龄化社会,其疫情收治的确诊患者,60岁以上人群超7成。

**复旦大学附属中山医院感染病科主任　胡必杰**:从扬州的这段时间,它的这个是重症病例(比例)比南京的比例明显增加。一个它这组人群当中,老年人的比例明显高于南京,第二个这拨人群没有打疫苗的比例明显高于南京。

(配音)在"德尔塔"袭扰广州时,钟南山院士提醒公众,广州13名重症患者全没打疫苗,他认为我国形成83.3%以上接种率,才能达到群体免疫,而接下来最受关注的疫苗屏障就是老年群体。记者获悉,扬州疫情中的重症和危重症患者基本为老人,扬州60岁及以上老人接种率尚未达到40%。囿于突破感染病例以及老年群体或者老人的亲人对其体质健康等的顾虑,如何统一好老人群体自愿接种和应接尽接,需要把工作做到更细。

**复旦大学附属中山医院感染病科主任　胡必杰**:我们的疫苗到底打还是不打?我们将承担的风险是多少?它的获利是多少?我们要进行利弊分析。之前我们打疫苗的主要人群,是在18岁到60岁或者65岁的这段人群。相对讲起来,老年人的基础疾病多,比较复杂,担心疫苗打了以后,有一些不良反应出现。但是我们通过半年多时间,疫苗广泛接种以后,我们积累了经验,觉得这个疫苗相当安全,老年组这人群跟年轻人一样,他的获利是非常大的。

(配音)在临床数据绝对安全的前提下,为有基础疾病的老人接种,面对一个个具体的他们,要做到本人和亲属知情同意和自愿。记者梳理发现,老年群体的疫苗接种已在多个省份铺开。今年三月,上海启动60岁及以上人群接种工作,第一阶段开打的年龄范围设定在60到75岁,市疾控相关人员介绍,考虑到年龄越大,基础疾病伴随副反应也增大,工作需要非常慎重,要根据每位老人身体具体情况进行接种。

**复旦大学附属中山医院感染病科主任　胡必杰**:先成年人再老年人,现在小孩,也不是说小小孩,先从

12到17岁这个年龄阶段,如果安全就往下走。我们中国对整个疫苗的推动是非常谨慎的,我们不会在没有相关(临床)数据(前提下),盲目一下子全部推开。

(配音)按照专家的免疫规划,18岁到60岁之间的人群应接尽接,自然会保护好老人和未成年群体。然而,扬州疫情中最小确诊患者只有15个月大,社区化、家庭聚集性感染特征明显,如何谨慎做好老人接种工作,更审慎研究未成年接种,怎样推进全人群接种,成为当下疫情防控的重点。借着暑期,不少地方的未成年人接种工作也在开展,同样遵循分年龄段接种等原则。同时,已经打过一段时间疫苗的人面对不断变异的毒株,是否需要补打加强针,同样受关注。

**复旦大学附属中山医院感染病科主任　胡必杰：**随着时间推移,它的抗体水平会下降。既然我们有一个突破性感染,通过加强针,可以减少突破性感染发生,但是这方面的数据还很少,我们从专家层面、科学家的层面,在考虑(加强针问题)。

(配音)本周五,国家卫健委研判,全国疫情风险总体可控。专家表示,这为我们集中精力提高疫苗接种率带来契机,同时接种思维要保持开放,比如除补打疫苗,是否可进行不同疫苗间混打,尽快增加疫苗接种选项等议题,都具重大公共现实意义。而最近,利好疫情防控的针对变异株的疫苗研发,国内外都已开始着手。

**复旦大学附属中山医院感染病科主任　胡必杰：**更多的是跟病毒赛跑,跟病毒的变异赛跑,我们希望有更多品牌胜出,能跑过病毒,能把病毒的变异问题彻底解决,让我们的人民、人类,能回到两年以前的正常生活。

**白岩松：**在本周,南京的确诊病例已经迅速降到了个位数,但扬州的确诊病例却不断地在高位停留,一个很重要的原因,就是有一位感染者在扬州虚报很多的防控信息而导致的。她本人被刑事拘留,但留下的代价也是惨痛的！这提醒我们：个体在注重防控措施的同时,也一定要配合流调。说真话,帮自己也救别人。同时,从大的层面,我们或许也该思考接下来的防控措施,哪些该坚守,而哪些需要改变？

人物回顾

**(贾某：踹门补课)**

胳膊上醒目的红袖标,一脚飞踹,房门应声被踢开。电影里的一幕出现在满是学生的补课场景,贾某涉嫌无证办学、违法经营,被社区责令关闭,实则未关又再次被人举报,他面对找上门的社区工作人员以及民警拒绝开门,于是便有了踹门而入、贾某被架走的场面。本周一,当地官方发布声明,贾某无证补课被立案调查,而对贾某实施粗暴行为的社区工作人员给予党内警告处分。

**(朱婷：被辱报案)**

本周三,中国女排队长朱婷在其个人社交平台贴出报案回执以及公证书,由于女排在奥运会期间的排名成绩,身为队长的她被大部分的网上留言内容提及,其中包括了她在备战期间的训练态度以及代言商业广告的内幕。目前,朱婷证据收集工作已经完成并且公证,对于造谣者,她选择追究刑事责任。里约奥运会以来,她每次球网前的扣杀获得的成绩让人赞叹,但是面对网络,朱婷却像是此次奥运会受伤一样,无法做出拦截、扣杀。

**(罗老师：自制球场)**

老球场二十多年风吹雨淋,已经破旧不堪,于是上溪小学罗老师通过网络征集到废弃单车轮胎,来为当年老师们自建的水泥篮球场改造。两个月的时间,他带领其他老师和学生们在施工人员的帮助下将橡胶篮球场改造完成。球场刚一建好,他就被今年毕业的学生追着问新球场的情况。本周三,罗老师的新球场照片被发到网上后,引起了网友们热议,大家在为孩子们的新球场感到高兴,同时也称赞罗老师的用心以及变废为宝的创意。

**白岩松**：在互联网时代，一个人或者一件事儿引发网友大量的关注再正常不过了，但是如何回应关注却各有不同。踹门查补课引发大家关注，不仅是代课的老师有没有资质，执法的方式是不是简单粗暴，还因为里边坐着那么多的孩子。简单粗暴的方式如何伤害了这些孩子，而又如何抚慰他们？似乎没有人解释。中国女排在东京奥运会上，小组没出线引发关注是自然的，但如果上升到诽谤或者编造谣言的地步，那用法律来回应这种关注也是一个不错的选择，这也难怪会有很多人支持着朱婷的举动。

**本周人物**

一个东京奥运会让一个家庭突然间就受到了前所未有的关注，他们应该怎样回应这种关注呢？

（配音）广东湛江奥运冠军全红婵成长的迈合村重新恢复了平静。过去一周，这里曾迎来了一批批前来打卡的人们。本周出于防疫压力，迈合村只在村口留下横幅，供人拍照留念，村内则开始限制外来访客擅自闯入。一度成为新闻人物的全红婵的父亲全文茂本周接受了《新闻周刊》采访，回归到平常生活中的他正准备迎接即将隔离结束的女儿返乡。

**全文茂**：她啥都吃一点，她喜欢吃什么我就做什么。

**记者**：平常她最喜欢吃什么？我看网上说她爱吃辣条。

**全文茂**：辣条这种东西，有一点辣、有一点香，所有的孩子都喜欢吃，这是正常的。我们也当过小孩，这是正常的。农村加菜就是杀鸡，炒两个菜，大家开开心心地坐下来，一起吃饭，说说话，聊聊天。

（配音）虽然女儿已经是奥运冠军，但全文茂还是想用家的味道等待女儿回家。事实上，自从全红婵七岁开始接受跳水训练，父女俩相聚的时光就慢慢变少了。

**全文茂**：那天我也不在，（教练）去学校里面选的，通过学校里面，看每个孩子的手脚，叫她们跳远，看她跳得多远，我也不知道（选拔标准）。学校就说你孩子被选中去体校，练跳水。我当时就说，孩子要是喜欢就去，不喜欢的事做父母也强求不了，她说那也可以去，一边读书一边训练，还可以，她说还可以就跟着走了。我们干农活的也发现不了这种天赋，有这么优秀的动作，我们也不懂，全部是靠教练。

（配音）七年前，全红婵就是在这里走上了跳台。从湛江体校到广东省跳水队，全红婵只用了四年。全文茂回忆这些年的体校生活，女儿多则两个星期回家一趟，少则外出比赛很久才回来。但是常年在外，全红婵却很少和父亲叫苦、叫累。

**全文茂**：真的从来没有说过有多辛苦，没说过，没跟我谈过。

**记者**：您觉得她辛苦吗？

**全文茂**：我觉得确实是辛苦，是真的，我以前也不知道，在手机里看到她训练我才知道，心疼肯定有一点，不过你不吃苦，怎么方为人上人，没有付出哪有收获，你有多少苦自己要扛着。（后来）被选上去省队了，我说这就更好了，越走越高才有用。

（配音）虽然心疼十多岁的女儿，需要面对一场又一场的训练和比赛，但不懂运动员训练的全文茂只能将她托付给教练。与此同时，除了寄送生活用品，全文茂都会满足女儿需要铅笔等文具的需求。训练、读书、品德培养在他看来都重要。

**全文茂**：她要是需要什么，就到星期六、星期天，教练才发手机给她，需要点生活用品，我再寄几十块钱给她。我也希望她上大学，以后的路就好走一点，肯定要有一点文化才行。这次得了冠军，到时候回到国家队，要努力读书，继续训练。

（配音）默默支持的父亲终于迎来了回报的那一刻，全红婵历经层层选拔，取得了奥运会参赛资格。决赛三跳满分，成为本届奥运会年龄最小的冠军。全文茂大声喊出了对女儿的支持，"爸爸为她骄傲，湛江人民都为她骄傲,感到高兴"。彼时在东京接受采访的全红婵也在赛后提到了爸妈。

**全红婵:**谢谢他们鼓励我,让我不要怕、要克服。

**(配音)**全红婵用率性、天真的采访获得了网民喜爱。想赚钱给妈妈看病,想去游乐园,喜欢吃辣条,十四岁的她感染了国内的支持者,一时之间辣条堆满了迈合村的家门口,各地游乐园发来了邀请,全文茂只能不断迎接一批批涌入的访客。据村民回忆,高峰时一天能有两千人左右慕名前来打卡,其中一些前来直播的网红也开始影响到了全文茂一家和周围邻居。当网络上出现全文茂收受捐款等不实信息后,做了大半辈子农民的他也不得不透过记者会出面澄清:

"你有心来,我就领你的心(意),领你的花,和你拍一张照片,但我不要钱。"

**记者:**之前捐过来的辣条最后都怎么处理了?

**全文茂:**乡亲们都在这里帮忙,吃一点,是不是,这是肯定有的,你们有心了,(心意)我领了。大家也不用这么远跑来,你们也辛苦,耽误你们的工作,你们也要去工作,是不是,我们也要工作。

**(配音)**保护好纯真的全红婵,不去消费女儿的荣誉,是全文茂在记者会上的表态,也是全红婵的粉丝们的期盼。随着迈合村恢复平静,全文茂每天照常骑着电动车下地务农,养活全家人的甘蔗田和橙子地,还要靠双手照料好。

**全文茂:**要除一除杂草,整理整理橙子,下下肥。

**记者:**现在橙子是什么阶段了?

**全文茂:**现在中段了。以后的生活也说不准,反正我都在这里干农活,我的心态一直都是这样的,没有什么变化……

**白岩松:**东京奥运会上,很多取得了好成绩的运动员引发着各界的争抢和关注。首先它不是坏事,说明我们有很多的运动员已经具有了明星的某些价值,他们被人喜欢,这也是体育想要走好产业之路必有的内容。但另一方面,守住道德的底线,不给人家的家庭添乱也是一个基本的要求,有时仅靠道德约束是几乎很难起作用的。那么法律、法规甚至互联网平台是否也该有所作为?比如禁止上传围绕公民家门口的各种直播等。

本周特写

**白岩松:**东京奥运会,大家一边看着高兴,另一边是买得开心。不少奥运周边的同款小商品都跟着在火,像射击冠军杨倩头上戴的发卡就大卖,但是违规的也不少,比如咱们奥运健儿们戴的同款口罩火了。记者打开电商平台搜索奥运同款口罩,立马蹦出很多的选项,销售都显得火爆。但是请注意,近日作为奥运口罩捐赠方的北京某企业在官方的微博发布声明表示,中国队奥运口罩仅捐献给东京奥运会中国代表团使用,不在网络平台进行销售。目前所有在售奥运口罩均为假冒伪劣产品,不仅违规使用国旗和奥组委的标志,还侵犯了公司的知识产权,建议大家举报并共同抵制假冒伪劣产品。这就尴尬了,而且的确违规。专业人士提醒,奥运相关创意周边产品。一定要规范使用国旗、国徽,未经授权是不得使用奥组委相关标识的。好了,接下来看看本周还有其他哪些特写?

**(配音)**为了加强路口交通秩序管理,北京市交管局公布了一批新增设的交通技术监控设备点位,可记录机动车与行人通过人行横道,未停车让行交通违法行为的功能,交管部门将对违法行为人依法处以二百元罚款、记三分。就在上周,北京向市民公布了这些监控点位所在的街道,从八月十一号本周三零点起,这二百一十七个路口的电子警察正式上岗,仅在他们工作的十四个小时里,就抓拍、录入了一百二十起不礼让斑马线的违法行为。而在每起中都能有四张照片来使得驾驶员的抢行行为无所遁形。

**民警:**首先第一张是要求机动车未到达路口的停止线,并且在机动车前方人行道区域内已经出现了行人正在通行。第二张要确定机动车已经进入人行横道或通过人行横道区域,行人仍未通过机动车行驶区域。第三张就是机动车的特写。第四张是反映在车辆违法过程中,行人在人行横道上通行的行人通行信号线位。

（配音）车让人是全球通行的道路交通文化,斑马线上车让行人先过,若是一方拥有优先路权,这也是通例。然而现阶段无论是交警现场执法,还是电子警察记录,斑马线上与行人争道、抢行的现象,各地依然还在上演。作为培养驾驶员的前端,从学车之初就给学员培养礼让意识显得很重要。

**教练**：好,看前方20米处是否有行人,你现在该如何操作？

**学员**：那儿有行人,我应该停车让行。

**教练**：提前做好减速。

**沈阳市交通经济汽校副校长　谢斌**：从我们驾校来讲,从源头上必须要抓住交通安全,礼让行人,这个是最基本的,我们在培训当中都会模拟这种道路驾驶,时刻提醒学员交通安全的意识。

（配音）事实上,礼让斑马线除了要有监督的设施以及司机、行人两方交通参与者达成共识之外,还需要针对不同的行车环境作出不同的对策。清华大学交通研究所副所长杨新苗和记者在北京街头调查时表示,针对不同的路口和路段,让行也有不同的讲究。

**清华大学交通研究所副所长　杨新苗**：实际上在路上面有两种关系,一个是车让人,一个是礼让行人……

（配音）今年六月,杭州升级斑马线,在主要路口施划了黄色网格线,让车主能提前减速,也能让过路行人提前准备。在上海部分路口增设右转信号灯,减少行人和右转车辆之间的干扰,加快通行效率。要真正让机动车在斑马线前慢得下和停得住,除了要求交通参与者之间达成共识外,使政策、设施日臻完善同样不可或缺。

**结束语**：八月八号,东京奥运的圣火熄灭,而这一天恰恰是十三年前北京奥运开幕的日子。北京奥运之后,这个日子就被我们定义为全民健身日。的确,奥运会上的金、银、铜牌和好成绩让我们激动、兴奋,它很重要,但它又并不代表一切,可如果能因此带动我们更多的人投入到体育健身的行列当中,那它的重要性就真的加重了。期待我们每个人都有自己的赛场,都能不断地超越自己,这可能才是奥运更大的意义。好了,下周的事儿下周再聊。《新闻周刊》祝您周末愉快。

Xinwen Jiemu yu Boyin Zhuchi

# 第六章
# 《主播说联播》
# 文稿训练

《主播说联播》是中央广播电视总台新闻新媒体中心于2019年7月29日正式推出的短视频栏目。《主播说联播》的内容密切关注热点,结合当天重大事件和热点新闻,用通俗语言传递主流声音,示例如下(根据音视频资料进行了加工处理)。

## ▲示例1

主播说联播,今天我来说。

大家都知道我国已经全面建成了小康社会,那全面小康到底是个什么样?今天国新办发布的一份白皮书,对此进行了全方位解读。其实,这当中的关键词还是"全面",它不光是覆盖面很广,全面小康一个都不能少。同时,小康的内容也很全,除了物质条件之外,还包括精神文明、生态文明、法治建设等方方面面。

当然,就像白皮书所说的那样,小康不是终点,幸福生活还有更大的提升空间。而对于什么是小康,相信我们每个人也都有自己的感受。就我自己来说,我比较看重的是健康,都说没有全民健康就没有全面小康。在这方面,白皮书提到的两组数字值得关注。一个是去年全国医疗机构的总诊疗人次达到了78.2亿,相当于14亿多人每人每年就诊5.6次左右。另一个数字是去年我国经常参加体育锻炼人数的比例是37.2%。那怎样才算是经常参加锻炼呢?体育总局的解释是每周参加锻炼3次及以上,每次锻炼持续的时间在30分钟及以上,每次锻炼的强度达到中等及以上。显然,这两方面都有不小的改善空间,而我们每个人也都可以参与进来。做好了,我们的小康成色就会更足。

## ▲示例2

主播说联播,今天我来说。

明天是日本战败投降76周年的日子。那段被侵略的历史,在每个中国人心中都该是永远抹不去的伤痛。那段不屈抗争的历程,在每个中国人心中也能激发起奋进的力量。回想起来,它警示我们的不光是历史绝不能重演,历史也不容否认和淡忘。在这个问题上,很多事情不是因为我们太敏感,而是因为我们经历的苦难实在是太深、太痛。

但遗憾的是,总有一些人会在这样的历史面前表现得十分无知乃至是轻佻,对历史缺乏基本的敬畏,本质上说就是没有正确的历史观,缺一些精神之钙。在中国共产党人的精神谱系当中,有一种精神是伟大抗战精神。而这种精神的内涵,首要的就是天下兴亡、匹夫有责的爱国情怀。学史明理、学史增信、学史崇德、学史力行,这不光是对每一名共产党员的要求。对于每一个中国人来说,也可以多补一些精神之钙,不能让它流失了。只有真正懂得苦难,才能承受得起辉煌。

## ▲示例3

主播说联播,今天我来说。

今天有点儿热闹,各种整治、处罚的新闻不少。特别是两条涉明星的消息受到广泛关注,一个是网信部门出手整治"饭圈"乱象,另一个是税务部门公布对郑爽偷逃税的调查处理结果。

应该说,各方苦"饭圈"乱象久矣,对明星偷逃税款也是深恶痛绝。虽然这两条消息都在今天发布,这或许是一种巧合,但把它们放在一起来看,让人特别感慨。因为"饭圈"当中的很多乱象,就是导致一些流量明星能获得高片酬、高收入的重要原因。粉丝们在为他们贡献流量,但当他们把流量变现的时候,有的人却在干着偷逃税款的勾当。所以,对明星偷逃税加大力度进行稽查,让某些"偶像"的人设坍塌,这本身也是在为整治"饭圈"乱象助攻。让这样的乱象凉凉,也是让粉丝们醒一醒,让非理性追星的虚火凉一凉。而整治乱象,传递的也是一种导向:回归理性,回归法治,回归秩序,回归正常。

### ▲示例 4

主播说联播,今天我来说。

今天,中国文联文艺工作者职业道德和行风建设工作座谈会在北京举行。与会代表向全国的文艺工作者发出倡议,倡议大家要坚守社会表率的责任担当。对此,新闻联播专门做了报道。我们看到,一段时间以来,艺人失德违法、偶像培养低龄化以及"饭圈"乱象引发社会各界的广泛关注。在利益的驱使下,"流量担当"担得起利润,却担不起社会责任;"偶像养成"培养的不是德艺双馨的人才,而是野蛮生长的资本。被流量吹大的社会价值,裹挟着所谓的"一夜爆红",让那些低质量的偶像把提升艺德素养这件事完全抛在了脑后。所以,既要自律,更要他律。行业的准入门槛要提高,机制监管的力度要提高,失德违法的成本更要提高。要运用法治思维,加快建立整个行业的培养考核和筛选淘汰机制。加强监督监管,还大众一个风清气正的文艺环境,从而确保文艺工作者不在市场大潮当中迷失方向,不在"为什么人服务"的问题上出现偏差。

### ▲示例 5

主播说联播,今天我来说。

今天,中国帆船帆板队抵达东京,这是中国奥运代表团首支出征东京奥运会的队伍。当前,东京的疫情形势依然严峻,今天抵达的队员们,都佩戴了口罩、手套和面罩,后续还要严格遵照组委会的防疫要求备战和比赛。大战在即,网友们纷纷留言说,安全第一,平安回来最重要。突如其来的疫情,打乱各国运动员们的奥运"生物钟"。这一年,中国运动员们不但要和对手比、和自己比,还要和时间赛跑、跟疫情"战斗",大家都保持着停赛不停训的备战状态。疫情当前,能够站上赛场,运动员们都值得我们送上掌声,他们很好地诠释了更高、更快、更强的奥林匹克精神。这份定力、耐力和毅力令人钦佩,让我们一起为他们加油!

### ▲示例 6

主播说联播,今天我来说。

今天联播报道了 2020 年中央部门决算公开的消息,各个部门将会陆续晒出年度账本。对于这样的"国家账本",其实看点主要体现在"一加一减"上。

"减"的是"三公经费"支出。数据显示,去年中央本级"三公"经费财政支出 29.86 亿元,比预算数减少 25.31 亿元。这压缩幅度可真是不小,落实的是政府过紧日子的要求。

而"加"的是民生保障方面的支出。这里面有一个数字,几乎和我们每一个人都有关,那就是战疫支出。数据显示,去年各级财政投入的疫情防控资金超过 4000 亿元。平均到 14 亿多人身上,人均接近 300 块。疫情期间,咱们国家实行的是免费救治,全员核酸检测等也都是免费的。数字的背后,是战疫的成本,更有"人民至上、生命至上"的理念,这钱花得值。

如果数字会说话,我想,这个数字说的就是这样的一句话:"国家有担当,人民有健康,未来更有希望"。

### ▲示例 7

主播说联播,今天我来说。

"今天,大象走到哪儿了",这几天,很多网友一早起床都会关注这件事情,几个月来,云南十几头亚洲象一路"象"北,目前已经接近昆明。我们现在还不知道象群出走的具体原因,但这一定不是个奇幻而浪漫的选择,别让围观和调侃掩盖了值得深思的问题。比如,联播今年 2 月份曾经报道过西双版纳亚洲象数量在逐年增加,那么,它们栖息地面积比例现在还合适吗?是否存在一定的生存困境呢?当地自然保护区的设计和管护是不是可以与时俱进、再优化呢?再有,这段时间,当地政府及时发布了预警,疏散人群,也赔偿了农户、商户等遭象群冲击的损失。目前已经制定出了阻止象群继续北上的方案。那么,应急做好了,是不是也要有长期的预案呢?从东北虎进村到亚洲象北上,显然,人和野生动物共存出现了新状态,还得用更专业科学的配套机制才能守得住各方的安全。

▲示例 8

主播说联播,今天我穿红装说。

为什么今天会选择这样一身红呢?因为这是昨晚全网最绚丽的颜色,在被加拿大政府任意拘押 1028 天之后,孟晚舟终于平安回到祖国。央视新闻网友留言说:"红旗、红装、红毯、红花,信仰的颜色一定是中国红!"

中央广播电视总台全程报道了孟晚舟的回家之路,截至昨天晚上 11 点,央视新闻新媒体的直播总观看量将近 4.3 亿,这个数字是什么概念呢?远远超过美国和加拿大的总人口数。这就是民心所向,这就是 14 亿中国人的力量!

昨天,央视新闻首发的快讯第一句话只有九个字:"经中国政府不懈努力"。这九个字,字字千钧,而背后是历时近三年的艰巨斗争。就像昨天深圳宝安机场塔台的那样一句温暖喊话:"祖国永远是你最强大的依靠。孟晚舟女士,欢迎归来!"

在祖国的坚强守护下,踏上温暖归途的何止晚舟。在之前也门、阿富汗等撤侨行动当中,每当我们的同胞遇到危难时,祖国总会在关键时刻及时出手,做同胞的"诺亚方舟",做人民的"安全卫士"。"人民至上"从来不是一句口号,一句"祖国接你回家"凝聚的是人民至上的执政理念,更是一个大国的自信和力量!看到孟晚舟回家,有外国网民感叹:这,就是差距。

"国强才能民安"的道理,在当今世界里,显得无比直观、强烈和深刻。对于每一位中国人来说,只有国家强大,个人的自由、幸福才有保障。有五星红旗的地方,就有信念的灯塔。有一种信任叫"中国红",有一种骄傲叫"中国红",更有一种热爱叫"中国红"!

▲示例 9

主播说联播,今天我来说。

今天联播报道了公安部的一场发布会,会上介绍了电影《失孤》当中被拐儿童的原型,如今已被公安机关找到,犯罪嫌疑人也被警方抓获。这个持续了二十多年的案子,如今迎来了一个比较圆满的结局。这背后,有公安机关的持续努力,也有技术进步的力量,比如,DNA 数据比对的应用。当然,特别让人动容的是,被拐儿童的父亲郭刚堂这么多年一直没有放弃。他曾说,找孩子就像大海捞针,但大海捞针也能有个希望,只有在路上自己才是一个父亲。简单而真挚的话语充满了力量,让人看到了一个父亲的坚持和父爱如山的深沉。坚持就有希望,回家总会有路。上面这三种力量形成的合力越来越强,越来越多的拐卖积案也陆续被侦破,这给那些试图拐卖儿童的人带来一个强烈讯息:千万别动歪脑筋。因为,有拐必打,使命必达,我们的目标就是天下无拐。

▲示例 10

主播说联播,今天我来说。

当大家还在回味东京奥运会的燃情瞬间时,东京残奥会明晚就要拉开帷幕了,今天,中国体育代表团公布了开幕式的旗手,他们分别是:女子轮椅射箭运动员周佳敏和男子肢残田径运动员王浩。你知道吗?残奥会的会徽,是由红、蓝、绿三色的丝带组合而成,意喻着人的心智、身体和精神,参加残奥会的运动员在挑战竞技体育运动极限的同时,还要完成对自我意志品质和精神极限的超越,身体的残缺让他们直面人生的残酷,也锻造了更加丰满成熟的心智,这股不服输、不畏难、不抛弃不放弃的精气神儿,正在大声地告诉世界,人生不设限,没啥不可能,有梦想,谁都了不起。而在一个健康的社会当中,残疾朋友权利有保障,生活有尊严,诉求有回应,正是整个社会的荣光。当然,关爱不是怜悯,更不是施舍,而是像对待正常人一样情同与共,向他们投以更多的温暖和善意,才是对他们最大的尊重,期待健儿们不断超越,实现梦想,不管成绩如何,你们已经是人生赛场的胜利者。

▲示例 11

主播说联播,今天我来说。

今天,神舟十二号载人飞船与空间站天和核心舱成功实施分离,在天空"出差"了三个月的三位航天员就要回家了,网友们期待地说,"我们的航天员,辛苦了,快回来,一起过中秋,吃月饼吧"。我们的"出差天团"在太空中看到的,不仅是星辰大海的颜色,更是中国航天梦想成真的样子。这些年,中国航天,惊喜连连,家大了,业也更大了。过去要想着如何"造得出","发得了",现在更要开始考虑,怎么样才能"管得好","用得好"。日前,习近平主席在驻陕西部队某基地视察调研时,谈到了这个问题,概括起来就是"一笔资产,两个效益,三个能力"。习主席说:"太空资产是国家的战略资产,要从战略高度,管好用好太空资产"。两个效益指的是:要注重提高太空资产的管理和使用效益,有效应对我国航天发射密度加大、要求提高的实际需求。这"三个能力"指的是:在管理过程当中,防护力量建设至关重要,特别是要提高容灾备份、抗毁生存和信息防护的能力,以应对复杂多变的外部环境,确保太空资产得以安全运行。当然,太空环境治理,不能"自扫门前雪",积极开展国际合作,那才是正解,特别是在太空危机管控和综合治理效能方面,很多国际有益的经验,值得我们借鉴,可以说,航天人让我们距离星辰大海越来越近,只要管理好这笔"宝贵资产",中国人的星辰大海就会有更多的可能。

▲示例 12

主播说联播,今天我来说。

几个令人动容的眼神,一段穿越千年的对话,这两天一个综艺节目,火上了联播,这就是《典籍里的中国》,节目当中 90 多岁的秦朝博士伏生讲述了一生和妻子儿子全家舍命护《尚书》的故事,很多网友都说这是什么神仙节目啊?让人看得热血沸腾,又泪流满面。其实春节假期这几天,我们总台推出的文化大餐可不止这一款,《中国诗词大会》《经典咏流传》等都有上新,我想大家之所以追这些节目追得欲罢不能,是因为它们让那些大家曾经觉得晦涩而遥远的典籍古诗文都活了起来,让我们真正感受到了中华文化的博大精深、源远流长。我看到已经有不少网友说决心要静下心来多读书、读好书,要更多地了解一些我们为之骄傲的华夏文明,让我们中华文化的智慧和力量继续代代相传,生生不息,这样真好。

▲示例 13

主播说联播,今天我来说。

今天的新闻联播继续关注华北多地的降雨天气。这一轮的降雨非常强,被网友形容是"盆泼大雨"。

从目前情况来看,这次多地应对强降雨充分运用了科学的手段,也讲究用科学的方法,应对可以说是相当的系统、全面。

在降雨到来之前,从中央气象台到各地的气象台连续发布预警,提示各方做好充分准备。降雨到来之后,从交通路政部门到排水消防救援等部门,各地都是全力以赴,做好保障。另外,一些地方也及时实行了弹性上下班的制度,让学生暂停返校,把降雨对大家工作生活的影响降到最低程度。这一系列的措施采取之后,我们看到,因为强降雨而导致的各种意外事故也降到了最少。

其实在暴雨到来之前,曾经有说法称,这么密集地发布预警,是不是有点儿多?甚至还有人调侃,这气氛烘托到位。其实,这哪里是什么气氛组,这是担当敬业组。把准备工作做充分,这才是应对极端天气该有的样子。这么做,也为后续的应对打了个样儿。

当然了,强降雨天气还没有结束,大家还得再接再厉,善始善终。

### ▲示例 14

主播说联播,今天我来说。

今天要说联播播出的三个数字。

首先是夏粮产量再创历史新高,达到了 2916 亿斤。数字的背后是丰收,保障的也是粮食安全。

其次是新冠疫苗接种的剂次,截至 13 号,全国接种总剂次已超过 14 亿。从 13 亿到 14 亿,所用时间大约是 9 天左右,这和以前有段时间五到六天接种 1 亿剂次的速度相比,略有放缓。虽然这也正常,因为随着疫苗接种的持续推进,越到后面的人群,由于各方面的原因,接种速度会有所下降,但是这个数字离建立免疫屏障还有距离。为了更好地保障大家的健康安全,还需要更多人助一"臂"之力。

最后一个数字是 777。东京奥运会中国体育代表团名单今天公布了,总人数 777 人,阵容相当强大。在今天这样的环境之下,参加奥运比赛不容易。出门在外,不管在哪儿同样都是安全第一。在保障安全的前提之下,也祝愿中国的奥运健儿能取得好成绩。

### ▲示例 15

再过两天,第十四届全运会就要开幕了。主播说联播,今天不穿西装说。

今天我们的主角是一位参加了第一届全运会获得了共和国勋章医者仁心的院士,听到这几个关键词,应该猜出来了,就是钟南山。今天央视新闻一条 23 岁钟南山全运会曾打破男子 400 米栏全国纪录的消息刷屏了,钟南山爱运动,这点大家不陌生,之前他的健身照就在刷屏、撸铁、跑步、游泳、打篮球,看状态,谁会相信这是一位 80 多岁的老人呢。对于这样的钟南山,有人羡慕说,好燃,优秀的人做什么都优秀,这就叫作干一行爱一行,一行行,行行行。体育强则中国强,国运兴则体育兴,第十四届全国运动会即将开幕,总台强大的直播团队已经全部就位,从"奥运练兵场"再到"全民全运",如今的全运会,不仅仅是竞技体育精英的舞台,更成为群众的运动盛会。近几年,全民健身的理念和意识正深深融入人们的生活。你发现没有,有很多人会在朋友圈分享健身照片,每天跑上个几公里成为不少人的日常。可谓"无运动、不生活,爱运动、爱生活"。今天呢就说到这儿,全民运动时间到,快来燃烧你的卡路里!

### ▲示例 16

主播说联播,今天我来说。

"三孩"政策的配套措施来了。今天联播报道了中央的一项重要决定,内容涉及的就是"三孩"生育政策及配套支持措施。其中有很多实打实的内容，比如取消社会抚养费，清理和废止相关处罚规定。

在"降低生育、养育、教育成本"方面，《决定》提到，支持有条件的地方开展父母育儿假试点，研究将3岁以下婴幼儿的照护费用纳入个人所得税专项附加扣除。地方政府还可以根据养育未成年子女负担的情况，实施差异化的租赁和购买房屋优惠政策，还有适当延长在园时长或提供托管服务等。

其实，《决定》当中的这些内容，既是要提升大家的生育意愿，同时也是要着力解决教育等领域当前存在的痛点问题。它着眼的也不光是让大家多生孩子，更是要优化人口结构，提高人口素质。

这一套组合拳打出来后，更要实施好，还应该不断丰富完善，这样政策才会真正落地"生"效，也才会让整个社会更加生机勃勃。

▲示例 17

主播说联播，今天我来说。

今天，联防联控机制召开新闻发布会，介绍国内本轮疫情的最新情况。过去31天，各地新增了328例本土确诊病例，平均日增超过10例，总数更是接近此前5个月的总和，传播范围涉及14个省份，还有进一步扩散的风险。

这轮疫情来势汹汹，究其原因主要是毒性更强的变异病毒和暑期大规模人员流动叠加在一起。德尔塔变异株的主要特点是体内复制快、传播速度快、转阴时间长。而对于重症患者而言，发病初期的症状并不典型，但是病情的进展却很快，通常从轻症转到重症平均只需要五天的时间。

面对这轮疫情，咱们还是要以不变应万变，坚持做到三个"别"。一是别扎堆，尽量少出门，出门尽量少去风险区。二是别侥幸，及时接种疫苗仍然是最有效的防疫办法。三是别偷懒，社交距离要保持好，戴口罩和手消要做实做细，时刻紧绷疫情防控这根弦。

▲示例 18

主播说联播，今天我来说。

今天是国际不打小孩日，您没听错，这日子真的有，它的设立是希望倡导对孩子的正面教育引导，拒绝粗暴体罚。您可能会说，家里的"熊孩子"三天不打就上房揭瓦，可回头想想，眼前这个"不可理喻"的孩子，没准儿就是当初的自己，所以给孩子一些时间吧，多些耐心，多些倾听，静待花开，能好好说就千万别上手。

有人的童年记忆可以温暖一生，有人却需要用一生去治愈童年记忆。这两天黑龙江警方通报了一起家长虐打4岁女童的案件，细节令人发指。两名犯罪嫌疑人必将受到法律严厉制裁，我们也想追问，有没有办法能再早一些制止这样的伤害呢？我注意到相关报道里提到，孩子被家暴时邻里也有听到过，但恐怕很多人仍然觉得"打孩子是人家的家务事，多一事不如少一事"，不会去及时报案，这也在一定程度上造成我们对未成年人的保护存在真空地带。

家暴绝不是家务事，社区、学校和全社会每一个人都是"守护者联盟"成员，发现问题及时出手，才能让孩子远离暴力和伤害。

▲示例 19

主播说联播，今天我来说。

国家主席习近平9月26日向2021年世界互联网大会乌镇峰会致贺信时强调，让数字文明造福各国人民，推动构建人类命运共同体。习近平主席的贺信引发热烈反响。

习近平主席指出,数字技术正以新理念、新业态、新模式全面融入人类经济、政治、文化、社会、生态文明建设各领域和全过程,给人类生产生活带来广泛而深刻的影响。

习近平主席指出,当前,世界百年变局和世纪疫情交织叠加,国际社会迫切需要携起手来,顺应信息化、数字化、网络化、智能化发展趋势,抓住机遇,应对挑战。大家表示,要着眼于数字时代的全球合作,谋求发展,让数字文明造福各国人民。

9月26日,"2021年世界互联网大会乌镇峰会——全球抗疫与国际传播论坛"在浙江乌镇举行。此次论坛汇集众多中外网红大咖,他们从不同角度解读在全球抗疫背景之下,如何加强国际传播合作,消弭隔阂,讲好中国故事。一段视频,回顾他们的真知灼见。

▲示例20

主播说联播,今天我来说。

今晚,习近平主席在中关村论坛开幕式上发表视频致辞时强调说,创新是引领发展的第一动力。这些年我们国家非常重视科技创新,各方面的投入越来越大。根据最新的数据,2020年我国研发经费投入突破2.4万亿元,再创历史新高,而中关村可以说是我国创新发展的一面旗帜,中关村论坛已经正式升级为面向全球创新交流的国家级平台。一村通天下,方寸之间,创新大有乾坤。还记得在2013年9月,十八大后,中央政治局首次走出中南海的一次集体学习,课堂就放在了中关村,学习的主题是实施创新驱动发展战略,九九为功,必有所成。前几天,联播有一条消息说,世界知识产权组织发布的《2021年全球创新指数》显示,今年中国在创新领域的全球排名已由去年的14名升到12名,是前三十名当中唯一的中等收入经济体。中国的排名还可以更高,也一定会更高。厚积方能薄发,厚积更要勃发,全力把创新的引擎发动起来,相信创新成果也会像变魔法一样不断涌现出来。

▲示例21

主播说联播,今天我来说。

今天国新办发布了一份有关我国减贫的白皮书。白皮书中有两句话让我印象深刻。一句是说,贫穷不是命中注定,贫困并非不可战胜。另一句是说,贫困问题本质上是对人民的根本态度问题。前一句呢,主要说的是个人要奋斗,命中注定有时候会成为自我放弃的借口。而不甘心或许就是战胜贫困的精神起点。后一句说的是各级政府要努力,减贫是世界难题,但只要把人民放在心中,办法总比困难多。这么多年我国减贫取得的成绩是有目共睹的。很多人更是有直接的获得感。要说经验,简单地归纳,其实就是上面那两句话。

在之前的《新闻联播》里还报道,习近平总书记给厦大百年校庆的贺信。一说到厦大,很多人都会惊艳于它最美大学的颜值。当然也有一句玩笑话,说的是"厦大不是吓大的"。厦大的校训是:自强不息,止于至善。我想这句话用在我国的减贫实践和后续的乡村振兴上,也很合适。不被困难所吓倒,一直努力奋斗,要不断让自己变得更好。在这儿要祝福厦大,同时也与所有人共勉。

▲示例22

主播说联播,今天是开学日,我就在学校的门口说。

萌娃开学、神兽归笼。各位家长,今天您"上墙"了吗?今天是"双减"政策落地的第一天,从作业到作息,从校内到校外,这次改革的力度很大。当然,改革还是要以结果为导向,效果如何还要靠实践来检验,后续的纠偏和完善更需要咱们家长多多贡献智慧。说到减负,我想除了孩子们,家长也需要"双减"。既要减掉本来就不属于家长的"教学"压力,也要适应"双减",缓解不必要的教育焦虑,避免回到"老师减了家长加,硬把萌娃变鸡娃"的老路上。当然,彻底解决这份焦虑,说到底还要靠优质教育资源充足且均衡分配,咱们还有很多事要做,"双减"算是迈出了第一步。祝福孩子和家长们都能精神松松绑、身心吸吸氧,快乐学习、快乐成长!

### ▲示例 23

主播说联播,今天我来说。

这两天,中美高层战略对话的关注度特别高。整个对话信息量很大,细节也很丰富。通过这次对话,我们不仅传递了自己的声音,更展现了我们与这个世界互动的基本原则:我们已经完全可以平视这个世界了,更具体地说,就是平视西方和美国。结合开场的交锋和阿拉斯加的时空背景,很多人都想到了那句诗词:萧瑟秋风今又是,换了人间。我们无须仰视,也拒绝被俯视。平视是一种态度,也是一种力量。

从冰天雪地的阿拉斯加再回到国内,今天联播还报道了一条消息,三星堆考古成果对外发布。有人说,打开"盲盒"之后感受到的是震撼和惊艳。而我想说的是,这也再次告诉世人:中华文明灿烂辉煌、源远流长。都说文化自信是更基本、更深沉、更持久的力量,其实这本身也是我们平视这个世界的底气所在。今天是春分,草木蔓发,春山可望。只要我们坚定做好自己的事,做更好更强的自己,就永远没有人可以居高临下地俯视我们。

### ▲示例 24

主播说联播,今天我来说。

这两天大家都在关注着河南郑州等地的暴雨灾情,这也是今天《新闻联播》报道的重点,头条就是习近平总书记就防汛救灾工作作出的重要指示,他明确提出,要加强重要基础设施安全防护,提高降雨、台风、山洪、泥石流等预警预报的水平。可以说总书记的指示是具有很强的针对性的,这也为各地充分地应对极端天气这方面的工作划了重点。我们看到这次河南郑州特大暴雨导致的灾情当中,是有一个很让人痛心的事情,就是暴雨导致了地铁倒灌,造成了人员伤亡。今天,交通运输部已经作出了紧急部署,要求充分吸取这样的教训,重点排查地势低洼的轨道交通车站,来加强排水能力的建设。最近这段时间,相信大家关注到了国内外多地都发生了气象灾害,看起来极端天气是有多发的趋向的,而且突发性、强度都在提高,这是我们必须要面对的新情况,面对这种新情况,一方面当然是要提升预报预警的能力和水平,那另一方面,各地是不是也可以先对那些重要的基础设施做一下梳理评估、分级分类,有系统地来提升一下这些基础设施应对极端天气的能力。所谓极端天气,就是不按常理出牌的,所以更需要我们制度化、系统化地去应对,只有这样才能把灾害带来的损失降到最低限度。

### ▲示例 25

主播说联播,今天我来说。

当前河北疫情形势依然严峻,今天《新闻联播》对此也有关注,当地最新播报说疫情仍没有达到峰值,但是整体可控。回过头来看看这几天疫情在河北的发展情况,应该说一个显著特点就是集中暴发在农村地区,而且传播速度很快,有专家分析原因,第一是集中发现确诊病例的几个村子都离机场很近,可见当地对于境外输入的人员、物流,包括周边环境的检测、防控恐怕都有不完善的地方。二是疫情没有结束而聚集却是村民日常生活里的高频词,有的村民四天里面"串村"参加了三场婚礼。三是村一级的诊所、医务室接诊之后,没能及时识别引起足够警惕,这在一定程度上延迟了疫情的发现。措施存在漏洞,意识早早放松,医疗水平有限,这些都充分说明农村地区仍然是当前我们疫情防控中的薄弱环节,希望各地能以此为戒,能主动有针对性查漏补缺,别让农村地区轻易成为病毒的突破口。

▲示例26

主播说联播,今天我来说。

今天要说一条很有深度的新闻,奋斗者号载人深潜器去了世界上最深的地方,创造了新的纪录,这个大国重器拍摄了海底的地形地貌,可以说,妙不可言。三个重:第一个重是分量重,特别是科技的分量,您知道吗?奋斗者号在海底要承受的压力,相当于在指甲盖上站一头大象,靠的可是新型高强度钛合金外壳,黑科技无处不在;第二个重是任务重,奋斗者号担负着我国探测海底深处的重任,现如今科技竞争瞬息万变,稍不留神一步之遥就成了万年鸿沟;第三个重是重视,从1986年我国第一艘载人潜水器问世,至今亟待研究者接续奋斗,才有今天的万米深潜,大家都知道人到了水下一定深度容易被压得喘不过气,拥有自主知识产权,下得再深也很通畅。奋斗者勇往直前,奋斗者一往无前,这感觉啊,真是妙不可言啊。

▲示例27

主播说联播,今天我来说。

每天的《新闻联播》都会特别关注中国体育代表团东京奥运时刻,我相信今天很多朋友会被中国一位奥运选手的表现惊艳,那就是在东京奥运会女子跳水十米跳台的决赛当中,中国体育代表团里年龄最小的一位选手全红婵,这个小姑娘拿了金牌,她跳了五个动作,有三个都得了满分,总成绩也创造了新的历史。所以您看,一个00后的小姑娘,跳水真的是教科书级的表现,何止是惊艳,几乎就是完美。大家可能也注意到了,这次东京奥运会,像全红婵这样的00后运动员已经站到赛场舞台的C位,比如夺得首金的射击运动员杨倩,体操运动员管晨辰,游泳运动员李冰洁等都是00后,00后当然还是孩子,可是一个孩子的表现,真的值得学习;一个孩子的话,也值得拿来一起共勉一下。比如全红婵,他在接受采访的时候曾经说过这样一段话:我跟谁比赛都一样,不管怎样都是要跳好自己,奥运会也就是跳几个动作,想好每一个动作,把自己的动作跳好就行了。您看说得多好,不管是谁,不管什么年龄,做最好的自己就是最棒的,"桐花万里丹山路,雏凤清于老凤声,"我们看到这些00后的健儿们真的是可甜可盐、敢打敢拼,有个性更有担当,真的让人看到了中国青年一代的气势和风采。后生可爱不可畏,未来可见更可期。

▲示例28

主播说联播,今天我来说。

今天东京奥运会落下帷幕,由777人组成的中国军团获得了38金32银和18铜共计88枚奖牌的好成绩。今天刚好是8月8号,也有网友笑称"出征777凯旋888",这就是中国队的通关密码。本届奥运会我想用两个"成"来总结,先说"成绩",这次中国军团的金牌数量追平此前境外参加奥运会的最佳战绩,取得好成绩,既要拼尽全力,还要绞尽脑汁。先进的训练理念以及运动科技都是缺一不可的。这次中国赛艇队就借助"风洞"技术模拟水和风的互动作用,帮助运动员找到最佳的划行方式。这些年,中国军团的科技含金量上去了,成绩自然是水涨船高。我们再说"成熟",指的是心态更加成熟,竞技体育只有输得起才能够赢得了。这个道理,运动员要明白,观众也要明白。这次女排意外出局大家很少责难和质疑,更多的是宽慰和鼓励,而理性看待胜负正是感受竞技体育魅力的第一步,也是我们迈向体育强国的第一步。这段共同的"意难平"让观赛的我们开始迈出这一步。夏季奥运会已经落下帷幕,昨天已经立秋了,半年后,让我们相约北京冬奥会,中国队加油。

▲ 示例 29

主播说联播,今天我来说。

今天,想和此刻已经回家了的您说一说回家这个话题。今天新闻联播当中报道:第八批在韩中国人民志愿军烈士遗骸回到祖国了。英雄回家了,我们看到大国重器鲲鹏运 20 赴韩,歼 11B 战机护航,沈阳桃仙机场过水门,共和国是在用最高的礼遇迎接这些英雄回家。今天央视新闻全程直播了这个庄严的仪式,有不少网友都看得热泪盈眶,包括我在内,全网转发刷屏。在直播当中,镜头也给到了在路边迎接战友回家的志愿军老兵,一位老兵说,今天的生活越好,我就越想你们啊。那一刻,我相信很多人的眼泪都会夺眶而出。今天央视新闻的直播间里有几十万条网友的留言,很多留言会让人瞬间破防。有一位网友这么说:离家尚是少年之身,归来已是报国之躯。为什么战旗美如画,英雄的鲜血染红了它。

还有一位 90 后的网友说:只要我们记得他们就活着,请再看看这片你们誓死捍卫的土地,我辈何等幸运,谢谢你们用韶华和生命换来了今天的中国。我想今天这场庄严肃穆的仪式,让我们更加读懂了生命的重量,更加读懂了中国人对英烈的崇敬,更加读懂了这个国家的价值坐标。在我们安享美好生活的时候,我们没有忘记,感谢所有那些为国家流汗流血的英雄。后辈当奋进,不负韶华,创造出更加美好的未来,这才是对先烈最好的致敬,今天祖国带你回家,带你回家,带你回家,时隔 71 年,让我们陪你一起再次听国歌响起。

▲ 示例 30

主播说联播,今天我来说。

这些天,中央广播电视总台的报道员持续不断现场报道阿富汗局势。对阿富汗事务,中方的一贯态度就是"尊重阿富汗人民自主决定自身命运前途的权利"。因为各个国家自己的路总归要自己走。阿富汗塔利班将组建新政府,说明美国夹带私货、扶植政权那一套,败了个彻彻底底!

今天,我在央视新闻看到一段视频,看看美国人来的时候和撤的时候都怎么说。看完真让人感慨,时间就是一面镜子,能照出很多。美国人来的时候曾信誓旦旦地说,要帮助阿富汗建立稳定的政府。拍拍屁股走人的时候,给出的理由却是美国的任务从来不是重建阿富汗。一张嘴两张皮,漂亮国就是会说漂亮话,想怎么说就怎么说。但这事干得却一点儿也不漂亮。阿富汗当前乱局的成因,美国自己心里明镜似的,不过是揣着明白装糊涂罢了,国际社会更看得清清楚楚。美国也的确重建不了阿富汗,或许该重建的正是美国自己!

▲ 示例 31

主播说联播,今天我来说。

今天下午,参加东京残奥会的中国运动员全都回国了,想对所有运动员说:"欢迎回家,为你们骄傲"。在东京残奥会上,中国代表团运动员收获了 207 枚奖牌,创造了 29 项世界纪录,真的是用实力上演了奖牌榜的"一骑绝尘,断层第一"。我其实特别想把所有运动员的名字全都念出来,因为每一个名字的背后都有一双隐形的翅膀。正如很多网友形容他们的那样:"月缺不改光,剑折不改刚。"我觉得,他们对我们来说也是一面镜子,证明真正的残疾不是障碍和缺陷,而是对那些你想做的事轻言放弃。当然,我想这份成绩单的背后也有国家和社会对身残志坚者的呵护与支持。我们要向每一个最不屈的灵魂致敬!向每一个努力拼搏的生命致敬!有梦想,谁都了不起。

### ▲示例 32

主播说联播,今天我来说。

今天很多人通过央视新闻的独家报道认识了河南周口二郎庙小学的张笑笑同学。小姑娘想把学校午餐中的虾,带回家留给自己生病的妈妈吃。小小年纪,这份孝心的确是很令人感动。小姑娘也是人如其名,她的笑容总是能够让我情不自禁地想起那首歌:你笑起来真好看,像春天的花儿一样。您知道吗,在这份笑容背后,还有另外一个更加温暖的故事。故事的主人公就是这顿爱心午餐的"大厨",二郎庙小学的校长张鹏程,也就是这位头发有一点儿灰白的"80后"校长,他把不到30个学生的"麻雀学校"变成了如今有180人的幼小无缝衔接的学校,村里的孩子们在家门口就能够接受基础教育。张校长常说,他的目标就是"让孩子们得到更多的爱,然后学会分享爱。"都说最好的教育莫过于言传身教,张校长做到了,孩子们也做到了。在得知网友们都很关心学校的情况之后,张校长特意给央视新闻留言,说目前学校条件有了很大的改善,希望能够踏踏实实地陪伴孩子们一同成长。他的这句"陪伴",正是留守儿童教育当中相对缺失,但是又十分重要的部分,对于这里的孩子来说,老师的另外一个身份或许就是"爸爸"和"妈妈",留住他们,也就守住了孩子们心里的那个"家"。最后我想对张笑笑同学说:"你很棒,阿姨为你点赞!"我也想对张校长说:"总有一束光,是我们坚持下去的意义,您让我们看到了这束光,谢谢您。"

### ▲示例 33

主播说联播,今天我来说。

今天《新闻联播》报道了庆祝中国共产党成立100周年的很多重要的活动,我们就来说一说今天首次颁授的"七一勋章"吧。现场仪式的庄重,可以让我们深切地感受到这份党内最高荣誉的分量。而今天,颁授过程当中,很多感人的瞬间在网络上不断地刷屏,比如以最高礼遇的国宾护卫队护卫着这些优秀的共产党员去接受这份党内最高荣誉,还有多位勋章的获得者因为年事已高,他们坐着轮椅,他们被抬上了人民大会堂的台阶。今天很多人都想起了那句话:因为他们把人民放在心里,人民也把他们高高举起。还有很多朋友都注意到了一个细节就是张桂梅校长的手,她的手上贴满了膏药,而这写满的不正是一个共产党员的担当和奉献。这次获得"七一勋章"表彰的29位优秀的共产党员他们都是来自一线的基层党员,都是立足本职、默默奉献的平凡英雄,而这份最高的礼遇,党内最高的荣誉,致敬的也正是这样的平凡英雄。伟大出自平凡,他们的精神可追可及,他们的事迹也可学可做。所以不仅仅是共产党员,对于新时代的每一个奋斗者来说,我们都可以像他们那样,努力做到平常时候看得出来、关键时刻站得出来、危难关头豁得出来,在这个新时代里我们都可以建功立业。新时代新征程,就让我们一起加油!

### ▲示例 34

主播说联播,今天我来说。

去年的农历中秋之夜,习近平主席以视频方式出席了联合国成立75周年系列高级别会议。时隔一年的中秋,习主席在第七十六届联合国大会一般性辩论上发表重要讲话。

习近平主席讲话的核心要义,可以归结为"四个必须"和"四种角色":必须战胜疫情,必须复苏经济,必须加强团结,必须完善全球治理。世界进入新的动荡变革期,每一个负责任的政治家都必须以信心、勇气、担当,回答时代课题,作出历史抉择。

习主席强调的"四种角色"则是,中国始终是世界和平的建设者、全球发展的贡献者、国际秩序的维护者、公共产品的提供者。这是习主席第一次把"公共产品的提供者"与前三种角色一起提出。虽然是首次提出,但中国早已是这样做的。在去年的联合国大会一般性辩论上,习主席就曾这样宣示:"大国更应该有大的样子,要提供更多全球公共产品,承担大国责任,展现大国担当。"

当今世界又站在了历史的"十字路口",如何才能顺利前行?既要有"导航",更要靠合作。以联合国为核心的全球治理体系依旧是最可靠的"导航系统",只有沿着"真正的多边主义"的正确路线,各国共享更多的"路况信息",才能携起手来驶向今世后代共同的光明未来!

### ▲示例 35

主播说联播,今天我来说。

太空"出差三人组"今天顺利回来了,说到这次的飞天之旅和回家的感觉,航天员汤洪波在接受总台记者采访时一连说了多个"好"。

是啊,一路顺风、平安到家,还有什么比这更好的呢?现在回头来看,这趟差有两个新的特点,一个是时间挺长,整整三个月。有网友在给央视新闻留言时说,他们三人出发的时候,我的孩子还在上幼儿园,回来的时候已经上小学了。还有的网友说,他们是刚吃完粽子出发的,回来的时候就该吃月饼了。原来,粽子和月饼之间就隔了一次飞天之旅。至于另一个特点就是,路上花的时间比较短,速度快。出发的时候是朝发夕至,回来的时候,也是隔天到达。其实,中国速度的背后是中国航天的新高度。

在央视新闻的直播间里,北京飞控中心在接到报告的时候多次回答了这四个字:北京明白。网友在留言中也来了一波"明白",队形很整齐。在这里,我也忍不住接龙一句:联播主播明白。而我们更加明白的是,中国航天一定会飞得更高,就像航天员聂海胜说的那样,将来会有更多的航天员来刷新纪录。再借用航天员汤洪波说的一句话,只要努力奋斗,就能成就更好的自己。最后,今天也是航天员刘伯明的生日,祝刘伯明生日快乐,也祝福中国航天。

### ▲示例 36

主播说联播,今天我来说。

今天的联播头条重点关注了习近平总书记的一篇重要文章,题目是《团结合作是国际社会战胜疫情最有力武器》。疫情不分国界,不分种族,它是人类共同的敌人。这几个月疫情在全世界传播的事实充分说明,在全球紧密联系的今天,没有哪一个国家可以独善其身。有专家说,人类能否控制疫情不取决于能力强的国家,而取决于能力弱的国家。也没有哪一个国家可以单独战胜疫情,唯有团结合作才能战而胜之。而对于人类团结合作战疫情,世卫组织发挥着不可替代的作用。当下,人类正在和病毒激战,世卫组织一直在为构筑人类共同的防线而努力。他们应该得到更有力的支持,而不该被政治所劫持。在这个时间点对世卫组织"断供",就如同对一线作战的战士断补给、断弹药,这是不负责任的,甚至是残忍的,无异于自毁长城。我们的敌人是病毒,人类需要共同战斗而不是相互争斗。借用钟南山院士今天说的一句话"one world,one fight"。

# 第七章
# 《主持人大赛》
# 文稿训练

# 一、第一期自我展示文稿

**▲新闻类 1 号选手　姚轶滨**

各位好,欢迎您收听中央人民广播电台《中国之声》,这里是《新闻有故事》。

今天我们要来说的第一个人物,是一位职业生涯当中有过许多高光时刻的外科医生。可是对他来说呢,这一切的起点其实是在四十年前,他留下的一个遗憾。那时候他刚刚开始工作,有一天一个三四岁的小女孩因为气管异物被紧急送进了医院,经过抢救,最终还是离开了这个世界。在抢救室里,小女孩的爷爷含着眼泪跟一家人说:"隔壁还有手术,谁也不许哭出声来"。然后一家人就围在一起静静地痛哭。医生说,四十年里他从来没能忘掉那样一种安静,那时刻都在提醒他,他肩上不仅是一个个病人的健康与生命,更是一个个家庭的幸福。

我们要来说的第二位人物,是一位广播新闻节目主持人。2013 年,四川芦山(县)发生了 7.0 级强烈地震,他和同事们都投入到了救灾的报道当中。有一天前方传来消息说,有一处废墟里可能有人,大家的心都开始慢慢提了起来。所有人都在期盼,期盼几天以来能有一条振奋人心的好消息,能有生命的奇迹出现。但是在直播前消息来了,废墟当中已经没有了生命的踪迹。那几天这样的希望、失望不断地反复,他就开始怀疑说,自己的努力有没有帮助到哪怕只是一个人。他拿起电话打给了那位医生,医生给他讲了那个一家人静静痛哭的故事。他说:"一个医生有时治愈、常常帮助,但更多是对病人的一种陪伴。你的工作就是用声音去陪伴,只要你的声音在,只要声音当中仍然有一份力量在,那就有一份希望会一直在。"

这张照片里右边的这位就是这个医生,吉林省长春市的一名耳鼻喉科医生,他叫姚平,他身边的就是这个新闻主播——他的儿子,叫姚轶滨。父亲用了四十年的时间,用手术刀让这个世界多了很多幸福的家庭,而新闻是我与这个世界互动的方式,我也愿意用我的四十年,用新闻报道去传递这个时代的力量。

最后,祝你也能找到值得坚守一生的事业。感谢你收听今天的《新闻有故事》,这里是中央人民广播电台《中国之声》。

**▲新闻类 2 号选手　邹韵**

大家好,欢迎收看本期的《环球新瞭望》,我是主持人邹韵,谐音"走运"。

十年前,我第一次站上央视的舞台,参加 CCTV 杯大学生英语演讲比赛。那次比赛没能让我实现做同声传译的梦想,却歪打正着地做了一个媒体人,让我很走运地有机会从一个个采访对象和新闻现场去近距离地观察中国在世界舞台的形象。一次采访中,一个金发碧眼的美国女孩告诉我,平时她在家里和妹妹说一些小秘密的时候,会从英文切换到中文,说到爸妈的时候怕被他们知道,于是就用"爹""娘"这样的字眼来替代。这个女孩叫作快乐·罗杰斯,是金融大亨吉姆·罗杰斯的女儿,而在全球像她这样学习和使用汉语的外国人已经超过了一个亿。我还采访过一个叫麦杰飞的美国小伙儿,不喝咖啡却爱上了中国茶,于是大老远地从西雅图跑到了云南,上茶山、下茶海、泡茶馆、会茶师,在茶叶堆里的摸爬滚打不光让他说出了一口带有昆明口音的普通话,更是深深地爱上了对于外国人来说颇为陌生的普洱茶。表面上看他们的故事只是关乎中国话、中国茶,但背后折射出来的其实是中国对世界的融入以及世界对中国的关注。

我曾经有过将近四年的驻外报道经历,在一些重大的发布会现场,我经常可以得到一个宝贵的提问机会。刚开始我以为这可能是因为我的走运或者是我穿得很鲜艳,直到后来我才慢慢明白,这其实是中国在国际话语体系份额提升的一个重要表现。中国与世界、世界与中国,这个融合的过程也让很多来自不同国度有着完全不同经历的人,却形成了一个跟中国有关的梦想轨迹。就像快乐·罗杰斯的梦想是将来到中国当一名演员,麦杰飞的梦想是让更多的人手中捧着一杯茶,而我的梦想是向国际观众呈现一个平衡客观的中国形象。

我小小的梦想很走运地在中国和国际的语境中不断成长,彼此护航。还有哪些人、哪些事在中国融入世界的过程中让人记忆难忘,今天,我们就带您一起环球瞭望。

### ▲新闻类3号选手　王宇彤

用不同视角看大千世界,欢迎来到《与众不同》,我是宇彤。

在节目开始我们先来看一组图片,看到这样精致的建筑,充满了童趣的布置,还有欢声笑语的课堂,大家觉得这会是哪呢?肯定有人认为这里是幼儿园,但其实这是一所儿童福利院。下面我想给大家分享一个小故事,故事的主人公是一个有着十几个孩子的妈妈。一次偶然的机会,她成了儿童福利院康复训练的助教老师,工作内容就是帮助这里因为各种疾病而导致肢体残疾的孩子们进行康复训练。有一天呢,她照常和孩子们在一起,突然有一个四岁的小男孩轻轻地拉住了她的手,试探性地说了一句"妈妈,你看"。一个孩子叫妈妈,剩下的孩子就都叫开了,于是她就收获了一个崭新的身份,妈妈。这个妈妈就是我自己。

我想我永远也不会忘记人生中第一次听到的那声妈妈。对于福利院的孩子们来说,其实妈妈不只是一个称呼,更是一个爱的集合点,也是他们温暖的来源。随着社会关注度的提高,有越来越多的人走进了儿童福利院。他们在爱的氛围中快乐地成长着。所以对于这些孩子们来说,是不是充满爱的社会才是他们真正的妈妈呢?我们常说,关注一个社会文明程度的发展,不仅要看高楼大厦盖得有多高,马路修得有多宽,我们更要看高楼下的人,他们幸福感有多强,笑得有多甜。

感谢您收看今天的《与众不同》,我们下期节目再见!

### ▲新闻类4号选手　张安琪

各位观众大家好,欢迎收看《今晚关注》,我是主持人张安琪。

长安街上有华灯,清晨国旗升起,华灯熄灭,傍晚国旗降落,华灯初上。今天就让我们一起走进华灯背后的故事。

2019年的7月4日是北京入夏以来最热的一天,下午两点半地表温度五十(摄氏)度。我站在天安门广场上仰望着画面中的这个人,他站在十二米高的地方清洗检修华灯。当作业平台缓缓降落之后,我脱口而出的第一句话就是"真不容易"。但是他却告诉我说:"现在我们的条件已经好多了,要说不容易,前辈更不容易。"他叫陈春光,是第五代华灯班的班长。时间向前回溯六十年,新中国成立10周年的时候,华灯设计方案就在周恩来总理的亲自主持选定下,与首都十大建筑同步建成,也开启了五代华灯人长达六十年的坚持和守候。

最开始在一穷二白的年代没有专业工具,站上十多米高的灯基每次都是晃晃悠悠。到了(二十世纪)七十年代终于有了一辆破旧的十轮卡车,铺个板子再搭上架子,刚上岗的年轻人感觉像在坐船,但老师傅却可以在上面健步如飞。从木梯子到十轮卡车,到解放牌敞篷汽车,再到如今我们看到的我国自主研发的现代化工程车辆,华灯班工程车的变化也成了我们的国家一步一个脚印走向腾飞的缩影。

匠心筑灯魂,是酷暑和严寒下的掌灯人用他们的奉献和汗水诠释了奋斗的意义,让华灯见证了光阴流转、时代变迁。今年是新中国成立70周年,几十年来改变的是生产力和生产水平的日新月异,而不变的是一代代华灯班的坚守和初心。让长安街上的每一盏华灯都明亮如新,不是什么豪言壮语,但听起来却振奋人心。

以上就是本期节目的全部内容,明晚让我们继续关注。谢谢!

### ▲新闻类5号选手　赵思衡

中央广播电视总台,观众朋友们,2019赛季主持人大赛决赛阶段的比赛即将开始,那么六十强的分组形式和首发阵容现在都已经确定了,如果想要从小组当中出线,就必须要取得前三名的成绩,接下来让我们跟随电视转播信号来共同关注这场比赛。

大家好,欢迎来到《奇谭赛场》,我是主持人赵思衡。今天咱不谈体育比赛,今天要来说说的,就是这个主持人大赛,因为所有的高手都会集在了这个舞台上,真的是同一个主持界同一个梦想。那么在众多的高手当中,有一半以上的选手都有着五六年的工作经历,这用体育的话讲叫老将。他们有"女排精神",怎么讲?走下领奖台,一切您从零开始。那说完老将,我们要说说要发芽的新人,那本次大赛当中还有没有崭露过头角的95后都已经亮相到这个舞台上了。您真的不要忽略年轻人,因为年轻的力量很可怕,他们也许是一只只小龙虾,也许呢是龙虾小时候。咱说完了新人,咱们再说说有一些非专业的选手也报名参赛了,他们有学医的、学法的、学理的、学农的,这都叫术业有专攻,他们可以用专业的知识来做专业的节目,他们这是跨界当中的优势。

接下来咱们再说一个,说一对夫妻档,他们还没露面,我还破个题,他们是两口子一块儿来的,但我特别地羡慕。既增进了感情又提升了业务,但咱这是个"单打比赛",怎么出来一组"混双选手"?

主持人大赛特别紧张,我今天就是来看看我有多紧张的,来,您看,我今天穿了个智能背心。这个背心,上图,它其实是用于体育比赛当中的,能测量你的心率。我今儿测了一下,我这心率现在是(每分钟)120了,我日常在静态下的心率是每分钟70次,所以您看我真的有点紧张。但是我也特高兴,为什么呢?因为我终于能够在更快、更高、更强的奥林匹克精神当中占了一样,那就是更快。主持人这个行业,包括主持人大赛,它跟竞技体育是一样的,为什么呢?它都是台下十年功台上一分钟,充电两小时它通话五分钟,台下的功夫特别的重要。最后一句话我送给您,通往成功的路,总在施工中。感谢围观今天的《奇谭赛场》,我是思衡,下一个比赛日再会了。

### ▲新闻类6号选手　果欣禹

流动的时光,行进的中国,观众朋友大家好,欢迎收看《新闻新语》。我是主持人果欣禹,也可以叫我果果。

小果果:不,我才是果果。

果欣禹:忘了跟大家介绍了,这位是我的搭档,人民日报社首款人工智能虚拟主播。以我为原形打造的,它也叫果果。来跟大家打个招呼吧。

小果果:大家好,我是小果果,她是大果果。大果果,今天的节目来给大家介绍一下你做的"时光博物馆"探馆直播吧。

果欣禹:好的,小果果。为了庆祝新中国成立七十周年,从《人民日报》新媒体开出了两辆时光博物馆大篷车,八个展馆,多项创意互动的体验,将七十年来衣、食、住、行、文教等方面的变迁"一网打尽"。在探馆时候看到很多的时光碎片想跟大家分享一下。这里是"记忆供销社",三尺柜台不高,但是对于90后、00后来说陌生又新鲜。在票证时代,米面粮油锅碗瓢盆一切都要凭票来供应。而如今移动时代,五(英)寸的手机屏幕就已经连接了我们对于富足的新时代想象。

时光一往无前,而我们总是恋恋不舍。当我来到"奇妙时空屋"时,看到一位中年人在打着小霸王游戏机。我走过去问他:"现在用 VR(虚拟现实技术)玩游戏多刺激,为什么还玩小霸王?"他迟疑了一下说:"VR(虚拟现实技术)是好,但是我再也体会不到爸爸和我一起打游戏的快乐。"后来,他把思念写在卡片上,也留给了"时光博物馆"。

时光不仅是串代码,更带有真情。在"年代照相馆",老年人都说这里非常的熟悉,因为就像回到了青春时代,年轻人说很有趣,因为都是不曾有过的体验。时光凝神屏息,给了我们别样的交互体验。你看,这两个 00 后的小朋友头顶着爆炸头假发笑得多么开心纯粹。是呀,新中国七十年的波澜壮阔,这一张张照片不就是其中奔涌的浪花?连接着充满信心的未来。收藏过去,是为了明天更好地出发。好了,今天的节目就是这样,我是大果果。

小果果:我是小果果。

合:我们下期再见。

## 二、第二期自我展示文稿

### ▲新闻类 1 号选手　高嵩

各位好,欢迎收看今天的《话说长三角》,我是主持人高嵩。

今天要跟您分享的,是一个迟到了二十二年的诺言。位于江苏的周庄古镇,被称为"中国第一水乡",各位可能都去过。古镇往东跨过一条河,就到了上海青浦的金泽。两地常年是摆渡来回,而连接两岸的渡船,也促成了不少上海和江苏的跨省联姻,村民张泉勇就是其中之一。

二十二年前,他把妻子从周庄迎娶过岸的时候曾经许下了一个诺言。他说:"你嫁给我吧,听说这儿很快就要造桥了。有了桥,就什么都方便了。"转眼二十多年过去了,村子里的路一修再修,桥却一直没有架起来。老张每次和妻子回娘家还是得坐渡船,而且一般不敢留下来吃晚饭,因为天一黑船就得停,绕路回来得多花四十分钟。每天晚上的五点半是最后一班船出发的时间,但通常都会再等一等,有不少村民在对岸的周庄上班,他们都得搭最后一班船回家。听村子里的人说,这个渡口已经运行了超过百年。除了晚上船不能开,遇到台风、大雾天还得停航。造桥几乎就成了所有村民的梦想。

直到去年,长三角一体化上升为国家战略,交通的互联互通是基础保障,而第一件事就是要打通省界断头路。借着这股东风,在去年(2018)八月两岸的造桥工程终于启动了。今年(2019)三月两岸合龙,步行的通道已经开放,终于村民去对岸上班,不用再担心天黑了回不了家,如果要过河去走个亲戚,也可以踏踏实实地留下来吃顿晚饭。而那个迟到了二十二年的诺言,真的实现了。

当见证时代变迁的渡口,终于完成了自己的使命,一座新桥,不仅让老张的诺言实现,也让两岸百姓的生活更加紧密地相连。当然,撤渡架桥只是第一步,未来我们期待长三角一体化能让三省一市的更多地方架起一座座看得见和看不见的桥,让更多的蓝图变为通途。而作为一个主持人,我也会继续奔走在长三角的土地上,我希望自己也能成为一座通往观众的桥,而这要从讲好每一个长三角故事开始。感谢各位收看今天的《话说长三角》。

### ▲新闻类 2 号选手　周瑜

欢迎收看《瞬间故事》,从瞬间看人间,我是今天的讲述人周瑜。

2010 年 8 月,甘肃舟曲(县)突发泥石流,一夜之间小半个县城被冲没了,我去现场报道。两天之后我精疲力竭，随身带的方便食品也吃完了，去买，第一家小卖店连水都卖光了，能喝的只剩下啤酒。第二家卷帘门已经拉了下来，好不容易敲开了，一看柜台都空了，我正准备走，柜台里的大姐突然用浓重的甘肃口音问："姑娘，哪儿来的？"我顺手指了指袖子上的台标："上海过来的"。大姐突然显得有点急，说"你等等啊"，然后就转身进屋了。再出来时拿着一个塑料袋往我手里塞，说："谢谢你们从那么远过来报道我们，家里也没多少吃的，拿着。"那个有点旧了的塑料袋里装着三张这么大、这么厚的饼，很干、很硬，真的不能说是好吃，可是那个口感我一直记着。我只是做我的本职工作，却让一个身处不幸的陌生人充满了感激，这份工作我得对得起它。

我真的希望当年的大姐能看见今天的节目，告诉她，当您给我饼的那个瞬间，那个初出茅庐的小记者明白了，新闻不只(是)客观的数据和事实，那背后是一个个活生生、有温度在努力生活的人，关注他们的境遇是我的职责。

一个又一个人的命运也确实因为我们的持续关注发生了改变。2000年，上海的朱阿婆捡回一个弃婴，小军龙一天天长大，可是因为没有户口上学都难。我们新闻人一直在持续地发问，制度有没有给这些无辜的孩子一个合理的安排？直到2009年户籍制度迎来了改变，2014年小军龙的户口和收养关系办下来了，去年他上大学了。十八年的故事终于完满告一段落，我自豪，几代新闻人记录的故事里，也有我用力写下的几笔。

现在我的工作，每天晚上都要进行一场新闻直播访谈，面对一张张鲜活的面孔，和他们心里的荣耀、幸福、压力、委屈。碰到坎儿、遇到阻力是常有的事，现在我还时常会想起大姐递给我饼的那个瞬间，告诉自己，再试一次，再多想一个办法。因为我们的坚持和关注，也许就是下一个故事温暖的开始。谢谢！

▲ **新闻类3号选手　张楚雪**

欢迎收看《今日关注》，我是主持人张楚雪。

提到"一带一路"，您会想到什么呢？是"国际经济合作走廊"？还是"亚洲文明对话大会"？没错，"一带一路"很大，大到涉及上百个国家和数以亿计的资金，但"一带一路"也可以很小，小到关乎一个男孩。今天，我们一起来关注他的故事。

视频里的这个柬埔寨孩子叫沙利，因为能用十多种语言来叫卖旅游纪念品，他成了"网红"。2011年的时候，我第一次到柬埔寨，我就发现当地能用多种语言来叫卖的孩子很多。而他们大多都穿着破旧的衣服和不合脚的旧拖鞋。有的孩子怕卖货的时候把鞋子跑坏了，于是就光着脚抱着鞋冲到游客身边。看见金发碧眼的游客，他们赶紧推销："请买一些纪念品吧，我们有很多漂亮的包。"看到能说粤语的也能马上切换："靓仔，快点来买啊。"但是无论说什么，他们都会加上一句："我们需要赚钱、养家"。八年的小小卖货郎生涯让沙利学会了十多种语言，但为了生意，他常常顾不上吃饭，这在他的身体上留下了很明显的痕迹。身高一米四，体重只有四十多斤的他，看起来很像个二年级的小学生，对吧，但实际上，他已经十五岁了。

而如今，这个少年终于可以放下身上沉重的担子了。今年(2019)5月在"一带一路"公益基金项目的资助下，沙利获得了免费来华求学的机会。过去只会说中文的他，现在可以踏踏实实地坐在课堂上和来自全球各地的同学们一块儿学着写中文。而关于未来，沙利梦想着当企业家，帮助需要帮助的人。

实现自己的梦想并帮助别人是沙利想做的，也是中国正在做的。在"一带一路"倡议下，柬埔寨修建了更快的铁路，获得了更多的投资，当然也有越来越多的"沙利"走进了课堂。读书的孩子多了，卖货的孩子少了，小到关乎一个男孩的"一带一路"，正切实地赢得信赖，惠及世界，美美与共，天下大同。这或许就是共商、共建、共享的初衷。

感谢收看《今日关注》,我们明天再见。

**▲新闻类 4 号选手　田靖华**

新闻夜班车,温暖回家路。欢迎收看《新闻夜班车》,我是主持人田靖华。

一连五天,我们的系列报道"最美奋斗者"聚焦了许许多多不同的职业,带大家感受到了不同行业里的辛酸与幸福。那今天呢,要为大家介绍的这群人,他们有个共同的名字——电视人。"地球不爆炸,我们不放假;宇宙不重启,我们不休息"。对于电视人,这是一个幽默,却也(是)真实的写照。作为一个电视人,我还挺有发言权的,当然这并不是因为我的资历够老,而是因为我们家有两个电视人。属于电视人的辛苦我们家有双份,属于电视人的快乐我们家也是双倍。图片上我身边的这位是我的大学同学、我的同事、我的女搭档,同时也是我的妻子。现在我们在做着同一档节目。可能您会说,这挺好的,每天双宿双飞的。可时间再往前捯几年,当时我在做早间新闻,她做午夜新闻,每天我们之间打招呼的方式就是:"睡着呢?我走了"。而冰箱上的留言帖也成了我们写给彼此的情书。这是今年除夕夜我在微信上发的一条朋友圈:"为人父母的电视人寄养了孩子上节目"。镜头前我俩热情洋溢、全情播报,可我们都知道此刻我两岁的儿子正在朋友家,是号啕大哭。后来下了直播接上孩子,好不容易找到一家还在营业的饭店,吃了顿匆忙的年夜饭。那天,别人都跟孩子说"过年好",而我们却跟孩子说了声"对不起"。

我们的故事和奋斗在这座城市里的每一个年轻人一样,有笑、有泪、更有爱。成为一名优秀的电视人,这是我们在校园里就一起许下的梦想,也将会是我们一生都为之奋斗的方向,所以我们选择共同站在中央广播电视总台主持人大赛的舞台之上,并且准备站到最后,因为我们有双份的梦想,也会付出双倍的努力。

说了这么多,其实并不是想跟您诉说电视人有多么不容易,而是想告诉您,我们和所有的奋斗者一样,追梦不止步,因为奋斗的姿态最美,明早踏着朝阳继续出发。

感谢收看《新闻夜班车》,我们在北京祝您晚安。

**▲新闻类 5 号选手　商亮**

观众朋友们大家好,欢迎收看今天的《本周人物》,我是主持人商亮。

今晚呢,我们要共同聚焦一个群体,让我们去描绘他们的样子,让我们走进他们的热血人生。他们很年轻,平均年龄二十岁上下,有着这个年纪所有年轻人的激情和梦想,他们甚至很调皮,来看一下他们的朋友圈。"重点是最后一张图,这发型,这气质。"我们现在看到的这个帅气的小伙子叫作张浩,他是一群年轻人的中队长,他刚刚结婚不久,但是他所发的每一条状态都是在执行任务的路上。这个小伙子叫作杨刚,重庆人,拍这张照片的时候,他刚刚过完他二十三岁的生日。在执行任务之前,让我们看一下他身后的战友们是怎样相互告别的,"我要是回不来了,我爸就是你爸"。

他们勇敢且忠诚,偶尔呢,还得跟家人撒点小谎。"喂,老公,你现在在哪儿?""我在云南集训。""你骗人,我都在新闻上看到你了。"一位搜救队员瞒着妻子去执行救援任务,在休息的时候接到了妻子的电话,他叫尹礼辉,这段对话发生的时候呢,他就快要当爸爸了。

其实他们并没有我们想象当中的那么坚强,"再出发,求安慰。回来的衣服泡起来还没有洗呢,又得走了"。这是一个叫作蒋飞飞的小伙子在执行任务当中的小感慨,可是,这是凌晨两点五十四分,又有谁能够安慰这颗疲惫的心呢?

而我要告诉大家的是,除了那位瞒着妻子去执行搜救(任务)的尹礼辉之外,其余的人都在救援当中牺牲了。三分钟的时间很短,我没有办法把他们的名字和样子都呈现在各位的面前,但是能够记住的是,仅在四川凉山州山火救援牺牲的三十人当中有二十七人来自同一个队伍，一个80后，二十四个90后，两个00后。而我们刚才所提到的张浩就是他们的中队长。

火灾、地震、泥石流，有了他们逆行的背影，我们才会感觉到踏实。他们也是父母的孩子，是妻子的丈夫，是像我一样普通又平凡的小伙伴。可是，他们是和平年代的牺牲者，是岁月静好的守护人。

那么，在新中国七十华诞的时候，在今天的《本周人物》当中，让我们一起向中国消防员，致敬！感谢您的收看。

**▲新闻类6号选手　白影**

欢迎来到新一期的《人物》，我是主持人白影。

我采访过不少优秀的工匠和企业家，但最打动我的却是一个"笨小孩"。他叫蒋应成，二十一岁代表中国参加了世界技能大赛的汽车喷漆项目。说到这个项目，听上去简单，可全中国有这门手艺的不到五千人。比赛现场，当他放下手中的喷枪，身边的翻译哇的一声哭了出来，看着他说："应成，太不容易了。"操作当中，薄薄的车漆至少分为十几层，每一层都用不同的材料喷涂，而能够允许的最大误差是0.01毫米，相当于六分之一根头发丝，呼吸重一点都会影响结果。"倒计时三二一"。喷漆误差0.01毫米以内，喷漆色差为零，蒋应成几乎完美地完成了。他战胜了二十多个国家的选手一举夺冠。

夺冠之后，应成的第一个电话从阿联酋打回了云南老家。从小没了父母，是爷爷奶奶种田养猪把他拉扯长大的，爷爷离世之前对他说："应成，我们可以白手起家，但不能手无寸铁。"那之后的一千八百多个日夜，他像一个苦行僧一样把自己关进了车间，每天伴着晨曦走进去，再披星戴月地出来。训练最苦的日子里，他创作了这幅《星空图》。我想，如果说命运给过这个少年哪一样好东西，那就是梦想。当应成登上自己梦想中的领奖台，中国的五星红旗是因为他在世界舞台上冉冉升起。蒋应成用奋斗的青春诠释了自己的生命，我们的采访结束他起身离开戴上了耳机，我问："在听什么呢？"他说："《笨小孩》。"对，就是那首歌。

我曾经也是一个"笨小孩"。十二三岁的时候背起了行囊，从湘西的大山深处走出来，追寻我的梦想，今天，我想卸下一切包袱，怀抱一颗初心，登上这个新时代的舞台。为梦一战，为梦发声！感谢您的收看，我们下期再见！

## 三、第三期自我展示文稿

**▲新闻类1号选手　刘妙然**

各位好，欢迎收看《新闻聚焦》。

今天上午，出席十三届全国人大二次会议的各界代表在人民大会堂出席开幕大会。大家表示：将为新时代，同心共筑中国梦贡献力量。我们来看记者从现场发回的报道：

（视频）"追梦的脚步向未来迈进，美好的希望在心中升腾"

大家看到的是这样，但其实是这样。今年（2019）是我第八年报道全国两会。

在去年（2018）的春节，我在雄安新区采访，市民服务中心的三千多名建设者依然在一线紧张地忙碌着。我问一名员工："你多久回趟家？"他说："没时间回。"昨晚在宿舍跟闺女视频的时候，在听到爸爸又不能回家而号啕大哭的时候，他突然发现孩子的身后有一个小画板，上面写着：距离爸爸回家还有一天。挂了电话，女儿在那头哭，他在这头哭。可是他对我说："我想我能见证一座未来之城从无到有，我是'雄一代'。"在那个时候，他的眼睛就像夜空中最亮的星。

科比说:你见过凌晨四点的洛杉矶吗?雄安人,一、二、三、四、五、几点的雄安都见过,他们甚至会在早上睡早上起,简称"早睡早起"。因为他们的每一天都在书写着历史,这是千年大计,国家大事。

在今年(2019)春节,我来到了冬奥会的建设场地,海拔两千米的张家口崇礼。冬奥气象服务队领队郭宏对我说:"你们知道吗?赛场气温低于零下二十(摄氏)度就要终止比赛,缆车遇到六级大风就会停止运行,气象数据甚至会对裁判的最终结果起着决定性的因素(作用)。"虽然现在科技的发展日新月异,但是精确的气象数据还是需要人工来测量。气温零下十七摄氏度,风速十米每秒,他们的脸被风雪吹得像圣诞老人。在坝上的制高点飘扬着一面五星红旗,郭宏常常望着那面国旗说:"我们团队一定要拿下冬奥气象服务队这枚金牌!"

在1月29日,国际奥委会主席巴赫在张家口考察结束时对我们说:"你们用中国的方式为2022冬奥会作出了非常出色的准备。"他说中国正在完成着非常出色的工作,他为中国效率点赞。而我们每一个人,都正在做好准备,向世界展现新时代中国的风采。

在同一面国旗下,凝聚着近十四亿国人的梦想,而我愿在那些现场、在这方主播台守望你的梦想。感谢您的收看,我是妙然。

### ▲ 新闻类2号选手　崔爽

观众朋友大家好,欢迎收看今天的"脱贫攻坚"特别节目《他乡是故乡》。

照片中的这对父子都是上海人。老父亲是上世纪(20世纪)90年代的第一批上海援滇干部。二十多年后,儿子宋杰接过接力棒成为第十批援滇干部,现挂职于云南省普洱市的景东(彝族自治)县。今年(2019)宋杰两年挂职期满了,他主动提出申请继续留任再干一届,干满五年。得知这一消息,今年(2019)已经七十一岁的老父亲从上海辗转三千多公里赶到景东(彝族自治)县,不为别的,就是想来看看儿子,再给儿子鼓鼓劲。但因县里突发山火,宋杰在救火一线忙了三天才赶回县城见到父亲。

这是刚下火线还花着脸的宋杰在给老父亲揉肩。他不知道的是,老父亲背对着他,早已经红了眼眶。这不想被儿子察觉的泪水不仅包裹着对儿子的心疼和理解,更包裹着两代人对援滇工作的责任和传承。老父亲曾经问过儿子:"为什么要再干一届?"儿子说:"我想完成您的事业,亲眼看着景东(彝族自治)县脱贫摘帽。"像这样的援滇干部有太多太多了,他们把他乡当成故乡来热爱和建设,他们扎根在这里,坚守在这里,与云南各族人民一起,在扶贫路上携手奋斗。

2017年,云南有十五个贫困县实现脱贫,2018年三十三个,2019年力争三十一个,到2020年,最后剩下的九个贫困县也将全部实现脱贫。

我从东北来到云南工作,离开故乡也整整十年了。我想很多朋友应该和我一样,我们为了追寻梦想,生活打拼在他乡,故乡对于我们来说逐渐变成了一个遥远的地址、一沓往返的车票、甚至是电话那头父母的叮嘱和满头的白发。但当我看到这群援滇干部,我突然意识到,你为之奋斗的他乡又何尝不是你难忘的故乡?它更像是一种信仰,它让你站在这里,却看到更远的地方。

如果有人再问我,你是哪里人?我会认真地回答:"我是东北人,但我的家在云南。"

### ▲ 新闻类3号选手　薛焱丹

幸福城市,由您点亮,欢迎收看《城市微光》,我是主持人薛焱丹。

今天我要介绍的这座城市,平地进去是八楼,轻轨穿楼而过,立交桥上走错一个匝道,那就是"一日游",导航看了都发愁。没错,就是我的家乡"3D魔幻之城"重庆。在这座城市里还有一张名片,我们都亲切地称呼他们"棒棒"。

今天为我们点亮城市微光的这位"棒棒"师傅叫作冉光辉，2010年他牵着当时只有三岁儿子的一张照片在网络走红，成为网友们心目当中的硬汉：肩上扛着的是家庭，嘴上叼着的是自己，手上牵着的是未来。

冉师傅来自农村，二十多年前和妻子一起进城，为了在这里扎根，他可算得上是"拼命三郎"。每天早上五点就得出去搬货，不论严寒酷暑，他都得光着膀子，否则身体跟编织袋没有摩擦力会打滑，后背常常被磨得通红。搬着半人高的编织袋，每天爬坡上坎走三四千级台阶那都是常有的事，而一趟下来的报酬仅仅只有十块钱。但是这位硬汉从来没有抱怨。他说："力气是拼出来的，我能靠自己为他们撑起一片天！"

今年(2019)8月我去探访了冉师傅，为了给孩子更好的生活环境，他用自己全部的积蓄买下了一套二手房。冉师傅一坐下来就开始给我介绍起了自己的新家。军超现在上初一了，他今后立志要成为一名军人，不管再苦再难都要像老爸这样拼尽全力。冉师傅的微信名叫作"心想事成"，他也靠自己的奋斗实现了当年的心愿。

曾经，一根简单的棒棒是融入城市的跳板。冉光辉用拼出来的力气撑起了一个家，无数像他这样的劳动者也用他们的双肩挑起了幸福的重担。"棒棒"们爬坡越坎、敢于担当、不负重托的精神已经融入了这座城市的血脉。在生活当中，谁不会遇见一些坎呢，但是压力就意味着责任，负重才能走得踏实。每天都朝着自己的梦想奋力前行，就是最大的幸福。城市微光，照亮回家的路，再会！

**▲新闻类4号选手　高旭**

欢迎收看高旭脱口秀，我是高旭高满哥(小伙)。

这次来北京比赛，我觉得有点奇怪。因为火车上有很多吵了一整个暑假的"熊孩子"，这次却十分安静。赶紧看看时间，还是开学好啊。孩子们，你们做作业的身影，就是这个夏天久违的宁静。

怎么样？新学期的作业难不难？不是我幸灾乐祸。有人真觉得我太难了，因为新学期他们拿到了新教材。

8月27日，教育部召开新闻发布会介绍统编教材情况，其中语文教材的一个特点，就是突出传统文化教育，课文共选入古诗文六十七篇，占全部课文的近一半，而需要背诵的达到了二十篇。

三年背诵二十篇，一年才不到七篇，这还好，还好我毕业得早，要不一年让我背一篇都挺难。您还别笑话我，谁看到"并背诵全文"这几个字不肝颤？但是毕业了你就会发现，其实这些古文篇篇都值得背下来，因为有文化不一样。提起"但愿人长久，千里共婵娟"别人以为那说的是爱情，可你背过原文就知道，苏东坡说的是："作此篇兼怀子由"。他想念的是兄弟。兄弟之间推杯换盏，别人都是"来来来，感情深一口闷"，而你张口却是"烹羊宰牛且为乐，会须一饮三百杯"。看见彩虹别人会说"哎呀妈呀，那彩虹老好看了"，而你张口就是"云霄预计，彩彻区明"。这就是中国文化带来那份涵养与自信！

但是你也许会说了：高满哥(小伙)，背诵古文没意义，高考填空才五分的题，以后工作难涉及。我承认，背诵是很难，难就难在您不仅是要背出一字一句，还要背透纸面背后的那些力量。那是屈原的悲怆、是李白的坦荡、是陶渊明的归隐、是苏东坡的豪放，它更是我们整个民族的力量。可是再难也值得被记住，因为这是我们一个民族筛选了千百年的文化锦囊。

在这样一个时刻，请跟我一起来背诵，走入古诗文的力量，希望曲终人不散，我们下期见。

**▲新闻类5号选手　赵璐**

各位好，欢迎收看《图说教育》，我是赵璐。

这是云南香格里拉孩子们每天上学要走的路,一来一回要走四个小时。为了体验孩子们的辛苦,我们去实地陪他们走了一趟,走到半路,这个小男孩跟我说了一句让我很难忘的话,他说:"你走得太慢了,我老是得停下来等你,这样我上学要迟到了!"节目播出之后,有很多的公益组织去帮助他们,孩子们陆续收到了新书包、新文具,更贴心的是还有MP3(音乐播放器),里面有录好的故事和课文,这样就可以边走路边学习。

前不久,在第四十五届世界技能大赛上,中国代表团再次获得了金牌榜、奖牌榜和团体总分的第一名!为什么能取得这样的好成绩呢?除了中国孩子刻苦,还因为创新。为了拍摄职业教育的纪录片,我们去了几十所职业院校,整个过程可以用大开眼界来形容。比如说,我们见到了现实版的"变形金刚",也就是同学们操作的救灾机器人。今后很多时候,我们的岁月静好都可以由人工智能来替我们负重前行。

这是国家行政学院的科学家论坛,对话嘉宾全都是泰山北斗,他们中有"中国预警机之父"王小谟院士,还有已故的高铁院士王梦恕等等,而在座的同学都是入选了"万人计划"的青年科学家。其中有一次我问赵忠贤院士,我说:"赵院士您看,您研究'超导'已经四十多年了,这么长时间做同一件事您是怎么坚持下来的?"赵院士想了想说:"我给你打个比方吧,有的人打了四十年麻将,可是你不会去问他是怎么坚持下来的,因为你知道那是他的乐趣。对我来说,研究'超导'就是我的乐趣,有成果那就是和牌。"说到这,同学们都笑了。而我一眼望去,不仅看到了他们的笑脸,还看到了他们眼睛里闪烁的光芒。

我今天讲的三件事分别是关于基础教育、职业教育和高等教育。在今天这样一个终身学习的时代,其实这只是一部分,教育的类别还有很多。我自己也是妈妈,深知教育对一个孩子和一个家庭的重要性,但我更知道教育对一个国家和民族的重要性。而要办好教育,需要千千万万的老师、教育工作者和很多很多人的共同努力,很高兴,我是其中的一分子。感谢收看,再见。

#### ▲新闻类6号选手　董星辰

《星辰观察》与你一起观察世界,欢迎各位。

上个月,我三岁的小侄子过生日,这给我愁得呀,我是礼物都不敢买,因为现在年轻人那是越来越难懂了。不过还好,我不懂,互联网懂,给我推荐了很多花里胡哨的小玩具,我侄子是非常满意。的确,现在这个时代,互联网是越来越聪明,越来越懂你了。它能明白,我侄子想要的是玩具,而我想要的呀,是让他开心。

相信每一个人都体会过互联网的善解人意吧?在座的也许有喜欢刷短视频的,那如果你经常点赞关注美食类视频,会给你推荐生煎、卤煮、烤冷面。有喜欢看电视的吧,如果你微博搜索撒贝宁,会给你推荐《挑战不可能》《加油向未来》,还有各种表情包。那在这背后,是一种叫"推荐算法"的技术。很多互联网公司,都在随时根据我们的浏览记录进行计算,把我们感兴趣的信息推荐给我们,非常的方便。

但是,各位先打住了!还记得我侄子吗?从他生日到现在,过去一个月的时间了,可是每当我这拿起手机,还在给我推荐儿童玩具,可是我并不需要啊。那这些推送对我来说,成了一种负担和打扰。这种现象又有一个专业的术语,叫作"信息茧房"。是说呀,系统的推送都集中在我们关注过的领域,导致长此以往我们接触的信息越来越局限,越来越狭窄。这手机上每次弹出的通知,就像一根根丝线一样缠在一块,形成了一个茧,把我们给困住了。

仔细想一想,是不是还挺可怕的?当然了,这也并不完全是互联网的问题,虽然"信息茧房"是网络时代才出现的词,但其实这个现象一直都是存在的。我们本能性的就会更关注我们自己更感兴趣的信息,那技术的出现把这个进一步给强化了。作为一个传媒学子,我可以说对于传媒领域,恐怕没有一个时代比今天更强调技术的作用。当"推荐算法"成了标配,是否会让我们忽视这背后的真实和价值呢?但同时,你我作为中国近九亿网民中的一分子,在意识到这个问题之后,我们至少可以在享受便利的同时,也时刻提醒自己,不要一直被动地接受。跨出信息的舒适圈,主动看到更多未知的风情,也不失为一种拓宽视野,同时更为全面和真实的选择。

好,感谢你与我一同观察,我们下期再见。

# 四、第四期自我展示文稿

### ▲新闻类1号选手　梁婧

看世界,角度怪一点;聊财经,风格辣一点。今天我们的主角是月饼。

前段时间不知道各位注意到了没有,这个榨菜味月饼和哪吒表情包月饼花式上热搜。于是我有一个朋友就问我说:"梁婧,这个小月饼看起来不像是个大生意,为什么传统的月饼厂商每年都那么拼,都争着抢着想来做月饼?"其中一个原因是因为卖月饼太赚钱了,一年不开张,开张吃一年。虽然月饼一年只卖一茬,但是它每年的销售额已经超过了一百五十亿(元),月饼礼盒行业的平均毛利率是60%,个别厂商70%,这意味着什么呢? 赚一倍还多呢。

现在在资本市场上特别流行的一个叫作"资产证券化"的市场,月饼也是里面的高级玩家。什么叫"资产证券化",来给大家解释一下,千万别"不明觉厉"。我这有张月饼券就能给您说清楚。首先您看这个月饼是这里面的基础资产,面值一百(元)呢代表它未来的预期收益,那么厂家把它印成了券,六五折卖给了经销商,经销商八十(元)卖给了我,我呢作为礼物送给了我的好闺蜜。她呢吃多了又怕长胖,于是四十(元)转手倒给了"黄牛",这时候厂家五十块(元)钱向"黄牛"收购了。

见证奇迹的时刻到了,看看这里边经销商和厂家是各赚了十五块(元)钱,我闺蜜四十(元),黄牛十块(元)。可是,各位看到这一圈里其实就已经形成了一个月饼的资金池,而且呢,这月饼已经是不光能吃了,它已经转化成为像我们看到的股票一样,可以交易、可以买卖的一个融资闭环。其实这就是"资产证券化"的一个基础架构之一了。我就问,说到这儿,各位还小瞧您家中的这个五仁月饼吗?

其实啊,月饼这门生意它背后最大的支撑是咱们中国人千百年来对家人和朋友不变的爱意。记得去年中秋,奶奶吃着我从北京带回去的老月饼,然后品着妹妹带回来的大闸蟹,爸妈在厨房做着团圆饭。那一刻,真的,"但愿人长久,千里共婵娟"。

《财婧派》下期接着聊。

### ▲新闻类2号选手　许吉如

新闻背后,聚焦人物,欢迎收看《今日人物》,我是主持人吉如。

今天的人物,如果您关注过奥运新闻,您对他一定不会陌生——何振梁。

2010年2月,我有幸跟随何老作为中国申奥代表团的一员前往温哥华,为南京申办2014年青年奥林匹克运动会进行最后的陈述。那一年我十八岁,何老八十一岁。

一个八十一岁的老人面对一场申奥陈述,他的前一天会如何度过? 养精蓄锐? 好好休息? 何老做的是肾脏透析。因为那时的他已经是一位尿毒症病人,每隔一天就要做一次透析,他不能独立行走,需要夫人随时搀扶。

2010年2月9日,温哥华申奥陈述前夜,何老在当地医院一边做着透析,一边又一次打开了他早已烂熟于心的陈述稿,又一次通读、重读,又一次停顿、思考,又一次字斟句酌。工作人员不放心何老的身体,建议他坐着陈述。何老坚决不同意,他说:"你们放心,只要我站在那个陈述的台子上,我的精神就来了,因为何振梁的振就是振奋精神的振。"

何老没有食言。2010年2月10日,国际奥委会第一百二十二次全会上,八十一岁高龄的他独自站立,长达二十分钟的法语陈述赢得了全场最多、时间最长的掌声,也为南京赢得了2014年青奥会的主办权。

2015年1月4日,何老因病逝世。我常在想,如果何老能再坚持半年,他就能看到在2015年7月,我们的首都北京又获得2022年冬奥会的主办权,成为世界上第一个既办夏奥会,又办冬奥会的城市。他就能看到他用一生时间在中国播下的奥运种子正在生根发芽,他就能看到中国体育外交事业的漫漫长路。如他所言,从恢复合法行为的奋斗三十年到在国际体坛确立地位的奔跑二十年,再到提升格局争取更多话语权的今天。中国故事,历久弥新。

如果说何老是体育事业里中国故事的讲述者,那么我想以他为榜样,成为大众传播事业里中国故事的讲述者,在与世界的对话中呈现中国。谢谢!

▲ **新闻类3号选手　冯硕**

观众朋友你好,欢迎走进《看见中国》。

你买过火车票吗?买过飞机票吗?买过船票吗?一张票它是凭证,其实它更是岁月的印记。今天就让我们一起上路,我带您看看三张很特殊的票。

时间回到三十一年前,这是1988年从海安到海口的一张旧船票,船上的人充满了希望和憧憬,他们要去的是中国最大的经济特区海南。那一年改革开放进行到了第一个十年,那一年海南刚刚建省办经济特区,而那一年船上的人也有一个共同的名字——"闯海人"。年轻的朋友们今天来相会。这首歌似乎也唱出了当时的海南。当时年轻的"闯海人"在海口一定要去到一个地方,这就是"(海口)三角池",那儿有一面墙,墙上贴满了招聘信息,那面墙也有一个历史意义的名字,它叫"闯海墙"。

第二张票代表了中国速度。这是一张很特殊的高铁动车票,从海口东到海口东。您别以为印错了,这可是全球首条环岛高铁。八年前我来到了海南,成了新一代的"闯海人",八年的时间我不仅见证了环岛高铁的速度,也看到了"长征七号""长征五号"升空的高度和"深海勇士"下潜的深度,更重要的是感受到敢闯敢试,敢为人先,"闯海精神"的态度。八年的时间,我与海南共同成长。但是最让我难忘的,是坐着环岛高铁到"博鳌亚洲论坛"的采访,当《万泉河水清又清》的音乐响起时,我是在现场聆听着习近平主席的演讲,也感受着中国向世界发出的最强音。

第三张票是从悉尼飞到海口的一张机票。它是属于我的这位外国朋友的,要知道他只需要凭借护照,不需要签证就能直接落地海南了。为什么呢?因为去年是改革开放的四十周年,也是海南建省办经济特区的三十周年,中央决定支持海南全岛建设自由贸易试验区和逐步探索稳步推进中国特色自由贸易港。于是五十九国人员入境免签等政策相继出台。现在我们听到的这首歌是海南的地方民歌,用海南话叫《久久不见久久见》,普通话就是《久久不见久久见》,寓意着我们期待与更多的人交朋友。

其实海南的发展只是中国改革开放进程当中的一个缩影。新时代的我们同样一路向前奔跑,因为我们有着共同的目标和远方。但不管走到哪里,我们都不能忘记为什么要出发。

好,感谢收看《看见中国》,稍后再见。

▲ **新闻类4号选手　刘仲萌**

各位好,欢迎您收看《记者》,我是刘仲萌。

我是一名早间新闻的主播,但是这期节目之所以叫作《记者》,是因为我更多时间都在新闻一线采访。

况且我认为新闻主播不就是演播室的记者吗。从我第一次拿起话筒报道上海自贸区到现在已经六年的时间了,这六年我亲自记录过这些再也不会重来的新闻现场。

虽然这些新闻现在已经成了历史,但是它给我的思考却在时时更新当中。很多事情我是跑了民生新闻之后,才深有感触的。在繁华的大都市,依然有很多人早起倒马桶的;很多人吃的抗癌药价格会那么贵。我报道过一个露天菜场,占道不说,关键还扰民,但奇了怪了就是拆不掉,我去采访之后才知道:这里的蔬菜比其他地方要便宜五毛钱。

当记者敲醒了我以前很多的想当然,也越来越贴近生活。而我只有在现场采访报道之后,才深刻了解到,原来政府给老(旧)公房装马桶,抽户改造,解决了老百姓多大的难题。有些抗癌药进医保了,让很多人既保住了命,也保全了家。当新的菜场建起来之后我再进去采访,发现里面也不是很嘈杂,这就是我们最有烟火气的生活,对吗?

记者的经历让我真的感觉到,我们的生活在变得越来越好,而我也越来越关注新闻当中的人。当然有时候也需要一定的勇气和担当。有一所幼儿园铺设了新的塑胶跑道,但是孩子们却有了不良反应。一位家长拿着孩子流着鼻血、浑身起红疹的照片给我看,他说:"我真心疼啊,我们怀疑跑道不合格,你们记者能不能帮帮我们。"

我跟他素昧平生,他让我帮他,也是因为对于记者这份职业的信任。调查的过程本身是非常非常艰难的,我和我的同事们辗转多地,采访了施工方、幼儿园、专家、医生,我们也拿着跑道的样本去做检测,终于我们发现了跑道的真相。那一天,跑道彻夜铲除,第二天全市彻查跑道隐患。那一刻我觉得真辛苦,但是特别值得,因为我们对得起这份信任。

这六年发生了好多事情,无论现在我是坐在演播室,还是在新闻一线采访,我越来越谨慎。因为新闻终究会成为历史,但作为记录历史的我们,要有足够的专业底气,以及留得下经得起时间检验的新闻报道。

我是仲萌,感谢您的陪伴,再见!

▲新闻类5号选手　　杨光

欢迎大家收看今天的《大国小家》特别节目。我是本期主持人杨光。

我家老爷子快七十(岁)了,我四十(岁)了,算是新中国和改革开放的亲历者。上周末回家和老爷子聊起了今天节目的主题"梦想",我问:"您1969年去陕北插队的时候,当时最大的梦想是什么呢?是不是像电视剧里演的那样想回城?"他说:"那会儿哪知道能回城,当时想的就是广阔天地,大有作为,敢教日月换新天。"您瞧,老爷子那会儿多意气风发。后来老爷子跟我说,"谈起梦想,你小时候就爱做白日梦",我一琢磨是那么回事。

1990年北京亚运会,那一年我回京了,第一次见到马路上那么多的汽车,心想我家要是能有辆汽车多好。可那会儿父母一个月的工资是三百多块(元),这不就是白日梦吗?两年后,家人回京了,当时全家住在这样的大杂院里,房间不到十平(方)米,四口人睡在一张床上,到了冬天只有一个蜂窝煤炉用来取暖,当时全家人的梦想是一套房。可当时父母一个月的工资是四百多块(元),而当时北京的房价大概是两千元钱,这不也是白日梦吗?上高中了,我做起了主持人梦,可我从小是个结巴,这不更是白日梦吗?记得那会儿每天五点钟起床,含着石子练绕口令,可高考还是落榜了。

但是多少年之后,当我们回首当年这些白日梦的时候,却突然发现,有不少居然实现了。家里买了车、买了房,甚至当年那个青涩的小伙,他真成了主持人。

2016年,父亲带我回到了当年插队的陕北宜川,破旧的窑洞里,五十多年前他用粉笔写的字还在,而他当年插队时的梦想真的实现了。乡亲们做到了"敢教日月换新天"。几十年间,无数普通中国家庭曾经遥不可及的梦想,在今天都已经成了现实。

家是国的基础,国是家的延伸,这一个个小家的梦想汇聚在一起的不就是我们的"中国梦"吗?昨天的梦想许多我们都已实现,今天我们将会继续用自己的双手去实现更多的梦想。感谢大家收看!

### ▲新闻类6号选手　姚菲菲

《非说不可》,我是菲菲,你好。

我采访过一个小女孩叫"大眼妹",眼睛特别大特别可爱,可是她才出生不久就因为胆道闭锁濒临死亡,当时唯一救她的是做肝脏移植。

公民志愿捐献是器官移植唯一的合法来源,在中国每年有约三十万人需要器官移植,但他们当中最终能够等到器官的只有约一万人。很多人是在等待当中死去。当时等到已经快绝望的"大眼妹"的爸妈有一天突然接到了医生的电话,说有匹配的肝源了。这颗完整的肝脏来自一个叫作瑶瑶的、才六个月大的女婴。一场车祸刚刚夺去了她的生命,她的妈妈也在车祸当中受伤,所以她是躺在病床上含泪作出的决定——捐献女儿的器官,而正是因为这个决定让"大眼妹"重获新生。

遵照器官捐献的"双盲原则","大眼妹"的妈妈并不知道捐肝者是谁。当时我采访她的时候,她跟我说:"其实狂喜的心很快就揪紧了,因为我知道有一个跟我一样的妈妈失去了孩子。"多年后的一个清明节,"大眼妹"的妈妈给我发来了一封信,她是希望通过我们和红十字会把这封信转交给另外一位母亲。

改变正在发生,以浙江为例,浙江是2010年正式启动了器官捐献。刚启动的前五个月这个数字才三百七十五个人登记,但今年(2019)的前五个月这个数字已经上升到了一万两千两百六十一人,是过去八年的总和。我们再来看一个全国的数据,到7月31日目前已经有一百四十五万三千零四十五人登记逝世后捐献器官,而我也是其中之一。大家看到的都是受捐者写给捐献者家属的信,当中的第一句话几乎都是"虽然我们素昧平生,可是我们血肉相连"。最后是"大眼妹"画的一幅画,大家也看到了,"当流下一滴泪,我想起了你,亲爱的'小天使',谢谢你"。

《非说不可》,下期见。

## 五、第五期自我展示文稿

### ▲新闻类1号选手　田尹男

《第1评论》有一说一,各位好,我是主持人田尹男。

暑假过去了,有位妈妈在网上晒了一份账单,你会发现她给孩子在这个假期报的各种培训班加起来花了快八万块,好像现在不少妈妈给孩子报班都和自己买包一样,永远不嫌贵,也永远不嫌多,但是教育真的靠砸钱就能行吗?

一个暑假花了八万,这种教育支出的水准显然不能代表全国所有的家庭,有的可能更高,有的连一万都很远,但你不可否认,想让孩子上个好学校,似乎是越来越难了。

有的名校还就是重视那些获奖证书,这不得不去各种课外的补习班去参加补习、参加培训,所以假期反倒成了不少家庭最焦虑的时候。

出现这种情况也不能完全怪家长。好学校人人都想进,孩子一个比一个优秀,那只有不断地把竞争提前。但是人生是一场马拉松,起跑的时候排第几真的不重要,分数可能会有高低,分数背后的心智和心态往往才是教育关注的核心。

这个靠补习班可补不来,关键得靠家庭的熏陶。尤其当孩子小的时候,除了学校的老师同学,可能接触最多的就是自己的家人了,父母的心态言行往往直接影响孩子内心价值观的构建,所以不少人才说家庭是人生的第一课堂,最好的老师永远是孩子的父母。

杭州的潘女士为了圆自己年轻时候的北大梦,选择辞职考研,每天和孩子比赛背单词,最后成功圆梦,成了孩子的榜样。同样,我的父亲也一直是我主持路上的精神支柱,他是一位婚礼主持人。

上大学以前我参加的每一场活动他必定全力参加,全力地支持。我记得小学五年级我参加一场英语比赛,我的每一个动作、每一个表情都是他给我精心打磨,反复排练的,更重要的是他给我设计了一个特别的开场。

这就是视频当中的那把扇子。当年我的父亲花了快一周的时间才在一个旧货市场上淘到它。最开始上面是一张白纸,他得先把白纸拆了,把字一笔一画地描上去,最后再把字给粘上去。

轻飘飘的扇子背后是父亲沉甸甸的心意,滴滴笔墨都凝聚了他的点点心血。所以你看,教育其实远不止简单的掏钱补课(那么简单),一味都指望老师和学校,往往忽视了家长的责任。

聪明的父母往往会努力活成孩子的榜样,而不是仅仅简单地告诉孩子,你应该怎样。

感谢您收看今天的《第1评论》,我们下期再见。

▲**新闻类2号选手　郭嘉宁**

大家好,欢迎收看没有品牌愿意冠名播出的《正反之间》,我是主持人嘉宁。本节目是全国首档单人类辩论节目,因为节目组经费有限,所以辩论的正反双方都是我自己。

我是河南人,河南是历史文化大省,也是主持人大省。我们今天的辩题也与此有关,假设举办这样的一届主持人大赛,要求参赛选手必须和河南有关,比赛也是分成新闻和文艺两个战队,那么这两队谁能获胜?现在辩论开始。

大家好,我是正方,我方认为新闻战队必胜。很显然主持人的基本素养是能说,在能说这个问题上我们新闻战队的一号选手是玄奘。

大家好,我是反方,我方认为文艺战队必胜,主持人的基本素养还有一点是颜值,我们文艺战队的一号选手是千古第一美男子潘安。潘安是一位"自带流量型"的主持人,《世说新语》中说潘安有一天跟他的同伴一起出游,路过的吃瓜群众一看,这一对比觉得潘安旁边那人长得太难看了,就都朝他吐口水。各位,什么叫流量?这就叫流量。

我方认为新闻主播必须要具备良好的思辨能力,在这个问题上我们新闻战队的二号选手庄子绝对够思辨。庄子:"子非鱼,安知鱼之乐。"庄子:"子非我,安知我不知鱼之乐。"可以看出,庄子是中国自己和自己辩论型主持的开创者。

刚才对方说的这些都是冷冰冰的,我来点有温度的吧。我们文艺战队的二号选手是一位标准的"治愈系"主持人,他就是张仲景。

新闻战队的三号厉害了,吕不韦。吕不韦当年主持修订《吕氏春秋》,他悬赏千金求人增删一字,没有人可以做到。这种对于每一个文字追求极致的态度,不正是主持人的基本素养吗?更何况说错字就要扣钱,这不也是只有主持人这行才能干出来的事吗?

我们文艺组的三号是有才艺的,司马懿。曹操说司马懿有鹰视狼顾之相。什么叫鹰视?眼神很犀利,什么叫狼顾?肩膀不动,脑袋可以转圈一百八十度。各位,这样的主持人可以最大限度地照顾演播室一圈的所有摄像机位。

谢谢双方的精彩辩论,刚才你们提到了主持人需要具备的很多重要素质,我补充一点,其实还有一位特别优秀的河南主持人,不是我,是愚公。

每个电视人都该像愚公,撸起袖子加油干,这是我们追梦的姿态;子子孙孙无穷匮也,这是我们坚守的信念。至于这两个战队到底谁能获胜,留个悬念,待会儿见。

### ▲新闻类3号选手　王嘉宁

欢迎来到《全媒体热搜》,我是主持人嘉宁。今天的热搜头条呢是一段电话录音,一个北京大妈接到了诈骗电话,但这次我们不一样,来看看。

你看,骗子他都知道,大妈在为他好,结结巴巴磕磕绊绊,骗人不打草稿,奇怪电话一响,就是危险信号,防火防盗防诈骗,大妈全都知道。电话诈骗可能每个人都曾经遇到过,无独有偶,北京的"撒大爷"也遇到了。

我看大伙笑了,发现没有,这条新闻都在笑那个骗子,骗到了撒贝宁头上。但刚才北京大妈那条新闻没人关心骗子,都在夸大妈,为什么?撒贝宁,年轻人,又是法制节目主持人,他要是被骗了才奇怪呢。但大爷大妈在我们印象当中好像是受骗的"重灾区"。

为什么有的老人会被骗,而北京大妈不会,我特意联系了北京大妈李阿姨本人,李阿姨跟我说,归根结底她的防骗意识强,还是因为平时她儿子跟他说得多,聊得多,陪伴得多。所以我想问问大家,你们觉得真正的陪伴是什么?

是,要常回家看看,但不是坐在一块,你刷你的短视频,他看他的《星光大道》,不是粗暴地把爸妈买的纳米鞋垫扔掉,而是跟他们解释这个纳米它是一个长度单位,比毫米小得多,别让那些别有用心卖保健品的人欺骗了我们的爸妈。这不只骗了他们的爱,更是骗了他们的钱。多一点耐心,多两句解释,多三分热情,也许就会让很多的爸爸妈妈不再受骗,不再孤独,更有安全感。

我很想回家跟我爸说:"《新闻联播》也拍短视频了,《主播说联播》特别好看,咱们一块看!"很想教给我妈妈拍"Vlog"(视频博客),记录她的生活,更能让她了解我的生活。

我相信如果我们年轻人都能够这样做的话,像北京大妈这样的老人会越来越多,而代沟会被慢慢填平。今天的节目就到这儿,我是嘉宁,下期见。

### ▲新闻类4号选手　齐靖文

大家好,欢迎打开《记者手记》,我是主持人齐靖文。

我书桌抽屉里一直留存着这样一封手写的信,这是两年前一个小男孩写给我的:"昨天晚饭你只吃了不到三分钟……以后有机会我也想像你这样,帮助我们学校的弟弟妹妹。"写这封信的男孩是一个孤儿,当时是我刚给云南丽江民族孤儿学校组织完一次经典诵读的比赛。

记得那是2016年,我作为中央人民广播电台的记者到云南丽江采访,来到了这里,这座学校收养了300多个多民族的"事实孤儿"。当时很多孩子都凑到我的身边,我一个个地问:"你叫什么名字啊?"

这时我发现他们中很多孩子说自己的名字都含混不清的。学校老师告诉我,因为他们多数来自不同地区的小山沟,所以讲不好普通话。从此之后,这里成为我的牵挂。

为了提升他们学习普通话和阅读经典的积极性,我在之后每年的六一儿童节都会给他们办一场经典诵读的比赛,我也转换了一个身份,在这儿当起了导演、策划、文案,好几十个孩子参与,我给他们一个个地纠正字音,带着他们一遍遍地诵读,但我们都不觉得疲倦。

给我写信的小伙子,就是参加诵读比赛的小选手。记得他曾跟我说过,初中毕业就不想继续读了。我跟他谈梦想、谈未来的无限可能,但他不接话,一直躲避着我的眼神。

不知是不是生活的苦涩让他体会颇多,小小年纪诵读经典有一种说不出的成熟和韵味。活动当天,看着他在舞台上眼神坚定地享受鲜花和掌声,我激动得流下了眼泪。那一刻我真正知道扶贫如何能够精准,说到底是要走进他们的生活。

这两年我给学校录制了晨读的音频,给他们建了广播站,我跟好多我的观众、我的听众、我身边的朋友都讲过这个小小学校的故事。现在清华的志愿者团队、专业的艺术体育的训练都来到这里,我们克服了很多困难,我们从没获酬过。

很多人问我图什么?其实我们是在给一颗颗卑微的梦想的种子浇一点水,让他们也有机会为梦发声。后来我也给那个小伙子回了信,我说:"我也谢谢你,谢谢你让我懂得了记录时代道阻且长,但好在前面有光"。感谢收看《记者手记》,再会。

▲新闻类 5 号选手　高凡

各位好,欢迎来到《凡转人生》,我是主持人高凡。平时朋友们也叫我"梵高",所以我今天带了一朵向日葵来。

在后台他们都说我这花儿有一种浓郁的田园风情,也就是通俗意义上的"村儿"。也没毛病,我来自央广中国乡村之声。今天跟各位聊一个情感鸡汤话题"遇见更好的自己"。

这事其实挺难,因为这个世界没有对比就没有伤害。比如找工作,我师弟都去卫视播《新闻联播》了,而我在血气方刚的年纪开始做一档乡村夜间情感节目。

我太难了!而且人家是满世界出差,我上个月采访最远去的是昌平。更别提那些曾经看不起你把你当坨牛粪的人,你拼了这么多年终于向他们证明,他是对的,我真的在"淘"牛粪。

既然人生已经如此的艰难,那不如去看看别人是怎么活的吧。这些年我几乎去过了每一个省份的农村,在《乡村夜话》里对谈了很多有趣的灵魂。2017 年,我在甘肃采访石节子村美术馆的馆长靳勒,一个艺术家回村当起了村长,要用现代艺术来改造乡村。

第一次见面时,靳勒正拿着一个圆柱形的工具在捶地,就像这样,我一看这是个行为艺术啊,我咔咔一顿拍,赶紧上去问:"这个作品想表达什么"。他特别认真地对我说:"我在修路。"

也对,让村民搞艺术,先得能糊口吧,而且培训、宣传、策展样样都需要砸钱。不过靳勒毕竟是个见过大场面的艺术家,他还给我看他城里的房、收藏的画和雕塑,然后云淡风轻地对我说:"这些都卖了。"

就这样,搞艺术的钱有了,但还是不够。于是,靳勒又打遍了朋友圈的电话,结果就有了二十五位当代艺术家来到石节子生活,和村民一起创作。这下可火了。

这些组合出道之后,不光一起参加艺术展,还让石节子第一次有了游客,第一次修上了水泥路。石节子美术馆成立十一年了,你说靳勒图啥呢?他说:"不是为了满足自己艺术家的幻想,而是真的想改变家乡。"

也对,都说扶贫先扶志,谁说农民致富就不能靠艺术细胞呢?向日葵不就成就了乡村里的"梵高"吗?

其实这些年在很多农村我还见过很多"靳勒",他们一身土气成为乡村振兴的支点,也用一世情怀带给我震撼和成长。所以说,"遇见更好的自己"不一定非得是得名得利,也可以是简简单单的回家捶地、下乡从艺、比赛晋级!我是高凡,陪你遇见更好的自己!下期见。

▲ **新闻类 6 号选手　杨安**

观众朋友大家好,欢迎进入今天的《时代青年说》,我是杨安。

有一个学生告诉我,他做了一个梦,梦见自己和一位两百零一岁高龄的老师来了一次零距离的对话。这位老师,个子不高,皮肤有点黑,如果只看微信头像的话,最抢眼的应该是他满脸的大胡子了。

刚上大学的时候,他特别喜欢喝酒搞聚会,有时喝醉了,甚至还会找隔壁学校的男生"约架",但就是这个看似很叛逆的他,却在十七岁的时候发出了要为人类幸福而工作的誓言,并且始终坚守着这份初心。

在转学之后,他开始拼命地读书,他一年读过的书,比普通人十年读完的还要多。二十三岁就拿到博士(学位)的他,还把自己的博士毕业论文当礼物搞定了岳父大人,最终凭借浑身的才华成就了一段令人津津乐道的异地恋。

在毕业之后,他加入了媒体,也经常发表头条文章,但是因为文章里充满了对统治阶级的批判和嘲讽,最终他丢掉了工作,而且还遭到了驱逐,只能"流浪地球"。但即便是这样,他仍然告诫青年人在选择工作的时候最看重的东西一定不是钱,而是梦想和尊严。他放弃了优越舒坦,选择了一条全世界无产者联合起来的荆棘之路,而他也最终成了全世界无产阶级的革命导师。

相信说到这儿,您一定猜到了,这位老师就是千年第一思想家马克思,那个在梦里和他对话的学生,就是学习"马克思主义中国化"专业的我。

我们看到,其实马克思也有青年的叛逆和成长的烦恼,也曾经历过生活的洗礼和精神的打磨,但最终让他蜕变成全世界无产阶级的革命偶像的关键,是他青年时期就树立的奋斗目标和永远不变的追求理想。

在他穷得只能"吃土"的时候,他的精神世界依然富得流油;在他革命屡屡受挫的时候,他工作起来仍然很疯狂。贫穷没有限制他的想象,求知更让他走上了一条带领全人类解放的大道,而他也最终成了一个顶天立地的"硬核"青年。

我想节目一开始时,我提到的那个梦绝不只是我一个人的梦,而是所有"马系青年"共同的梦。我们要学习马克思既要敢于做梦,更要(有)敢于追梦和圆梦的精神,用青春之我、奋斗之我实现中华民族伟大复兴的"中国梦"。再次感谢您收看今天的《时代青年说》,我是杨安,再会。

## 六、第六期经典节目现场考核文稿

▲ **新闻类 1 号选手　王嘉宁　《环球瞭望》**

欢迎来到今天的《环球瞭望》,我是主持人嘉宁。那首先让我们将目光聚焦到两位在国际上广受关注的人物,一位是英国姑娘邓扶霞,一位是中国奶奶徐秀珍。

从英国剑桥大学毕业的邓扶霞 1994 年来到中国留学之后,她迷恋上了中国的川菜,说实话吃过中国菜谁能说不爱呀,很多外国人来到中国之后就会发现,他们的舌头不再是普通的舌头,而是"贪吃舌"。

邓扶霞也是一样,她喜欢川菜并且潜心研究了二十余载,她不仅吃得好、做得好,写得更好。她曾经四次获得过"饮食界奥斯卡"之称的詹姆斯·比尔德烹饪写作大奖。

大家都说这个外国姑娘是"最懂中国菜的外国人"了,她不只自己爱上中国菜,更让世界的人民爱上中国菜;她不只自己品味到中国的美味佳肴,更通过文字让世界人民品到中国菜的滋味。

英国姑娘邓扶霞为世界了解中国文化打开了一扇窗,当然我们欢迎更多的留学生来到中国,吃一吃好吃的中国菜,品一品好喝的中国茶,讲一讲好听的中国话,来到中国的大好河山走一走,看一看。

那如果您来中国的话,记得一定要去阳朔找一下徐秀珍奶奶,因为她是相当资深的外国人的导游。

徐秀珍奶奶今年(2019)75岁,她在阳朔当了22年的导游,大家都会问,为什么这个徐奶奶这么厉害,要知道,奶奶之所以称为奶奶是因为她远不止这么厉害。

虽然徐奶奶只有小学三年级的文化水平,但是她能够用英语讲月亮山的故事,还能用法语、德语等十种语言进行简单的交流,大家都会问,那奶奶你这么厉害,可是年纪也不小了呀,75岁当导游不累吗?奶奶会说,当我跟外国游客 say hello 的时候,我觉得自己充满了自信,我也相信在那一刻奶奶一定非常年轻而且具有国际范。

中国奶奶徐秀珍为世界了解中国文化打开了一扇门,这扇门就是我家大门常打开,欢迎您到中国来。

70年在人类历史发展的长河来说或许只是沧海一粟,但对于新中国来说却发生着沧桑巨变,如今我们已经成为世界第二大经济体,我们是一个负责任大国的"阿中哥"的形象,这意味着我们的国家更加强盛了,同时也意味着在国际上承担更多的责任。

2013年提出了"一带一路"倡议,那通过它让世界互联互通,中国文化被更多人熟知,为更多的人所了解中国。那我们也相信,中国通过"一带一路"倡议可以让更多的企业来到中国,我们共享合作共赢。

那同时,中国文化也在为世界文化增添着别样的色彩,中国经济也在为世界经济添砖加瓦,注入一股蓬勃的正能量。我们相信开放包容的中国,开放包容的中国经济一定会让世界互联互通、合作共赢,谢谢。

▲新闻类2号选手　董星辰　《时代楷模发布厅》

各位观众朋友大家好,欢迎来到中央广播电视总台《时代楷模发布厅》。在这个时代有很多的楷模、很多的榜样值得我们学习,有很多高尚的品格值得我们传承。

今天要给各位发布的这两位"时代楷模",他们一个是在解放战争时期经历九死一生、立下赫赫战功的老战士。另外一位也是曾荣获"战斗英雄""特等人民功臣"等称号的老军人。

他们就是我们今天的主人公,分别是张富清和李文祥,从照片中可以看到这两位军人都重新穿上了最美的橄榄绿的军装,用这样一个标准的军礼呈现了作为一名军人、一名战士最美的姿态。

同时,他们胸前所悬挂的一枚又一枚闪闪发亮的奖章,一张又一张已经泛黄了的证书,还有一个个小小的充满岁月痕迹的特等功的证明,都是对于他们在从军期间用自己的热血和青春去保卫国家最好的痕迹和证明。痕迹就是在这两位老先生身上我们所提炼的第一个关键词。

那他们身上的第二个共同点就是不断地奉献,其实军人这个身份更多的是用自己的行动、自己的热血去保家卫国。当他们回到了自己的来凤县,回到了自己的范县之后,他们重新有了自己新的工作岗位,有了新的工作任务。

比如我们的李文祥同志,他带领村民开挖水渠、复耕农田、推行"稻改",不仅让产量增加了,同时让村里的人民生活质量得到了更为显著的提高。

现在我想请大家把目光聚焦到我身后舞台的右上角,楷模这两个字,"楷"意为标准,"模"意为范本。而前面"时代"这两个字无疑又赋予了楷模和榜样们更巍峨的高度、更博大的广度。

我想说,张富清老先生、李文祥同志,正是用这样的精神,这样的力量,去提示我们还有更多的品质值得我们去学习,还有更多的楷模值得我们仰望。而我想在这个时代,他们是巍峨高山,他们是前行者,而你我,也可以循着他们的足迹,成为巍峨高山的一部分。

▲新闻类3号选手　果欣禹　《共同关注》

报道天下事,关注百姓心,观众朋友大家好,欢迎收看今天的《共同关注》。那么今天的节目我们把目光聚焦在一个词上,叫作人生价值。一个人的人生价值是什么?那么我们的人生意义又是怎么得以实现的呢?带着这个问题,我们开启今天的节目。

今年(2019)是新中国成立70周年,相信今年(2019)10月1号在天安门广场上盛大的阅兵仪式都给我们留下了非常深刻的印象,真的是整齐划一赛直线,复制粘贴看走眼。那么在其中民兵方队中,有一名退伍的军人叫作张婵,我们为什么要单独说她呢?因为10年前,她就已经作为352名民兵方队中的一员走过天安门,当被问到这10年来是什么支撑着你重返阅兵场的,她表示,我希望能够让我的孩子看到妈妈特别优秀。

那么同样,带着这样的心情,带着这样的动力和精神,今年的9月8号广西大学迎来了一名特殊的新生,49岁的上海交大宿管阿姨原梦园,她从儿子上初中开始就以"陪读"的方式与儿子共同学习,那么2018年他们俩一起复习考研同样都取得了很好的成绩,儿子考上了复旦,她也考上了广西大学继续攻读硕士学位。

那么这两位妈妈是怎么实现自己人生的价值呢?是因为她们心底对孩子的热爱,是她们心底最深沉的母爱。那么问题再回到原来开始的时候,我们怎么样实现自己的人生价值呢?

其实,一个人的人生价值不在于他取得了什么样的名誉和名称,而是在于他的一生获得了什么来成就了自己。这两位妈妈都用她们平凡而伟大的奋斗历程告诉了我们一个道理,伟大出自平凡,平凡造就伟大。

一切平凡的人都可以获得不平凡的人生,一切平凡的工作都可以创造不平凡的成就。那就让我们和他们一样,做一个像样的人,度过一个像样的人生。

这样,当我们在回首往事的时候,不会因为自己碌碌无为而感到羞愧,也不会因为自己虚度光阴而感到悔恨。那么这个时候,翻开我们过往的历史,我们就可以很骄傲地对自己说,你不负此生。

那么这70年,我们有过很多的光荣骄傲的时刻,但我相信,最骄傲的时刻一定在将来,在我们每一个人身上。谢谢老师!

▲ **新闻类4号选手　刘妙然　《中国舆论场》**

各位好,欢迎收看正在直播的《中国舆论场》,今天我们照旧还是现场请到了两位本台的特约评论员康辉和董卿,以及我们现场的17位资深的专家,还有我们实时在线的400位大众网友以及我们现场的200位小伙伴,在节目的进行当中我们会实时地与大家进行互动,请做好准备。

我们还是先来看今天新鲜出炉舆情榜单排名第一位的新闻是,来看这张图,这是一座田野上的高等职业院校——黑龙江农业经济职业院校,再看右边的这张图是他们迎来的第一批特殊的大一新生,他们特殊在哪儿呢?

皮肤有一点黑,年龄有一点大,因为这些人是来自学校周边县乡的农民。以前我们说从农村走出一个大学生就特别不容易了,现在整整一届的大学生都是我们的农民朋友,而他们在毕业之后可是非常的抢手,就业率高达95%,而且还供不应求。

为什么会这样呢?其实现代农业有两个特点,第一就是我们能够感受到要用知识做支撑,就以他们为代表。那么第二就是靠科技来做保障。

我们来看第二条新闻,在2019年的9月23号"中国农民丰收节"上各类农产品的视频直播成为亮点,其中"巧妇9妹"甘有琴入选了十大销售达人,她有多厉害呢?

她创下了两小时销售杧果十万斤的好成绩。那么在这儿,我想请现场的各位我们的观众朋友们,能不能在我们下节目之后也去我们甘大姐家去下单一筐杧果,一起来感受一下我们脱贫致富的果实,好不好?

观众:好。

好，谢谢大家。其实呢，在改革开放初期，我们中国的贫困人口有7.7亿，确切地说应当是7.7亿的农民，而在明年也就是2020年，中国将会实现脱贫。这个数字可以感受起来是非常的惊人。

其实对于中国来讲，我们不单单是解决了一个历史性的问题，同时我们也在加快着世界减贫的步伐，而我们中国脱贫的农民用自己勤劳的双手，也为世界提供了一份中国脱贫的样板。是这样吗？康辉老师。

康辉：是这样。

谢谢，谢谢您的首肯。其实呢对于这样的问题，我也非常想知道我们现场实时的400位大众评审，你们的观点是什么？对于这条新闻，你们有一个什么样的看法？

我总想说，我们的节目叫作《中国舆论场》，而现在强大的中国离不开我们每一个人的发展，那《中国舆论场》，中国又何尝不像是一个巨大的磁场把我们每一个中国人的心都联结在一起呢？

那么，我们现在就期待400位大众评审能够给我们什么样的一个解答，不过在那之前，我们还是先请主持人小撒给我们公布第一轮的红包口令，祝各位好运。

**▲新闻类5号选手　郭嘉宁　《对话》**

大家好，欢迎收看《对话》，我是本期的临时代班主持人嘉宁。今天我们这期话题呢，要对话的嘉宾，我首先可以让大家来猜测一下他们到底是谁，先给一个提示语吧。

它们两个一个开启了中国几千年统一的封建王朝时代；另外一个是中国数千年封建王朝时代的结束。它们一个是世界（新）七大奇迹之一，另外一个是目前世界上保存最完好、规模最大的古代宫殿建筑群。

相信更多的朋友应该都已经猜到了，今天两位人物一个和秦始皇有关，另外一个和故宫有关，那我们今天的话题是什么呢？今天的话题叫作"历史与未来"。

我们会发现，随着《三体》被更多的人喜欢，随着《流浪地球》的热播，大家慢慢地把更多的注意力集中到了未来，那我们是不是可以作出这样的一个判断，也就是说在某种意义上来说，大家把对历史的注意力转移到了未来呢？但是今天我们要请出的这两位嘉宾，他们要告诉我们的是什么？是历史与未来其实可以很好的结合。

于是我们可以看到，古老的秦始皇帝陵却有着年轻的秦始皇帝陵博物院，古老的故宫可以有着年轻的故宫博物院，于是我们可以让文物活起来，可以让文物数字化、智能化。

这就是今天我们要聊的主要的话题。我们也相信其实不只是文物，不只是博物院，在历史与未来，在古老与年轻这个问题的统一上，我们在中国也能看到答案。五千年的古老中国和七十岁的新中国，古老与年轻，今天我们好好聊一聊。

# 七、第七期经典节目现场考核文稿

**▲新闻类1号选手　白影　《共同关注》**

广权老师不知道，我还真会一点手语，大家好（手语），这里是正在为您直播的《共同关注》。《共同关注》关注您的衣食住行。今天您吃得好吗？今天您的孩子吃得好吗？这并不是我自己问的，是一位校长在自己的手记里面提到的问题，我们来看看这位校长还提了哪些问题？今天孩子们吃了什么？荤素搭配是否合理？吃得健康吗？安全吗？开心吗？校长为什么要提这样的问题啊？之前我们在报道当中有提过，现在校园的饮食出现了一些问题，所以相关部门有了这样的规定，校长和孩子们一块共进午餐，发现问题、记录问题、解决问题。

说完小朋友的吃，家长们还特别关心什么？小朋友的行，这个上下学的路上，是否安全呀？71岁的李老十年来风雨无阻,每天护送着孩子上下学,他说孩子们能够安全上下学就是他最大的心愿。过马路、吃饭,每天我们都要遇到的问题,都是小事情,而且现在在我们的日常生活当中有了很多科技手段,为我们保驾护航,"城市大脑"、大数据、摄像头、透明厨房,等等等等,一系列的手段。但是不要忘了,也有很多问题是机器发现不了的,比如说,孩子们的饮食习惯还好吗?校长用肉眼去发现。孩子们今天吃得开心吗?为什么开心,为什么不开心?图片当中校长通过沟通、交流,用心去感受。如何教会孩子无私奉献、乐于助人?我想李老的言传身教就是最有效的一种教育方式。

过马路也好,吃午餐也好,都是小事情,但是体现的是一个民族,我们对于下一代的关怀,一种人性化的关怀,一种人文关怀。无比地关心下一代的民族,才是一个有希望的民族。我们的社会才能够可持续地发展。人民对美好生活的向往就是我们的奋斗目标。我们可以仰望星空,但是没有人可以躲避日常。日常就是衣食住行,贴心的李老、贴心的校长为我们提供的就是触手可及的美好。

有人问,这个世界还会更好吗?我想不如先问问我们的孩子吃得好吗?安全吗?开心吗?少年强则国强。感谢您收看今天的《共同关注》,再见!

▲**新闻类2号选手　田靖华　《东方时空》**

各位观众晚上好,欢迎收看正在直播的《东方时空》,今天的《东方时空》我们要来聚焦一个关键词,叫拼搏奋斗。我们要来认识两种冠军。在刚刚结束的女排世界杯上,中国女排以十一连胜的骄人战绩为十一国庆献礼,多好的寓意。第十个国际冠军这是中国女排带给我们最大的惊喜,但更让我们感动的是中国女排这种努力拼搏永不放弃的精神。

在20世纪80年代,中国女排的世界冠军,可以说它远远地超出了体育的范畴,在那个年代它告诉我们,我们中国人只要努力拼搏永不放弃,我们一样可以达到世界一流,甚至超过世界一流的水准。在提到"女排精神"的时候,中国女排主帅郎平曾经说过,"女排精神"不是赢得冠军,而是明知道不会赢也要努力拼搏,这一路虽走得摇摇晃晃,但站起来拍拍身上的泥土,我们的目标依旧是正前方。而正是在这样精神的感召之下,中国女排郎平和她的队员们让五星红旗在世界的各个角落飘扬。

而同样通过自己的努力拼搏、努力奋斗,使五星红旗冉冉升起的还有我们接下来所说的这位冠军,他叫曾璐锋,出生在江西的一个小乡村,而在2019年的8月,在第45届世界技能大赛上,曾璐锋是首次代表中国出战,获得了水处理技术项目的金牌。而在这样的世界技能大赛上夺冠,它标志着我国在这一工业技术领域已经达到了世界前列的标准,而尤为要提醒大家注意的是,曾璐锋,他是江西环境工程职业学院的一名学生,那从职业学院的一名学生到获得了世界技能大赛的冠军,他要付出多少的努力,我们可想而知。而在面对这些所取得的荣誉的时候,曾璐锋表示,年轻人就该努力拼搏,奋斗的青春最美丽。说得多好,青春就是用来奋斗的。

当C919在天宇翱翔,我们圆了100多年的大飞机梦,当"蛟龙"在深海下潜,我们打开了深海世界的大门,当"天宫二号"实现在轨对接,当"嫦娥四号"在月球背面着陆,中国的航天大国梦正在一步步走向现实。没有比脚更长的路,没有比人更高的山,正是有了我们这些不断拼搏、不断奋斗的个体,才成就了我们中华民族的今天。所以,让我们努力奋斗,为我们的五星红旗增光添彩。

好,感谢收看今天的《东方时空》,再见。

▲**新闻类3号选手　杨光　《今日关注》**

欢迎大家来到《今日关注》特别节目的现场,我是今天的主持人杨光。首先,我要请在座我们所有的观众朋友和我们倒数五个数好吗？五、四、三、二、一，这五秒钟发生了什么？这五秒钟同时在中国有六千件快递被发出，有三百万人在进行网络购物，我们把它称之为什么？称之为"新经济"。那么除了新经济还有什么？还有传统经济。传统经济的出路在哪里？来看一下今天我们的两张新闻图片，先来看第一张，2019年的8月27号国外某连锁超市在上海开业的第一天，场面火爆到什么程度？停车场排队需要三个小时，收银排队需要两个小时。不对啊，传统经济，超市，怎么会这么的火爆呢？当然，和这家企业它所实行的这种非常先进的管理方式，非常先进的定价方式有关。那么还有一点就是物美价廉的商品，在这些商品当中我们发现了什么呢？发现了"Made in China"。也就是说，商品端我们中国可以提供非常好的一个商品，那么在经营模式上，我们国内的这些所谓传统商家是不是可以动动脑子，这是不是未来中国消费升级、中国经济继续取得前进的非常重要的一点呢？

我们再来看第二张图，2019年"夜经济"成了热词，在国务院办公厅"进一步促进消费的二十条意见"中鼓励主要商圈和特色商业街与文化、旅游、消费、休闲等紧密结合。大家一定要注意到"紧密、结合"这两个词，举一个特别简单的例子，重庆洪崖洞。重庆洪崖洞在它刚刚落成的时候，很有幸我作为第一批的游客曾经去过，但是我远远没有想到在几年之后，居然在今年（2019）的国庆十一黄金周吸引了多少人呢？单日吸引客流达80万人。这其实是传统经济的一个升级。那么，中国在新经济上发力，在传统经济上，我们想办法去找到新的发力点，我相信中国经济的未来一定会更好，中国的消费一定会取得更大的突破。好，那今天的节目当中，我们也请来了两位嘉宾，一位是我们中央广播电视总台新闻评论员洪林先生，还有一位是我们中央广播电视总台的新闻评论员杨禹先生，请他们与我们共话"新中国消费七十年"，谢谢。

▲**新闻类4号选手　崔爽　《环球瞭望》**

观众朋友大家好，欢迎来到CGTN《环球瞭望》，我是崔爽，在北京为您播报。

2013年，我们国家向世界提出了"一带一路"倡议，六年过去了，我们看到沿线国家是积极响应并且纷纷地加入，我们也取得了一些阶段性的丰硕成果。我们在帮助沿线国家建设基础设施的同时，我们也帮助沿线的欠发达国家以及发展中国家解决了当地人民他们的用电问题以及用水问题。那其中一个震撼世界的项目就是在摩洛哥努奥（光热电站）的全面即将投产的三期项目，也是我们现在全球单机容量最大的光热电站的工程。那该项目的落成将满足当地超过100万户家庭的用电需要，同时也减少76万吨的碳排放。当然，这么恢宏的一个世界性的项目背后，我们要关注这其中的人和他身上发生的故事。27岁的张乐是其中的一个工程师，他在见证着这样一个举世瞩目的项目落成的同时，他发光发热地奉献着自己的智慧和才能，同时他也满腔热情地找到了他一生当中的至爱，能让他燃烧一辈子的他最美丽的妻子，也就是当地的一个摩洛哥的女孩儿。所以他非常激动地说，我非常感谢和非常荣幸能够参与到"一带一路"这样的项目当中，因为我遇见了她。

当然，张乐他是我们中国的高精尖的人才，那也有很多的世界友人通过"一带一路"倡议的建设，来到了我们中国的团队。其中一位就是46岁的胡利奥，他是一个委内瑞拉人，他通过这个建设的过程当中，也找到了他一生的至爱，不过这不是人，而是我们的中国文化，他深深地爱上了我们的中国文化。听说他在中国九年的时间经历里面，他不仅升职了，而且学会了一口非常溜的中文，他也感慨说，他从中国朋友身上学到了四件东西，那就是信任、共享、秩序和情谊。

随着"一带一路"倡议不断做深做实，那这些年过去了，有越来越多的国家以及国际组织加入了进来，"一带一路"的朋友圈扩大了。那么在共商、共建、共享的这样一个基础上，"一带一路"它从这样一个恢宏的大格局的大倡议，已经进入了非常具体的"工笔画"的阶段，还向着更高、更好、高质量的阶段迈进。在这当中呢,我们希望更多的有关文明交流互鉴的东西能够在未来"一带一路"倡议当中实现,谢谢大家!

▲**新闻类5号选手　刘仲萌　《感动中国》**

各位好,这里是《感动中国》2019年度特别人物颁奖典礼的现场,我是主持人刘仲萌。

刚才敬一丹老师说,《感动中国》从2002年到现在陪伴大家已经17年了,这17年在每一年农历新年开始的时候,《感动中国》却都在回望过去,找到过去一年那些闪亮和给予过我们感动的名字。17年,190多人在这个舞台上捧走了这一座象征着奉献和爱的心形奖杯,这些人,有些人可能是在某一个瞬间爆发出了极其强大的力量,当然也有很多人是几十年如一日坚守着一件事,将平凡孕育成了不平凡的伟大,而这都是感动。

今天我首先为大家介绍的第一组年度特别人物,我愿意用一个词来概括他们身上感动的事迹:安全落地。面对一个两岁的女孩儿从10楼坠落的时候,你会想些什么?"最美妈妈"吴菊萍告诉我,冲上去用双手接住这个孩子,让她安全落地保住她的性命。但是她万万没有想到,孩子从10楼落下来的时候,冲击力有多大。所以"最美妈妈"手臂粉碎性骨折。

中国人是有爱心的,面对危难时刻,我相信都愿意伸出援手,但有些时候面对这个危难过于专业的时候怎么办?机长刘传健告诉我,沉着冷静,用你的专业让大家安全落地。我们称他为"英雄机长",挡风玻璃破裂,面对采访的时候机长说,这在史上是史无前例的,因为没有前车之鉴,不知道可以借鉴什么,这个时候你只能告诉自己,沉着冷静,用你几十年的专业保住这128人稳稳地落在地上。当然,最后落地的时候,机舱里爆发出了雷鸣般的掌声,而机长却(在)面对采访的时候说,我的机组同事们也很优秀。敬老师说17年了,我们为什么要感动?因为我们希望《感动中国》让大家感动之后有所而动,感动之后有所感谢,让感动的力量传承下去。

接下来我来宣读《感动中国》组委会给予吴菊萍、刘传健的颁奖词:在畏难时刻你奋不顾身,在危险时刻你沉着冷静,你把别人的生命捧在自己的手里,让别人安全落地,你就是"最美妈妈""最帅机长",《感动中国》年度特别人物吴菊萍、刘传健。谢谢大家!

## 八、第八期经典节目现场考核文稿

▲**新闻类1号选手　高凡　《中国舆论场》**

大家好,欢迎光临中央广播电视总台大型融媒体节目《中国舆论场》,我是代班主持人高凡,我平时做的是一档乡村夜间情感节目,今天来《中国舆论场》,我的村友全球粉丝后援会都准备好互动了,来吧,打开手机看电视,在今天节目过程当中,我们将会实时地呈现海内外观众的留言互动,看看大家都在关注些什么,《中国舆论场》也是你的主场,马上打开今天的"一榜知舆情",请看大屏幕。

今天我们来关注榜单上的前两条新闻,它们说的都是融合,一个是融合了过去和现在的博物馆,把"硬核穿越"和奇妙的感官体验结合在一起。另外一个是融合了中华传统文化和新潮表达形式的"清流综艺",把大家重新拉回到了电视和书本之前。这两条新闻在我们榜单上的舆情热度指数都超过了一万,很多网友都留言点赞,还有人发来了网红打卡照,我们来推送一条留言吧。这位网友叫"一号一定行",他说了,这才是真正的网红打卡地,有一种"反差萌",反差就是我们今天的关键词。你说这反差,萌在哪儿呢?我们来看博物馆,或许最大的反差来自热度,以前博物馆好像真的很冷,去的人很少,但现在不一样了,或许是因为当时冷,是它总是在规范地陈列,却很少走心地表达。有人说了,进入博物馆的东西离我们生活很远了,何必去看呢？但您想一下，往往是那些离我们生活很远的东西，离心的距离却很近，比如说你的故乡，而博物馆就是中华文化的故乡。如今，通过新的科技，故乡旧貌换新颜。作为网红打卡地最重要的是流量，我们看看数据吧，在上海的统计数据显示，青少年观众占到了四分之一，一个时代的青少年关注什么，往往反映着这个时代的底色，看到他们走进博物馆我这心踏实了。

第二个反差，我们来看这些"清流综艺"，我想最大的反差来自它们的第一印象的变化。这就像是去相亲，你以为会见到一个刻板的大叔，其实你遇到的是顽皮的周伯通。无论什么时候，精致的内容和性感的大脑都会被铭记。就像是《经典咏流传》，当我们看到撒贝宁潇洒地走出来时候，传统文化焕发出了年轻的魅力，它们就像是火种点亮传承的火炬，而我们每一个人都可能成为火炬手，只要火炬在，火炬手在，这个民族就有希望。

最后我们来关注一下线上互动的情况，目前已经在线互动总人次超过111万，提醒各位参加幸运大转盘的抽奖，您将（有机会）获得精美的奖品，是撒贝宁亲笔签名的增高鞋垫，祝您好运。大屏小屏、互动不停，今天的电视端直播就是这样，我是高凡，下期见。

▲**新闻类2号选手  邹韵  《一年又一年》**

《一年又一年》，我们陪您过大年。在这里呢先给大家拜个年，祝您好运连连，在新的一年不缺钱，同时高兴的事能够多到乐翻天，今天我们要讲的是春节期间那些变与不变。

首先大家请看左手边的这两幅图，在河北保定就有这样一家人，他们每到过年都会有一个不变的习惯，那就是在大年三十那一天拍一张全家福，但是在这个不变的习惯坚守背后，我们却发现了很多变的元素，比如说两张照片从黑白照片变成了彩色照片，从11口人变成了18口人，从曾经破旧的房屋变成了现在屋净窗明的大瓦房，两张小小的照片20多年的缩影，不光是体现了一个家庭的变与不变，它更反映了我们国家在过去几十年发展的一个巨大的提升。

但是在物质文明发生变化的同时，我们的精神文明也在发生着变化。请大家再看左手（边）这张图，在湖北的罗田县，我们知道在中国的这些小一点的县城其实年味总是特别足的，但是今年在这个地方，除了我们经常知道的年味、饺子味、鞭炮味等，当地的民众还会体会到一种新的味道，那就是书香的味道，当地的图书馆决定在春节期间不放假，免费地向民众开放，这些是体现了我们国家的人民对于精神文明更高的追求。这种更高的追求如今已经不仅仅体现在一线、二线、三线的城市，如今它已经落实到像罗田县这样更小一点的县城。

春节是一个各种情感，亲情、友情、爱情相交汇的日子，但是现在随着新时代的发展，它更是一个变与不变元素相交融的日子。不变的是我们对家、对习俗、对根，甚至对祖国的坚守，而变的是我们对新事物的包容，也正是这种变与不变的相融合，让我们的春节过得更加的多元和幸福。

一年又一年，喜气洋洋中国年，新中国成立70年有那么多的梦想，我们曾经以为是远在天边，但是经过了几十年的发展，如今它却近在眼前。在我看来，不论是变与不变，不论是回家团圆还是坚守。就像崔志刚老师曾经在诗里写过的那样，只要过的是我们传统的中国年，不管怎么过，那都是家国兴旺。

▲**新闻类3号选手  周瑜  《新闻1+1》**

欢迎收看今天的《新闻1+1》特别节目，今天我们要稍微改变一下主持人加评论员"二人转"的模式，由我一个人来"唱"，为什么要这样呢？因为今天我们要说的这个话题，和每一个中国人都息息相关，所以我们就从一个普通的中国人的视角来进行思考。我们今天的关键词是旅程。

在这个国庆假期的时候,很多人出门他的旅程当中多了一个新的打卡地,就是北京大兴国际机场,很多人来这儿并不是为了坐飞机,就是为了看看这个被称为"新世界七大奇迹"之一的基建工程到底有多牛。在它的下面有高铁穿行而过,在这儿停车完全自动化,而且还有交叉的跑道运行机场。就是这么厉害,这是我们中国向世界打开的一扇新国门,我们开启了一段新的旅程,而这一段新旅程的开启也意味着一段旧旅程的结束。就在当天晚上的11点多,当最后一架飞机从北京南苑机场起飞,这个百年机场也完成了它的历史使命。它的最后一架飞机正是从这儿飞向了大兴国际机场,这一段转场的旅程只有二十几分钟,可是我们飞了整整109年。

在1910年的时候,这里作为中国民航业的发源地,我们自己的飞机都寥寥无几,更不要说我们能造飞机,造机场了,而现在我们作为普通的中国人似乎已经习惯了去接受这样的自豪,在云贵高原有多少桥梁是一桥跨天堑。去年,全球最长的跨海大桥港珠澳大桥又来了,今年大兴国际机场也来了,这是中国这个"基建狂魔"给我们每一个普通人的自豪。而当我们收获这样自豪的时候,是不是我也要提醒每一个和我一样的普通人,在喜悦的背后,这样的自豪真的来得那么水到渠成呢?

其实我们这个"基建狂魔"一路走来有多不容易,它靠的就是艰苦的奋斗,把这五个字翻译一下,在一九五几年我们在建设宝成铁路的时候,为了开通隧道,炸山,几乎每天都有工人被山石砸破头部,医生告诉我说,那个时候他们的前辈在工地上做得最多的手术就是开颅手术,大家能想象吗?可是到现在就像我刚才所说的那样,我们的工程越建越牛,这靠的是每一个工程里工程师们的细心设计,分毫不差,靠得是在施工的时候,每一位工友的不舍昼夜,就比如说大兴国际机场,当基建工程完成之后,最后我们只花了两个多月的时间,就让它(完全向大家)面世了,所以那群在旅程当中认准了目标就奔跑下去不停歇的人,也就是这样一群人,让我们在今天觉得这些成就来之不易。

▲ **新闻类4号选手　姚轶滨　《共同关注》**

各位傍晚好,欢迎您收看今天的《共同关注》,刚才您看到的这段视频,这其实是一位老师叫作胡清汝送给同学们的一份礼物,他会把孩子们的梦想记录下来,然后让大家毕业的时候,手里拿着梦想,心里装着梦想,踩着他的肩头去寻找人生的梦想。那我们想问:胡老师是踩着谁的肩头,成了今天一位如此优秀的教师呢?答案是踩着父辈的肩头。胡老师一家从1945年至今已经产生了21位乡村教师,而且很多都还在一线工作,四世都是教师。当然一家四代同堂从事同一个职业的还不仅是胡老师一家,还有宋杰一家。宋杰一家四代人都是军人,太姥爷董成森是一位抗战老兵,而在2015年的"9·3"阅兵场上,太姥爷和重外孙两个人在阅兵场上相见了,应该说共同圆了"阅兵梦"。我特别希望大家看看今年阅兵方阵当中宋杰的这张照片,从服装我们可以看出他是属于维和方阵,这也是我们今年十五个徒步阅兵方阵当中唯一一个着作战服装接受检阅的徒步方阵。当然了,宋杰也有一个小小的梦想,他希望把从太姥爷肩上戴过来的军人的肩章,能够在未来戴到自己儿子的肩上,让儿子踩着他的肩头去圆自己的强军梦。

当然,我们再来看这个宋杰的太姥爷董成森,虽然没有肩章了,但是胸前挂着奖章,挂着勋章,可以说他是一名抗战英雄。那在今天,我们说我们已经不用再去面对那些出生入死的场合、战斗的场景,我们生活当中能当英雄的机会也越来越少了,在我们今天这个时代什么是英雄?今天这个时代只要你肩头能够扛起自己的责任,扛起属于家人的责任,扛起属于别人的责任,扛起你职业的责任,扛起这个时代赋予你肩头的责任,那你就可以是一名特别的英雄,是一名小小的英雄,可能是一位父亲英雄,可能是一位职业英雄。那我们《共同关注》这个节目肩头上的责任是什么,我们肩头上的责任就是要把大家共同的关注,把我们的注意力,把我们的目光集中到这每一个小小英雄,集中到他们的故事上,集中到他们的身上,让他们更多的事情被大家所知道。

那为什么我们在今天要来说我们要关注生活当中在这个时代小小的一个又一个的英雄呢？因为只有崇尚英雄才能产生英雄，也只有大家都争当英雄，才能英雄辈出。好，感谢您收看今天的《共同关注》，稍后是《新闻联播》。

▲新闻类5号选手　冯硕　《感动中国》

现场和电视机前的观众朋友们大家好，欢迎您走进中央广播电视总台2019《感动中国》的特别致敬，《感动中国》走过了17年，即将走入自己的成年礼，当一个人走到18岁的时候，我们会思考什么？未来我的模样会是怎样的？但其实更应该去回望，回望脚下的路和目标与远方。而今天我们去回望，回望在《感动中国》这个舞台上曾经感动过你我的他们。如果回望作为一个总结的话，你会发现，《感动中国》的舞台上出现最多的职业和身份可能就是科学家和医生了，我们今天也会关注他们，他们有着相同也有着不同，相同的是执着的追求、坚定的信念、帮助更多的人。不同的是其中一人如雷贯耳，但是她淡泊名利，依然刻苦钻研。另外一个人，我们不知道他是谁，但所有人都在寻找，也都想成为他。屠呦呦这个名字如雷贯耳，尤其在2019年的9月30号被授予了"共和国勋章"，这是国家的脊梁。因为在2015年的时候，屠呦呦是第一位获得诺贝尔生理学或医学奖的中国科学家，她发现了青蒿素，您可能会认为青蒿素的发现容易，但是要经历多次的失败，尤其是以身试药，但是屠呦呦面对荣誉却说"这是我给人类的一个礼物"，说到礼物，另外一个人他是一个乡村医生，每年都在给大家礼物，但是大家只知道他叫"兰小草"，却不知道他是谁。十几年帮助更多的人，不留姓名，直到有一天，大家发现"兰小草"不在了，才知道他叫王珏，但是后来呢，发现有更多的"兰小草"出现了，在我们这样的一个中国，正是有屠呦呦和"兰小草"，我们才能够有更多的暖意，有更多的心安。

接下来是《感动中国》特别致敬，对屠呦呦和"兰小草"的致敬词：呦呦鹿鸣，食野之蒿，今有嘉宾，德音孔昭。你以身试药，你是共产党的骄傲。小草虽小，没有树高，爱心满满，我们在寻找，你虽然不在了，但你的名字依然听得到。希望大家不一定成为屠呦呦，但我们可以成为"兰小草"，让我们用掌声向他们致敬！

## 九、第十期现场讲述文稿

▲新闻类1号选手　刘仲萌

六年的记者经历我采访过很多人，所以这个环节，当我还在想我要去哪儿采访谁的时候，忽然想起了这张照片，这是我的一位同事拍下来发给我的，电视里正在直播的是我，他其实是想告诉我，照片里这些老人每天都会看我的节目，但我真的非常好奇为什么他们看起来有一些无精打采？他们是谁？当我听到其中一位老人的故事之后我决定走近他。

他叫蔡步洲，八十六岁，阿尔茨海默（病）患者，他有时候记不清现在是上午了还是下午了。有一次他刚吃了一口土豆，我问他您吃什么了？忘了。可如果你问他，1952年，他会非常笃定、清晰和快速地告诉你他经历了什么，那一年十九岁的他和战友们奔赴了抗美援朝的战场，立过三等功，枪林弹雨的日子成了他非常深刻的记忆，但是没有人能抗拒老去，他发现自己的记忆慢慢模糊，为了留住记忆，开始写日记。

他只要看到有人敬礼，他就会敬礼，这是他的一个习惯。他有一本相册，里面都是和战友的一些不同时期的照片，我发现每一张照片的后面，他都会写上日期、地点以及战友的名字，当我把这些照片依次排开，各位您就会看到因为病情和年龄的变化，他原本非常强劲的笔力变得非常抖动，他为什么要写这些字？另外一篇日记给了我答案。

如果没有念出来，真的很难辨认这两个字是光荣，他告诉我加入中国共产党光荣；上战场光荣，所以不能忘。可是阿尔茨海默（病）到现在也没有被完全攻克，它就是会让人的记忆慢慢干涸，而这也正是蔡老触动我的地方。他年轻的时候，凭借必胜的信念在战场上浴血奋战，他老了，勇敢地回到另外一个战场，在这个没有硝烟的战场上，他依然在靠必胜的信念去对抗遗忘，守住这份光荣的记忆。而当我的手握住他抖动手的那一刻，我感觉到了力量的强大。

采访他们的时候认识很多位像蔡老一样的老人，他们有的年轻的时候参加过"东方红一号"卫星的设计，有的在工厂里一辈子。我想说，走近他们，我强烈地感受到阿尔茨海默（病）患者不等于失去生命力，因为他们一定有自己想拼命留住的记忆。

谢谢你们听我讲完他们的故事，再见。

▲**新闻类 2 号选手　冯硕**

您会怎样理解坚守这个词呢？我想很多朋友会有不同的表达，当我们将目光投向西藏自治区的那条边境线，看到他们背起沉重的行囊，踏上巡逻路的时候，也许你会懂得什么是坚守，会懂得什么是责任如山、家国边关。

（在我国西藏，有这样一条边境线，那里没有界碑，边防战士的身影，就是那移动的界碑，从拉萨经过了七个多小时的车程，又翻越了两座海拔五千米以上的雪山，我终于来到了部队的驻地，也踏上了他们的巡逻路。陪他们走了一段（路），每次的巡逻路都很长，一般是要走五天四夜，翻越多种地形，现在他们就要往深山里走了，只有一个心愿，希望他们一路平安顺利。）

这是一条被称为最苦、最险的巡逻路，藏语里把它叫阿相比拉，意味着魔鬼都不敢去的地方。爬雪山、涉激流、穿森林，这是每个戍边战士的必修课。他叫杜富强，今年（2019）二十二岁，已经有四年的巡逻经历了，他告诉我，这条路的全长有一百六十多公里，需要走五天四夜，沿途没有任何的补给点，这就需要他和战友们背着超过七十斤重的物资装备，跨过十多条冰冷的河水，翻越五座终年不化的雪山，去挑战老虎嘴、刀背山、绝望坡这样的悬崖绝壁，而每次他们到达终点的时候都会展开国旗告诉所有人："我们站立的地方是中国"。

在这条巡逻路上，有的人一走就是十八年，有的人拖着受伤的腿，坚持走到终点，有的人被巨石砸到了，坠落深渊。三十年来，已经有十四位战友牺牲在这条路上。但是像杜富强一样，所有的战士们都选择了坚守。其实对于他们来讲，不仅要面对前路的未知，也要经历与家人的聚少离多。在杜富强刚到连队那会儿，是不通国电的，意味着只能发电，手机信号更别提了。当时连队上只有一部电话，战士们要排着长队给家里打电话，平均一个礼拜最多打上一次，通话几分钟而已。

离开了部队，我去到了重庆，把一份特别的礼物带给了杜富强的母亲，也见到了对他影响很大的人。穿上军装，他是英雄，是战友，脱下军装，他是榜样，是哥哥，他就是杜富国。

我多希望时间能够再长一点，再长一点，让更多的战士说说自己的话，让远方的爹娘可以多看几眼自己的儿子，是他们让我们懂得了我们不是生活在一个和平的时代，我们只是生活在一个和平的国家，谢谢他们的坚守，也谢谢家人们的付出，谢谢他们。

▲**新闻类 3 号选手　果欣禹**

北京时间 10 月 6 号晚，2020 东京残奥会资格赛决赛中，中国国家盲人足球队夺得冠军。这也是他们建队十三年来第六次获得亚洲冠军。看不见的踢球者，让中国在世界盲人足球中，更多地被看见。在我们向他们致敬的同时,我想大多数人都和我一样好奇,在黑暗中球往哪儿踢?对手的球门在哪个方向?该怎么进攻和防守呢?不久前,我来到了国家队盲人足球球员在广东清远的训练基地。我手中拿的这个眼罩是他们日常训练的标配,当我戴上它后,别说跑了,我连步子都不会迈了。用现在特别流行的一句话就是:我太难了。而这是球员们面对的第一个也是最大的困难:克服恐惧。从不敢走到敢走,从不敢跑到敢跑,有的队员甚至用了两三年的时间,才真正地打开自己的内心,而这仅仅只是开始,就像大家从画面中看到的每一项技术动作,都要靠教练手把手地来教。摸住教练的双手,感知动作的每一个细微变化,然后再调整自己的双腿双脚,摸完,尝试,再摸,再尝试,就这样反反复复要经过上百次的训练,才能够掌握一个动作要领。在球场上,听声辨位是他们的基本功,大家可以仔细听一下,他们踢的球是有声音的,队员和教练要靠喊来交流,而每一次的进攻和防守,都要通过队员的一声声"喂"来组织和判断。

但球场空旷,队员们判断的准确性就大大降低。投入到激烈的对抗中,碰撞、受伤、流血都是家常便饭了。脚指甲被踢翻过,眼角破损过,鼻梁骨被撞歪过,牙齿被撞掉过,队员们总是爱在比赛之后开玩笑地去比一比大家都受了什么伤,在他们心中,球场上的伤就是他们拼搏留下的勋章。勋章留给了国家,但疼在教练的心里,盲人足球一个很大的考验,就是教练和队员之间的默契。

在场上你是我的眼,在场下你还是我的家。走下球场的他们也是一个个对生活充满着热情的大男孩,有的队员想在退役之后开一家按摩店,于是在闲暇之余,大家会聚在一起切磋手艺,有的队员喜欢音乐,就一起唱歌、弹吉他、打鼓。他们有着同龄人都有的欢喜与热爱,但更有着超乎我想象的活泼和乐观。

看不见光的世界,照进了更多的光芒。人们常说足球是圆的,但对于盲人足球运动员,是磨平了多少生活的棱角,才能够画出一个生活的圆。竞技体育没有界限,而盲人足球又远远超出了体育的界限,人生不一定会赢,但要努力去赢,有些人看不见世界,却可以让世界看到。队员们特别喜欢一首歌,就是这首《真心英雄》,告别清远的时候,我们相约再见。

是的,一定会再见的,无论是在明年(2020)的东京残奥会,还是在人生与命运的角斗场上。

#### ▲新闻类4号选手　田靖华

正在和着音乐跳舞的这群孩子,他们是深圳市喜憨儿洗车中心的洗车工,他们之中包括自闭症、唐氏综合征、智力发育迟缓等人群。而"喜憨儿"是心智障碍者的统称。创始人曹军同时也是一位心智障碍孩子的父亲解释道:喜,代表珍惜,憨,代表憨厚老实,儿,代表孩子。作为一名新闻主播,很多时候我都是拿着已经写好的文稿,隔着演播室里的监视器,去感知镜头另一边的喜怒哀乐。但是,只有走近他们才能真正理解他们,所以这一次,我选择脱下西装,拿起喷枪,跟着我的"喜憨儿"师傅们洗车。

说实话,去之前真没觉得是什么难事,但两天的体验下来,那真是不容易。你会发现孩子们把自身的劣势转化为洗车这项工作的优势,把简单变成了对工作的较真,他们对于清洗顺序和干净程度有着近乎苛刻的执着,洗车一定要从左后方开始擦起,从上到下绕车一周,不得有丝毫遗漏,每当我犯点儿小错误或稍有马虎,他们会马上指出我的问题告诉我:不能凑合,要认真。

而正是靠着这种时间不延后、干净不打折、价格不高于市场的经营宗旨,喜憨儿洗车中心赢得了顾客的信任,而这份信任不是出于爱心怜悯,而是靠着孩子们一辆车接一辆车擦出来的。

闲下来的时候,我会问孩子:洗车累吗?他们说不累,有工作就高兴。可能很多时候有人会用一种异样的眼光看他们,而在这里我感受最深的就是给予孩子最好的帮助,就是平等。我们可以发现,在这里,他们每一个人都会签订劳动合同,购买社保,创始人曹军坚持每个月的工资不打卡里,只发现金,为的就是告诉孩子们,你们和别人一样。而大门上"正常收费,谢绝小费"的八个字就是对平等尊重最好的解释。他们中有一位特殊的住在洗车行的员工,他叫种新来,爸爸起这个名字的意思是即使做错了,也可以重新再来。生命没有给他重新来过的机会,但他让生活变了模样。三年前,他自己在网上看到了喜憨儿洗车中心的消息,哭着求妈妈带着他从甘肃老家坐了三天三夜的车来到深圳,从此工作成了他生活的重心和快乐的源泉。每天早上七点,种新来是第一个打开车行大门的人,为一天的工作做准备。每个月,他会把攒下的钱存进银行,等到过年的时候,给在老家种地的爸爸妈妈买礼物。

不仅种新来真的在重新来,更多的孩子从不敢大声说话到想要主动去跟陌生人交流,从出门需要人陪同到可以独自坐公交地铁上下班,孩子们的生活真正在发生着改变。值得欣喜的是,目前"喜憨儿"模式已经推广至全国十六座城市,共有十九家门店,而这一切都离不开政府和社会各方的帮助和支持。就在我即将离开的时候,我又得知了一个好消息:"喜憨儿"要搬家了,政府为他们提供了免费的场地,并建造了更好的车间。用"造血"代替"输血",用符合市场规律的方式发展壮大,"喜憨儿"的未来一定光明且精彩。

这是喜憨儿洗车中心的工牌,那天戴着它,我和我可爱的同事们一块洗了五十三辆车,我会永远珍藏这块工牌,因为那时刻提醒着我,我曾经是他们中的一员,他们会是我永远的牵挂。

### ▲新闻类5号选手　白影

聚光灯、高跟鞋就像此刻闪耀的舞台,这是我成为一名主持人曾经最向往的时刻。然而刚刚我想了一下,过去的三十天,我五次走进杭州的乡村,在那里渐渐读懂生活,理解梦想这个词更准确的含义。最近的一次,我们去到了杭州市临安区湍口镇的一个小山村,它有一个很好听的名字,迎丰村。

在这个小小的山村有三个特色不一的文化礼堂,村里的老人在食堂吃饭,最多只要三块钱,村民还能用捡到的垃圾换到不少的实用品。而村民说,所有的这一切都和一面墙有关。这是一面写满村民一百零九个梦想的梦想墙,上面写些什么呢?有的说希望有条好走的路,希望有个老年食堂,希望有个文化礼堂,你能看到上面不少的字迹都已经斑驳了,部分纸片甚至已经脱落,因为这是在2015年初春发起的活动"只要你敢说出你的梦想,我们就有动力和信心去帮你实现",活动的发起人是村主任王丰华。迎丰村在当时顶着一百多万的外债,村主任的承诺像是一个更大的梦。

一个个"正"字,承载了多少艰辛和期待,而为了让村里有更多好走的路,他要把很多违建房给拆了,首先要拆的是跟他感情最好的姐姐家。

划得来吗?在村里采访的时候,我发现王丰华做的常常是看似划不来的事情。

老年食堂,七十岁以上三块钱,八十岁一块钱,村里每年要贴上二十万,而一部分还是王丰华自己贴的,划得来吗?看到这一张张笑脸,我想,在王丰华看来是值得的。梦想一个个被实现,而让我诧异的是,一个个都是得花钱的项目,可是迎丰村从欠债一百多万到这几年还能有三十多万的结余,钱是怎么省下来的?我不知道为了争取项目资金,王丰华走了多少路,求了多少人,但笔记本里清楚地记录着。村民说,村里的大小工程,都是村主任自己设计并且在项目现场盯着大伙干的,村民们还说,王丰华不仅贴钱给村里造桥修馆,工资也分文不取地给了村里的老人。2019年6月6号,王丰华因胃癌去世,这是他上任迎丰村村主任的第两千天。

我们的采访快要结束的时候,村书记告诉我,他是和王丰华同时上任的,当时他们说好了,要在六年时间里好好干一番事业,完成村民的梦想,还差几个月就刚好六年了。让梦想瓜熟蒂落,与村民同频共振。那一刻,我有些恍惚,似乎王丰华从来没有离开过,是的,在迎丰村永远有丰华,永远有着一群为了梦想愿意奋斗的人。什么是乡村振兴?如何实现乡村振兴?在这个小山村,我找到了答案,在中国九百六十万平方公里的广袤大地上,迎丰村,还有更多的山村都在奋斗中迎接自己的丰收,而这样的丰收,你盼望的丰收,我相信,你一定看得见。

▲新闻类 6 号选手　刘妙然

每年的十月下旬,秋天还没有离开,塞外山城崇礼便会格外期待着雪季的到来。2022 年北京冬奥会雪上项目的主赛场将会在这里设立,一百零九枚金牌当中的五十一枚将会在这里诞生。在太子山脚下,一个极具中国韵味的滑雪赛道"雪如意"正在加紧施工。

这是一对 90 后的小夫妻,男生叫王普,女生叫崔力欣,去年也是因为冬奥会的契机,崔力欣辞去了在老家的工作,来到了王普身边。两人结束了因为工作而分开的日子。可以说在这样一个冰雪小镇,他们俩是一手牵起了生活的幸福,一手也抓住了事业的机遇。

在坝上采访的那两天,你会感受到高原的紫外线是直直地打在你的脸上,就像王普的同事发的这张朋友圈,让崔力欣心疼了好几天。

虽然两个人在一起工作,但是独属他俩的时间真的并不长,一年有三百多天都会在山上,每天会接打一百多个电话,也经常会工作到凌晨三四点,回家对于他俩来说是一种奢望,但恰恰也是因为冬奥,让这儿也像一个家,因为他在这儿,她也在这儿。

其实在忙碌的工作之外,两个人也会去制造一些小浪漫。那天是王普的生日,他专门进城理了一个发,选了一盆崔力欣特别喜欢的绿植,一起来装点他们温馨的小家。

在这样一个甜甜的相聚过后,王普赶去出差,崔力欣给丈夫写了封信。他们在一起十年,接下来,小两口的生活也会用奋斗去创造更好的未来。

现在我们看到的是延崇高速上最重要的一个隧道叫作"棋盘梁隧道"。正在紧张施工的是来自福建的兄弟俩林学金和林学明。

看似平稳的山体,其实内部是险象环生,即便是在这样零下二十五度的施工作业现场,隧道的掘进一刻都没有停歇。而此时此刻,就像这兄弟俩还奋战在一线的有一万多名建设者,这是一群走在冬奥前方的开拓者。

在冬奥办我见到了这位走遍了崇礼两千多平方公里的"活地图""土专家"赵立东,老赵说,可不要小瞧这一张张的规划图,这是京张的连心图,是人民的幸福图,是家乡的发展图,也是实现"中国梦"冬奥梦的蓝图。

在宣化二中,王文卓和她同学的眼里,没有一项运动能比得上滑雪运动,而此刻的他们也在紧张地准备 2022(冬奥会)。

相约 2022(冬奥会),一刻也不能停,一步也不能错,一天也误不起,这是刻在他们心中的誓言。因为就在不远处,存放着他们渴望已久的梦想,升国旗奏国歌。在采访结束的时候,赵立东赵主任给了我这枚小小的冬奥徽章。我想,在 2022 年我要戴着它和千千万万的媒体人一起站在报道冬奥会的现场。

# 十、新闻类决赛文稿合集

## 1. 第一轮

▲第一组

白影:作为主持人,更应该言之有理,还是言之有物,我想都很重要。但是,物比理更重要,因为物是理的基础,理是来自某一样事物,这不是谁告诉我的道理,这是我通过多年的实践,得出来的一个经验。主持人大赛进行到现在,每一次我们都会带出一个鲜活的故事给大家,在我工作的七年主持经历当中,我的追求是希望能够把那些采访当中看到的人、遇到的梦想、感受到的力量说给大家听,大家自己去感受。我相信,道理就像城市当中的高楼大厦一样,是冰冰冷冷的,是整整齐齐的,但是一个个鲜活的故事会像我们从早市上买回来的一条扑腾扑腾着的活鱼,会像一捆小青菜,上面还有着露珠,你有一百种烹饪它的方法。

**邹韵：**谢谢白影,著名作家梁晓声曾经说过,我们每一个人都有一个现实家园,唯有书本可以构建一个精神家园。而在我看来,一个主持人,一个优秀的主持人,更应该构建一个丰富的、深邃的精神家园。而在这个精神家园当中,物不是唯一的,也不是最重要的,理反而是更加重要的那一个部分。为什么？因为主持人啊,不仅仅是一个简单的新闻事件的观察者,也不仅仅是一个时代的记录者。主持人,好的主持人,一定要懂得把事实去收集,一定要懂得讲出这个物之后的道理、内涵,和一些更加深邃的东西。在传播学里面有这样一句话叫作"新闻是历史的第一卷手稿"。我想在这个手稿里面,事实的部分可以交给记者和其他的人来处理,而在理的部分,应该由主持人来去升华,因为这样才可以让这本厚厚的书更加的深邃、更加的丰富、更加的耐人寻味。

**白影：**我也想和大家分享一句话,是著名的网友说的,著名的网友说了"有的人知道那么多道理,但是依然过不好这一生"。为什么？和大家分享一个我实践当中的小故事。2017年我主持杭州市道德模范的颁奖典礼,有一位老人家八十六岁高龄,他叫作王坤森,他依靠这个捡垃圾资助了贫困大学生完成学业。我在台下跟他沟通,我说老爷子,每个人都得上台发言,这是我们一个规定动作,你需要告诉我,你为什么要做这件事情,做这件事情你遇到了哪些困难。老爷子说我真不想去炫耀什么,这就是我应该做的。直到一位导演站了出来,跟他说了一番话,他说王爷爷您看,今天现场有一千名观众,每个人,我给你数了一下,每个人一块钱就有一千块钱可以给这些大学生们。您想想,通过电视转播,还会有上万名的观众都能够看到我们的节目,能够帮助到多少人？王爷爷特别地激动,在台上抢过我的话筒说:年轻人们,你们要加油,祖国的未来是你们的,你们是祖国的希望。我当时特别的感动,我认为,这就是言之有物的道理。其实,老爷爷无比珍视的这一个机会,正是我们每天的工作,我们希望能够用一个故事,去脉动一群人的心,集合一群人的心,去做一件对社会、对国家有价值的事情。

**邹韵：**感谢白影分享的这么感人的例子。我是一个辩证唯物主义者,所以我其实相信物质决定意识。但是我更觉得在主持人的层面,我们应该反映出来的是意识去反映物质。为什么这么说？因为主持人要做到的不是我们所有人可以看到的那幅风景,我们要解释的是风景背后的道理、风景背后的事实。这是什么意思？言之有物的人会说:你叫什么名字？我说我叫邹韵,而如果他把这个问题去问一位优秀的主持人撒贝宁老师,他作为一个言之有理的主持人,会说莎士比亚曾经说过：What's in a name? That which we call a rose by any other name would smell as sweet. 名字是什么？就是你管玫瑰不管叫什么名字,它都是那样的芬芳。言之有物的人会说,这些花一样,这些人不一样。但是如果你去问言之有理的董卿老师,她可能会说"年年岁岁花相似"而"岁岁年年人不同"。一个人受到了一些挫折说,我被怼了,我遇到挫折了,但是如果你去问康辉老师,他可能会说那个字念怼。同时泰戈尔曾经说过:世界以痛吻我,我却报之以歌。因此在我看来,一个主持人,一个优秀的主持人,他一定要言之有理,言之有物是最基本的要求,而言之有理,应该是一个优秀的主持人毕生的追求。谢谢大家。

**康辉点评：**其实这个题目，我们在探讨的正是主持人在表达的时候，我们到底需要的是什么，如果仅仅是言之有理，那我们会失了温度，仅仅言之有物，可能又会失了高度，所以确实需要我们把故事、情感、道理以及升华，都融合在一起。刚刚两位我觉得你们真的都做到了，当然我们在这个语言当中的这种表达，需要更打动人，需要这个语言更有力量，需要这个语言更能让人记住，在这方面我觉得邹韵刚才的这两段更稍胜一点，特别是刚刚她说的言之有物的人会怎么说，言之有理的人又会怎么说，那几个排比，我觉得在语言的表达、语言的这种力度上面，是非常出彩的。

**董卿点评：**我很同意刚才白影的，她在讲述当中的所有的论点，言之有物是言之有理的基础，但是，我没有想到是邹韵能够在这样一个对抗当中，很快地去厘清自己的思路，给出一些具体的事例进行反击。二位刚才的这个讲述真的是特别符合我们说讲故事的一个黄金抛物线，设定情节，而后进入话题，而后引发冲突，而后进入高潮，解决问题，给出结论，真的是体现了你们相当专业的水准。那如果说更倾向于谁的话呢，可能邹韵的确始终有自己的优势所在。在整场的这一届的大赛当中，你都能够很好地体现出自己的讲故事的方式，就是把国际范儿和中国味儿相结合，把大家想听的，融入我想讲的东西当中，做得非常好。其实我个人一直认为白影是有相当好的文艺节目主持人的资质的，我已经好几次注意到你在听别人说话和自己讲话，就说着说着你会热泪盈眶，这样的一种感同身受的能力或者这样的一种情感的丰盈，是很能够让你站在一个文艺的舞台上去绽放光芒的。

▲**第二组**

**姚轶滨：**我们中国人常说，读万卷书，行万里路。但是看似相同的两件事，如果你并列摆在一起，一定要选一个重量的话，那当然是要行万里路更重要。那对于我们中国人来说，可能有人会说了，中国有着五千年的历史，你读懂中国的过去，你就能读懂中国的未来啊，但是现实生活中，朋友们请您看一看，我们中国的发展是多么飞速。大家想一想你兜里的那个钱，我们中国人从用人民币这种纸币到用银行卡，用了几十年，从银行卡到手机移动支付，用了十几年，去年我们还在说手机移动支付，今年我们已经说刷脸支付了。中国的发展如此迅速，如果你不深深地把脚扎根在中国这块大地上，如果你不是行万里路，摸着中国的脉动，你怎么能够知道中国发展是如此的迅速、中国的发展是如此之快呢？嘉宁。

**王嘉宁：**我听明白你的意思了。其实，我们中国的发展呢，不论怎样都是财富，我也相信姚轶滨作为主持人，一定行了万里路，但这些都成为你书写人生的一笔，也成为你人生这本书最亮丽的一些篇章。那我们来看看，万卷书里面，到底有些什么，我们小的时候被父母送到学校去读书，老师会告诉我们，在书中如何写字、如何发音、如何认识这个世界。长大之后呢，我们会发现我们有不同喜欢的行业，有人喜欢科研、有人喜欢科技、有人喜欢科学，但是你没有办法从头研究开始。但书会告诉你们，目前研究到哪了，你还可以如何发展。那么最重要的一点，书它可以打破时空的格局，会让你知道过去，也知道未来，我们没有办法回到过去去感受历史，但是书可以让我们看到真实的历史。我们没有办法去到未来，去到那个美妙而又奇幻，我们想触碰却又不敢触碰的世界，但书可以告诉你，那里会是什么样而警醒你，所以书更重要。

**姚轶滨：**刚才嘉宁举了一个例子，说母亲给孩子的教育都在书本里，但我想请大家记住一个词，咱们中国人常说的叫言传身教，身教是什么，就是母亲用她的行动去教育孩子，所以说行万里路，其实你会发现它在我们实践的生活当中，实践才是检验真理的唯一标准。但是我更想说的是，请大家来看这个题面，前面还有半句话,作为主持人,嘉宁和我,我们都是新闻工作者,我们都是"脚力""眼力""脑力""笔力"那什么放在最前,当然是"脚力"。如果说你是一个读过万卷书的主持人,你会腹有诗书气自华,你可以出口成章。但是请大家想一想,这是一个什么样的主持人?这可能是个合格的主持人,但什么是一个优秀的主持人?优秀的主持人是一定要走遍中国的大江南北,把最普通人的声音、故事,把他们的关切、把他们的感动,通过你的行走,带回到你的节目当中,传播给更多的人。所以我才说,行万里路远远重要过读万卷书。其实读万卷书对于一个主持人来说,它是个人的一个修养,它可以提高主持人的能力。但是,行万里路对于一个主持人来说,尤其是我们这样新闻节目主持人来说,它是肩上沉甸甸的责任,而这份责任,是我们端起这个话筒最重要的原因。嘉宁。

**王嘉宁:** 姚轶滨说得非常好,因为题干还有前半部分,作为主持人。所以我先跟大家分享一点我作为主持人的小经验,我是在书中知道,如何吐字发音以及普通话一甲的标准是如何,所以我才能考好普通话一甲,才能够上岗。那么当我做了主持人之后,我发现这个行业是一个不需要你门门都通,但是你什么都要知道一点的一个行业,你没有办法去到每一个职业所在的工作岗位,感受它的生活、感受职位的艰辛,你没有办法去到所有的地方,去感受那个地方的特点和特色,但是书可以告诉你,你可能没有办法知道得特别彻底,可是你可以知道一点点,这样和你的采访嘉宾可以聊得上,这样在节目当中,可以起到一些点睛之笔。那么再有,书还是一个非常重要、打破时空的格局,我刚才也说到了过去与未来,那么姚轶滨也说到主持人尤其是新闻主持人,是沉甸甸的担子,这些更需要我们做一个桥梁,去知道过去,也能够警醒未来,才能做好现在。最重要的一点就是读万卷书和行万里路无疑是都重要的,但非要说一个更字,就是一定要做出一个选择,就像今天评委老师们很喜欢姚轶滨也很喜欢王嘉宁,但必须选择一个,这就是人生。如果我有机会告诉你,人生当中什么是最重要的,摆在前面的话,我一定会告诉你,更重要的是读万卷书,因为它是一个原生动力,它会给你无穷的能量,同时它可以帮你书写你最精彩的人生这本书,谢谢。

**康辉点评:** 姚轶滨一如既往的稳,王嘉宁一如既往的放松,我刚才感觉这几分钟,两位不像是竞争者,更像是合作者。两位共同把作为一个主持人读万卷书、行万里路的同样的这种重要性,给我们阐释出来了,所以其实这个题真的没有所谓的这种"辩"或者是互相的对抗,一定是把它结合起来才更加完美。但我觉得这两位选手在场上他们的表现结合起来就是完美,非常好。

**董卿点评:** 就像我们说读万卷书和行万里路是静态和动态的互补一样,这两位选手身上也有一个一静一动的一个互补,完成得特别好。如果说人类的进化是从行路开始的,那么人类的文明毫无疑问依靠的是阅读,所以刚开始的时候,我的内心是倾向于嘉宁这一方的,但是在整个讲述当中,嘉宁对读万卷书到底会对我们带来什么的丰富性还不是很多,但相反的姚轶滨在行万里路的重要性,特别是对主持人的重要性来讲,阐述得是非常清楚的。比如说你说到了"四力"第一个就是"脚力",你说到了言传身教,身教重于言传,你也说到了责任,所以我可能就我来讲,会更欣赏姚轶滨今天的表现。但是,最后我想说的是读万卷书和行万里路这句话本身的出处是董其昌的一句话,他其实后面还有半句话叫"读万卷书,行万里路,胸中脱去尘浊"。毫无疑问,读万卷书、行万里路让我们能够摆脱的是什么?局限和狭隘,所以我们最终是要在相互的沟通、学习、交流当中,看到自己的局限,去不断地进步。谢谢。

▲ **第三组**

**田靖华:** 讲好中国故事到底是内容更重要,还是方法更重要,我从来不觉得这是一个问题,因为答案是显而易见的,一定是内容更重要。作为一名主持人,尤其是新闻节目的主持人,在一入行的时候,我的老师跟前辈就跟我说:你要把信息真实、准确、客观地传达给你的受众。而真实、准确、客观这三个词无一不是在描述着内容本身。就好像此刻我们正坐在点评席上的康辉老师一样,坐在《新闻联播》的主播台上,他传递的是堂堂正正的中国之声,而方式很简单,只有播报。但这样简单的方式丝毫不影响我们去体会和感动于《新闻联播》的每一条稿子,因为它描绘的是中国的发展蓝图,传播的是中国的力量。其实很多时候我觉得做主持人和做菜有点像,鱼就是鱼、肉就是肉,你也没有必要把茄子、土豆包装成红烧鱼的样子。

冯硕:我的观点,讲好中国故事方法更重要。中国故事就是中国人的故事,我们要知道,如果有目标没有方法,那只能是空谈误国,实干才能兴邦,而这个"实干",它就是实实在在的方法。我们可以把时间回到1978年的12月底,当时所有人都知道小岗村十八农户按下手印包产到户,这就是方法。中国社会的发展,一步又一步都是靠着这一个又一个敢闯敢试的一些方法。那么我们再回到主持人和记者来说,我们讲究"四力",那可以说这每一"力",如果没有真正的方法的话,那是不可能实现的。上一轮我特别喜欢他能够关注这样的一个特殊群体,那如果没有前后和现场的呈现的话,这样完美的方法怎么可能(让)我们看到,今天的田靖华给大家(带来)那么多的感动呢?因此所有的朋友,我们希望大家能够记住,做什么事方法更重要。

田靖华:接下来我希望大家仔细聆听我的描述,我将带大家回顾一下到底什么是中国故事。中国故事是在 2020 年,我们即将步入全面小康,为世界减贫史作出中国的突出贡献,是"天宫二号"实现在轨对接,我们圆了几十年的航天大国梦,是我们在座的以及镜头前十三亿中国人,我们每一个普通百姓,我们的生活得到切切实实的提高。好,我想请问大家刚才在我的这段描述中,你们是否关注到了我的重音、停连、语气、形式、包装?我相信你们关注的永远不会是这些,而是关注我所表达的内容。其实做节目也和看书特别像,那在阅读的时候,你是否会关注我们看的是五言绝句还是七言律诗?宋词还是散文还是小说?不,只要传递的内容,传递的观点是正确的,我们都会去看。就好像当毛主席在天安门城楼上宣布中华人民共和国成立的时候,每一个中国人都是热泪盈眶;当萨马兰奇宣布 2008 年奥运会的主办城市是北京的时候即使我的英语不太好,但是我听到"北京"两个字的时候,作为一个中国人的骄傲,依然是让我热泪盈眶。就好像刚才我们说康辉老师在《新闻联播》的舞台上,那即使《新闻联播》出了《主播说联播》这样一个很新鲜的板块的时候,我们感动的依旧是我们几位优秀的主播传递的堂堂正正的真理之声。

冯硕:讲好中国故事需要更好地去了解中国。我们知道现在中国共建、共治、共享社会主义的治理能力的现代化,可以说每一个方式它都是靠一些好的方法,要不然还是空谈误国实干兴邦。我们再回到刚刚靖华也提到了脱贫攻坚,这是最重要的中国故事了,那么为什么我们每年能有一千两百万以上的人口脱贫?为什么我们会力争能够八百三十二个贫困县在明年年底全部的摘帽?要回到 2013 年"精准扶贫"的提出,这精准两个字其实它就是方法。那么讲好中国故事还有很多很多,比如说我们再回到主持人的这个角度,无数次地举了康辉老师和董卿老师的例子,我们现在可以想想,你很喜欢康辉老师的这个《主播说联播》,也很喜欢董卿老师的《朗读者》,那可都是方法,什么方法?很多的台前幕后的每一个人攒在一起,才出现了这样的一种好的内容的呈现。因此,我们说好的内容需要好的方法,因此方法更重要。不过在后边,我还是特别想加入一个正确的方法,更加更加的重要,那么如果不是正确的方法,我们只能沦为形式主义,内容也会变得是一种坏的内容。所以了解中国,了解中国人,走出去,讲好中国故事靠的是方法,而且是正确的、给人有力量的这样的一种方法。好,谢谢大家。

**康辉点评**：我觉得两位男选手场上的这样一次比赛，火药味好像明显更浓了一点，这种交锋的感觉更强了一点。其实平心而论，我个人感觉这两个观点可能更不好说的真的是冯硕的那个，因为我们经常讲内容为王，那我们做新闻传播，我们传播的是什么？一定是内容。但是冯硕，其实你也有一个可以更好地把这个观点支撑起来的一个方法，就是前面有六个字，讲好中国故事，你可以说我们有那么多那么好的中国故事，我们怎么样把这些故事更好地讲给全世界听，如果你从这个角度讲，也许比刚才跟着田靖华那个《主播说联播》也好，其他节目也好，会更好地支持你这个观点。而且刚才两个人的场上表现，平心而论，田靖华可能明显从整个节奏的把控，包括他的这种场上的一种表现的从容度来讲，会更好一点。冯硕稍稍仓促了一点，这可能会成为你这次场上表现的一个硬伤。

**董卿点评**：我还是很欣赏冯硕能够找到方法。其实我很同意你说的《主播说联播》也好，甚至就包括《新闻联播》也好，它难道不是一种形式吗？在这个世界上是没有无形式的内容的，当然也没有说无内容的形式。故事已经陪伴了我们几千年了，故事永远不会过时，但是讲故事的方法会过时，所以在这点创新上，我们还是有无限的潜力可以去探索的，特别对于我们媒体人来讲，现在融媒体时代了，我们到底通过什么样的讲述，让我们的内容更有效地去覆盖和传播，实现一种能够跨越文化、跨越地域藩篱的传播，所以方法的确也很重要。不过这一次，真的在我心里难分伯仲了，很精彩，谢谢两位。

## 2. 第二轮

**邹韵**：大家好，今天我们要讲的是一个关于善的故事，又或者不仅仅是一个关于善的故事。科技是国家强盛之基，创新是民族进步之魂，而在近些年科技创新不光给我们的物质生活带来了很多的变化，也让我们很多的行为发生了转变。其中有一个就是让我们的善举变得更加的电子化、便捷化，原因是有一个平台的兴起，那就是众筹平台。像我们图片里看到的这位老人，他穿着病号服躺在病床上，看来是需要一些帮助，需要钱来治病，所以他就在众筹平台的这一端去提出了他的需求。而在那一端有很多人都伸出了援手，向他提供资金的帮助，或者一些其他的帮助，也就是有钱出钱、有力出力，希望能够帮他渡过这个难关。但是真实的情况是怎么样的呢？我们来看下一幅图。

看来这位老人病得还没有那么重，至少他足够清醒，就是一边跟别人要着钱，一边却在用别人的钱买房子，而并没有来治病。在我看来这是一种很可悲的现象，因为他花的不仅仅是别人的血汗钱，给他的治病钱，更重要的是他其实消耗了人性当中那种最美好的东西。就像我刚刚说的科技创新让我们的这个时代发生了很多变化，因此我想对这个众筹平台的两端的那些人，也就是不管是求助者，还是那些给予帮助的人说三个字，那就是请三思。在这样的一个时代，当你想要去提供一些帮助，你的善举是值得被肯定的，但是有的时候眼见不一定为实，有的时候照片并不一定反映的（是）真实的情况。因此当想要提供一些帮助的时候，请一定要了解更多的信息。而在平台的那一端，当你真正需要帮助的时候，你再去求救，而不要去滥用别人对你的温暖、别人的爱心、别人对你的关怀。我们都希望明天可以比今天更美好一点点，而其中美好的一个很重要的填充部分是善，这不是一个人的善，不是一群人的事，而是每一个人的善。毕竟一花独放不是春，百花齐放才能春满园，谢谢大家。

**康辉点评**：邹韵非常聪明，非常敏锐地捕捉到了这个题目当中可能出现的情况，当这个图片进行缩放之后，那么这个图片当中呈现的信息也许会和我们看到的之前的这个图片会有一定程度的这种反转。所以她在一分钟的结尾的时候，实际她给自己留了一个余地做了一个铺垫，所以这是非常聪明和非常敏锐的，这种反应,语言的组织也是流畅的、是准确的,表达的观点也是清晰的。

**董卿点评**:应该说前一分钟和后一分半钟,邹韵几乎做到了无缝对接,完成得非常好。我觉得今天的这一轮的新闻类主持人的考核的题目,出得实在是太好了,其实不仅仅是慈善、募捐在面对互联网的时候,可能会出现很多难以辨别的真相,媒体人又何尝不是这样。我们今天的新闻人在面对的同样是纷繁、复杂的社会现象,特别是媒介的迅猛发展,它甚至对新闻的生产和社会的运行都产生了巨大的影响。我们要如何始终能够透过现象看本质,保持自己的思考力、辨别力和定力,是非常重要的,我觉得这可能是出题的意义所在,我觉得今天邹韵完成得非常好。

**王嘉宁**:欢迎收看今天的《图说天下》,当这张图片展现在我们面前的时候,每个人都倒吸了一口凉气,因为隔着屏幕,我们能感受到那剑拔弩张紧张的气氛。在图片的左半边,大篇幅的是一只凶猛的野兽,它眼神当中透露着凶狠,它张着它的獠牙,挥舞着前臂,在向它的前方示威,隔着屏幕,我们似乎能听到它的怒吼,感受到它的怒气。而站在它的对立面的是和我们一样的物种:人类。从他坚毅的眼神和向下的嘴角当中,我们似乎能够感觉得到他对这场对峙已经胜券在握,而他手中端着的这个猎枪,也能隔着屏幕,让我们闻到已经上膛子弹所散发出浓浓的火药味。我不知道为什么世界这么大,这两个不同的物种会碰到,我也不知道为什么在这样一个蓝天、白云、辽阔的平原,一个人类会背起他的行囊,拿起他的猎枪与一个动物进行一场对峙。

而当我们还原整个事实真相的时候,我们似乎更加惊讶了,这是一场"生"的选择。图片当中虽然非常漂亮,蓝天白云,也有我们印象当中大自然所应该有的那种青葱的草地、绿树成荫和辽阔的山峰,可我们今天事实的两个主人公却在这个山尖尖上只有一根平衡木维持着他们最后"生"的一丝希望。有人问,如果给你一次"生"的机会,你会如何选择?如果给你一次"生"的机会,你会如何抓住这个救命稻草?如果给你一个按钮,是你能活下去但是别人就会死掉,你会如何选择?我不知道这个图片最后的结局会是怎么样,当然我很善良地希望他们两个都能活下去,可是如果这个图片不只是他们两个主人公的一道难题呢?如果这是动物和人类共同的一道难题呢?如果这是这个世界的大自然向我们人类这种高等物种发出来的一道疑问呢?问我们你们会不会再按那个按钮呢,我想每个人心目当中都会有一个答案。其实中国在为此做着不懈的努力,我们保护生态环境、保护着濒危物种、保护着自然资源,但是我们应该做的还有更多,我们应该做的是不给他们有按钮的权利,而是我们给它生的希望。

**康辉点评**:嘉宁也特别的聪明,她在前一分钟一直没有任何观点性的东西拿出来,她一直在描述这个画面,她就是想等着看这个整个图片出来之后是一个什么样,所以我觉得真的是非常聪明的一种选择、一种做法。后面的这一分半稍显得有一点思路上的不确定,或者说有一点乱。一直到最后快三十秒的时候,终于找到了一个点,就是我们怎么样能够让大自然和人类在我们这个环境当中,能够共同地做好这样一个平衡。所以当你有点抓不住整个这个画面当中我到底应该选取哪个呢,不妨把这个思路更发散一点,甚至你可以提出一个两个三个同样可能跟它有关联的问题,提出问题同样是作为新闻记者,同样是作为新闻节目主持人,我们必须要具备的。

**董卿点评**:我觉得嘉宁你真是面对一道难题呀,但是你还是积极应对了,而且整个表现应该说不错。我觉得有一点遗憾,你其实在前一分钟里边抓到了一个关键词,就是对立,其实后一分半的图片出来的时候,你完全可以就着这个对立关系继续深挖。伤害与被伤害有时候也是对立统一的关系,伤害他人有时候也意味着在毁灭自己,即便你占尽了优势,也不可能是为所欲为的。然后你就可以接着说你想到的平衡的问题,一切都在追求一种平衡,健康在于平衡、发展在于平衡、对抗有时候也是一种平衡对不对? 所以如果你想到了这个之后,你最后就不仅仅人和熊的关系了,人和自然的关系、人和自我的关系、人和世界的关系。如果我们失去了平衡,那么对不起,枪响之后没有赢家。

**田靖华**:看到这样的一张图片,我们可以读懂以下几个信息:第一,这一天是母亲节,一个可爱的小女孩坐在自家的沙发上,拿着手机想要给妈妈发一条节日的祝贺信息"妈妈我爱你,母亲节快乐"。其实说到母亲节,在我脑海当中的印象,我们一般是会拿着康乃馨,带着写好的贺卡,给妈妈一个大大的拥抱,在妈妈脸上热情地亲吻一下,跟妈妈说节日快乐。但是我们今天的这位主人公似乎有点特殊,小女孩满脸愁云地坐在沙发上,可能不知道某种原因今天她没办法和妈妈团聚,身边只有那年生日,妈妈送的宠物狗陪在她身边。所以我会在想,妈妈可能是忙于工作或者是其他的一些原因,没能在这样特别的一天跟自己的女儿团聚,让自己的女儿有点小小的不快,那到底原因为何呢? 咱们来看下一张图。

人生如戏,每当大幕拉开,我们总会不知道发生什么。原来我们刚才的猜测是错误的,妈妈就坐在她身边。可是我们也会纳闷,如果就坐在身边,为什么还要通过信息这样一个手段向妈妈表达祝贺呢? 其实这反映了一个很深刻的关系,就是我们时下的亲子关系。现在亲子关系变得越来越紧张,我们常说父母之爱子要为其计深远,每个妈妈都是爱自己的孩子的,天底下没有哪个妈妈不为自己的孩子好。可是在学业的负担之下,在成长的压力之下,在考试的压力之下,我们的妈妈似乎总给孩子灌输了很多观念,你要学习,你要成才,所以我们会发现亲子关系变得越来越疏离,才会出现我们今天图片上的这一幕,即使坐在同一个沙发上,却要通过短信这样一个方式来彼此交流。很多时候,从这里引申了一个话题,现在我们的这些电子信息的通信渠道越来越便利,可给我们带来的却是情感越来越疏离,不仅母子,我们的朋友坐在一起聚会,常常拿着手机不会看彼此,所以我想,今天通过这样一个图片,也给我们提了一个醒,今天我们要对我们的妈妈、对我们的朋友、对我们的家人说一声亲切的节日好。

**康辉点评**:确实这张图片可能反转力度是最大的一个,所以靖华在前面确实自己有了一个预设,当这个图片给出的信息完全超出你的这个预设,后面就有一点在组织上的力不从心的感觉。当然到最后你把它终于引申到了就是当一种新的沟通方式出现之后,占据了我们主要的沟通方式,人和人之间的关系的建立出现的这种问题,终于落到这个点上了,但是因为前面确实有一点在亲子关系上纠缠得太多,有一点浪费,使得整个两分半钟一个主题的完成不是那么丰满。其实当这个画面出现了这样一个反转之后,应该第一反映出来的就是我们现在到底人和人之间是一个什么样的关系,我们怎么样建立起更好的关系,我觉得从这个点去往下挖,会让整个这两分半钟会更完整,而且我想这样的一种观察角度也会更好。

**董卿点评**:应该说田靖华的前一分钟的讲述还是非常清晰的,满面愁容地发了一条甜蜜的信息,为什么呢? 其实电子产品的使用越来越低龄化,除了社会发展的原因之外,是不是也有家庭教育的原因在其中,家庭是一个孩子要面对的第一个环境,父母是他们的第一任老师,所以可能在这点上,如果能够再做些补充就更好了。我记得有一个孩子就曾经说过,我想成为爸爸妈妈手中的手机。我觉得这是多么让人心酸的一种内心的渴望呀,就是真的不要让我们的关系近在咫尺却是咫尺天涯。

## 3. 第三轮

**王嘉宁**:我此刻站在这个舞台上,站到了这个环节,这是当初我买这张"门票"上车,从没有想过的。但当我真正站在这儿时,我很想问自己,怎样才是一个优秀的主持人? 我是吗? 我今年(2019)二十五岁,虽然只有三年的工作经历，但我追着五点的日出播过早新闻，守着深夜的繁星播过晚新闻，我当时觉得自己除了是一个新闻人，还是一个守夜人。但我发现不是辛苦就算优秀的，媒体人们都很辛苦，我去到过祖国南端的岛屿三沙永兴岛去感受岛民们爱家守国，也走近过做隐姓埋名人干惊天动地事的国防科学家。但我发现不是报道得多，就算优秀了，我们更是传播者，就要走得远、贴得近、访得深、评得准，让这份传播更有价值。三年的工作经历，让我对主持人这个职业有了更多的理解和敬畏，但我知道我离优秀还远着呢。但我很幸运，我遇到了《主持人大赛》，我有了一个机会，可以丈量一下此刻的自己与梦想之间的距离。在比赛当中，我看到原来三分钟的稿子我厉害到可以改十几遍还没说明白，我明明采访了很多人物故事，可以把他塑造得更饱满更鲜活，但我却编排得稀碎，很遗憾未能呈现完美。在经典节目那场，我抽到的节目是《环球瞭望》，这档国际新闻节目大大超出了我平时做民生新闻的涉猎范围，焦虑脱发做笔记，多听多看大格局，我回头才猛然发现，被赛制逼着迈出的一步步推着我离梦想更近了。而在这个过程当中，我看到了一个更加有能量的自己。说实话走到这一步，我们两个红红火火的宝宝和后面无数的参赛选手们谁不难啊？但哪怕在最焦头烂额的关头，也从未想过放弃，在最压力爆表的时刻也绝不犹疑，这才是真正的热爱和对梦想最大的尊重。不知此刻的我符不符合一个优秀主持人的标准，但我比从前更笃定、更努力。经历了比赛，我更加有信心了，我可以讲好身边的故事，真正讲好中国故事，用话筒传递老百姓的心声，向世界展示一个真实、立体、全面的中国。我是王嘉宁，我是一个主持人，我会是一个优秀的主持人，谢谢大家。

**邹韵：** 今年（2019）是我做记者的第九个年头，在我做过的很多报道结尾，我都会报尾，比如说央视记者美国华盛顿报道，又或者是邹韵，CGTN 北京。在过去的九年里，我的名字和工作单位都没有变，但是最后这个地点却一直在变，从中国的主场外交活动到"精准扶贫"政策落地的一个小村庄，从美联储货币政策的发布，再到飓风"桑迪"的重灾区，我从一个个新闻现场去见证一个个历史性的时刻。有人说站在这个舞台，主持人大赛的舞台，需要一种气，那就是底气，我也很认真地想过我的底气到底来自哪儿？因为我不属于那种站在台上特别打眼的人，我也不是科班出身。但是我想我的底气可能来自在过去的九年里，我的报道是我一条一条跑出来，一个字一个字敲出来，一个画面一个画面编出来，一场直播一场直播完成出来的。生命见证过多少真实，付出过怎样的努力，我希望就会有怎样的底气。这条路真的很难，所以我也有过动摇，这也是为什么在 2015 年我去剑桥读书的时候，没有选择读跟媒体相关的专业，而是选择了一个最容易转型的商科。但是读完书我反而更坚定地想要在这条路上走下去，因为我太想念那种在一个国际场合，我作为一个中国记者去努力地获得一个提问的机会，来去发出中国的声音，我太想念不管是在三都澳的渔排上，还是在宁德的茶园里，去跟国际的观众分享那些有趣的事、有趣的人的那种紧迫感。今天站在这个舞台上，我有很多话想说，康辉老师曾经说过：从记者到好记者到主持人再到好主持人，这是一个媒体人很扎实的路径。在过去的九年里，我努力地去实现从记者到好记者的转变。而在今天，在这个舞台上，我希望可以迈出从好记者到记者型主持人的转变。这个转变注定艰难，但我想我会拼尽全力，因为毕竟邹韵走运，支撑起她的不是运气，而是越努力越走运。在未来我希望在这个国际化的语境中，可以有我的小小的一席之地，我想我会努力地去成为一个更加开放的中国人，始终打开聆听各方声音的大门，但是不忘自己的中国根。因为只有这样，我们才能写出更多的铿锵有力的中国文，为我们的祖国在国际话语体系上加分，谢谢大家。

**康辉点评：** 和上一场文艺类总决赛最后一个环节，我的感受是一样的，我不再带着评判的眼光去看场上的两位选手，我只是想用心地听两位同行在这个舞台上来讲述你们的奋斗、你们的梦想。在我心中一个好主持人，他首先是有永远不变的那份责任，所谓"铁肩担道义"；同样还有不断提升自己的能力，所谓"妙手著文章",永远带着一颗赤诚的心,带着一双清澈的眼睛去看世界,去看所有的人,讲述这个世界,讲述这个世界上所有的那些故事,衷心地希望未来我们永远可以携手同行,谢谢。

**董卿点评**:我注意到最近的网络对我们本届大赛有很多热议,很多网友说这是什么大赛呀,"神仙打架"呀,他们怎么都这么会说话呀。所以在可能最后最后的这点时间里,是和大家共勉,在未来的漫长的一个职业生涯当中,我们每天都要思考一个问题,我为谁在说话?我在说些什么?我怎么去说话?主持人一定不仅仅只属于一群会说话的人,我们是有服务对象的,我们是有社会使命的,我们的目的是如何真正地能够成为为这个新时代立德、立功、立言的一个好的发声的人。其实你们每一个人都在这个舞台上表现出了最优秀的一面,我们这届大赛的主题是"奋斗有我,为梦发声",追逐梦想的道路没有一条是平坦的,只有那些不畏艰难,能够不懈地沿着陡峭的山路攀登的人,才有可能到达光辉的顶点,加油。

Xinwen Jiemu yu Boyin Zhuchi

# 第八章
# 新闻节目主持人的体态语和形象塑造

新闻节目是人们接受信息的重要途径,通过新闻节目,受众能够及时、准确地了解国内外发生的各类事件,全面、广泛地接受舆论引导。新闻节目主持人作为大众传播媒介的形象之一,在新闻节目中有着非常重要的作用。他(她)的形象在一定程度上体现着新闻的真实性、权威性,他(她)既是党和人民的喉舌,也是媒体的形象代言人。虽然,新闻节目主持人是以有声语言作为信息传播的主要手段,但由于电视或网络新闻节目具有可视性的特点,体态语的参与也必不可少。

体态语对有声语言有辅助和补充的作用,它和有声语言相互配合,共同传情达意。

主持人的体态语是内心情感的真情流露,也受到知识、修养、个性、气质、成长环境的影响,成为主持人魅力的重要组成部分。因此,新闻节目主持人除了需要具备较高的政策水平,较强的语言表达功力之外,还应重视体态语的运用。

# 一、新闻节目主持人的体态语

### 1. 眼神

俗话说:眼睛是心灵的窗口。从行为语言学方面说,眼神就是眼部的动作,是在大脑的支配下,主观意识在眼中的流露。眼睛是人类最敏锐的器官,它不但传递信息,而且能够表达和流露各种复杂的情绪。眼睛的开闭程度、眼光的投射方式、视线的持续时间和力度以及眼神同面部表情的配合都能发出各种各样的信息。因此,眼睛是检验一个人发出各种信息的最主要的器官,就眼神运用的方式来说,可分为直视、凝视、扫视、瞥视、斜视等。斜视表示轻蔑,扫视显得不尊重,瞥视表示鄙夷,较长时间的直视和凝视可以理解为对私人领域的侵犯。

新闻节目主持人播报新闻时是把摄像机镜头假设成观众,因此主持人应具备镜头感,形成内心感觉、有声语言、体态语三位一体的有机和谐感。如《朝闻天下》《新闻联播》的导语部分。出镜口播多以近景拍摄,播音员的面容在屏幕中的比例较大,头部和面部的细微动作都会被摄像机捕捉下来,因此,播音员的眼神和头部动作以平和、微调为主。主持人应以真诚的目光为基调,亲切的目光为风格,关注的目光为态度,以稿件内容为指向,同观众进行眼神交流。实践证明,出镜口播时,主持人的视线应停留在摄像机镜头下三分之一处,这样的视线会给观众最真实的感觉。由于目前的新闻演播室大多配有提词器,播音员视线容易跟随提词屏幕上的文字顺势上行,这样容易给观众"翻白眼"、傲慢的感觉。

主持人还应注意眼神注视的时间。注视时间是有声语言的同步信号,因此在新闻稿件的末尾应转移视线进行调整。如果主持人是在看摄像机镜头,在一条新闻或一个段落结束时,可以低头看看稿件,稍做调整再面对镜头进行下一段新闻的播音。如果是长时间低头播读稿件,在重点段落或稿件的结束处抬头,告诉观众"这是重要内容"或"这一段内容讲完了"。主持人注视着镜头,同时要配合相应的头部动作,以避免给观众带来呆板、僵直的印象。根据纵向、横向、斜向的方位,头部动作表现为仰头、摆头、点头等几种方式,与有声语言配合使用能使主持人显得端庄、自信、大方。

### 2. 表情

面部表情是人们情绪的门户,可以动之以情、见之于形。面部表情具有生物和社会意义,是连接主持人与受众情感世界的桥梁,恰当动人的面部表情能准确地流露出主持人内心世界的情感,有时能胜过千言万语。新闻节目具有客观性,主持人也应以最自然、真实的表情进行新闻传播工作。新闻节目信息量大,内容丰富,时政要闻庄重、沉稳,民生新闻亲切、自然,经济新闻客观、公正,文体新闻活泼、跳跃。主持人的有声语言在根据新闻内容有所调整后,表情也要随之发生变化,内心要和新闻内容一起活动,表情才能同新闻基调相贴合,在新闻节目的大背景下微调各种新闻不同的表情。这样的主持语言才是有血有肉、具有感染力的。只要主持人充分调动心理活动,能积极地随着新闻内容涌动情感,表情就能随之发生细微变化,相辅相成、相得益彰,而观众也能感受到主持人的表情差别与变化。

### 3. 手势

在社会生活中,人们常用手势来代替语言。在站立主持的新闻节目中,主持人的手可以垂直放在身体两侧,也可以放置在身体前方肚脐附近,这样给人的视觉感受是最美的。在手势需要发挥作用的时候,动作不宜过大,向上的手势以手不超过肩部为宜;向下的手势,手不低于肚脐。

### 4. 姿态

姿态不光是动态的,还有静态的表达。比如,站姿和坐姿。站姿和坐姿往往是由一个人的修养、教育、性格和人生经历决定的,所以它们真实地反映了一个人的心灵世界。一个人站立时,重心放在左腿,说明在这一刻,他主要受情感支配;如果重心移到右腿,那么他更多的是在琢磨一些事情;重心放在脚跟上,说明他属于保守型,不愿意冒险;重心放在前脚掌的人,反应很敏捷,但往往失之于鲁莽。坐姿本质上事关舒适、习俗和交流。人一坐下来,通常会放置好自己的双腿,让自己感到舒适,不违背社会规范,并会表达某种信息。坐姿传达的信息一般情况下都是受无意识引导的,这在相当程度上反映了一个人的处世态度和心理活动。

新闻节目主持人的坐姿不能是无意识的随意行为,从形象上来看,应该是挺拔的;从有利于气息与发声的方面来看,也应该挺直身体,保持声道的畅通。主持人的坐姿应该保持身体直立,腰部挺拔,肩部保持水平;下颌与腹部微收,两肩自然放松,小臂平放在桌面;不能塌腰、缩脖、窝胸,也不能胳膊左右外拉间距过大或身体随意晃动;两脚应与肩同宽平放于地面,以保持重心的稳定。在与观众进行交流时,或根据稿件的需要,可将身体暂时朝摄像机方向倾斜,以拉近与观众的空间距离。主持人的站姿应使身体和腿保持笔直,随着头与手臂的动作,身体可以自然前倾、转体等,身体不能僵直,腿不能弯曲。

有的新闻节目由两名主持人共同主持,特别是在导语部分,两名主持人同时出镜,有时以对话的形式播报新闻。这时要求主持人的目光除了同观众交流之外,还要与身边的搭档进行交流。这种交流有两种形式,一种是一方内容已经播报完毕,把话语权交给另一方,另一方要先用目光进行迎接,然后承接话题继续播报。另一种情况是对话中途双方用目光进行交流,要用目光与点头的方式表示赞同。当一名主持人在播报新闻时,另一名主持人要认真倾听对方的表达,让思维活动紧跟对方播报的内容,这样两名主持人的表情会因为播报同一内容而保持一致。两位主持人除了保持新闻节目主持人应有的坐姿之外,还应朝自己内侧即搭档的一方转体15度,以便双方更好地进行交流,使两人的主持更具整体感。

新闻节目主持人应重视体态语在语言传播中的作用,展现出既符合本民族审美特点又立足于时代风貌的体态形象。此外,主持人还应加强自身的文化素养和文化精神,不断提高文化水平,把提高内在素养与完善外部形象结合起来,形成由内而外、内外兼修的良好气质与风貌。这样的主持人形象才能符合媒体与观众的要求。

## 二、新闻节目主持人的形象塑造

新闻节目的内容直接决定了主持人的屏幕形象风格。时政类节目主持人的形象定位应该是大气权威为主,兼顾端庄与亲和,借鉴中央电视台《新闻联播》的主持人形象。而民生类新闻节目主持人的风格则应该是亲和热情为主,兼顾端庄与大气。内容决定形式,在了解节目内容和主持风格后,主持人的形象塑造就有了方向和目标。

数字化的今天,屏幕的清晰度在日益增加,主持人形象的任何细节都在屏幕前展露无遗。我们可以通过灯光和化妆的共同作用打造主持人的屏幕形象,使之更有立体感和富有感召力。

演播室的环境也影响着主持人的屏幕形象展现。演播室背景的处理对突出主持人的屏幕形象有一定的作用。例如:演播室可以尽量利用场景的透视比例关系加强景深,景深越大,越有利于突出主持人的形象,主持人的形象突出了,节目的风格也相应突出了。

灯光和视频技术对主持人屏幕形象的塑造也发挥着重要的影响。只有充分了解灯光的特性和主持人形象塑造的规律,才能更好地服务于主持人屏幕形象的良好塑造。

主持人的形象塑造包括妆容、服装、发型、配饰以及在屏幕前显现的由内而外的个性和气质。

新闻节目主持人在屏幕前的妆容应该是大气自然的、写实的。主持人的服装则应该从款式和色彩两方面进行把握。款式追求得体大方,同时可以适当地加入流行的时尚元素,从而紧跟时代步伐,适应大众的审美需求。

发型是塑造形象的重要手段之一。新闻节目主持人的发型应该给人以成熟稳重感,整体感觉干净、利落,自然美观和富有个性也是非常重要的。

合理使用配饰。新闻节目主持人使用的配饰,如胸针、耳环等,应该追求简单大方的款式,避免具有明显象征性的配饰,否则会失去主持人的中立态度。但在一些特殊的日子则可以运用,如中国传统佳节,主持人可以佩戴一些适应节日气氛的配饰,也不失为一种美化屏幕形象、贴近观众的方式。

# 参考文献
## References

[1] 邱伟光.课程思政的价值意蕴与生成路径[J].思想理论教育,2017(7):10-14.

[2] 李建波.推行课程思政培养卓越新闻传播人才[N].河南日报,2019-08-09(10).

[3] 朱莹.电视新闻播音主持的艺术性特质分析[J].新媒体研究,2016,2(19):186-187.

[4] 高国庆.播音员主持人语言影响力研究[D].太原:山西大学,2014.

[5] 宋琳.电视新闻主持人语言风格研究[D].西宁:青海师范大学,2013.

[6] 高宇.播音主持如何掌控电视新闻播音之技巧[J].视听,2015(01):77.

[7] 张可心.播音主持如何掌控电视新闻播音之技巧[J].新闻传播,2016(03):83-84.

[8] 张佳宁.播音主持对电视新闻播音技巧的掌握研究[J].新闻研究导刊,2016,7(12):114.